BIRILLI • I BIRILLI • I BIRILLI • I BIRILLI • I BIRILLI • I BIRILLI • I
LLI • I BIRILLI • I BIRILLI • I BIRILLI • I BIRILLI • I BIRILLI • I BIR
BIRILLI • I BIRILLI • I BIRILLI • I BIRI ILLI • I
LLI • I BIRILLI • I BIRILLI • I BIRILLI • I BIRI • I BIR
BIRILLI • I BIRILLI • I BIRILLI • I BIRI ILLI • I
LLI • I BIRILLI • I BIRILLI • I BIRILLI • I BIRI • I BIR
BIRILLI • I BIRILLI • I BIRILLI • I BIRI ILLI • I
LLI • I BIRILLI • I BIRILLI • I BIRILLI • I BIRILLI • I BIRILLI • I BIR
BIRILLI • I BIRILLI • I BIRILLI • I BIRILLI • I BIRILLI • I BIRILLI • I
LLI • I BIRILLI • I BIRILLI • I BIRILLI • I BIRILLI • I BIRILLI • I BIR
BIRILLI • I BIRILLI • I BIRILLI • I BIRILLI • I BIRILLI • I BIRILLI • I
LLI • I BIRILLI • I BIRILLI • I BIRILLI • I BIRILLI • I BIRILLI • I BIR
BIRILLI • I BIRILLI • I BIRILLI • I BIRILLI • I BIRILLI • I BIRILLI • I
LLI • I BIRILLI • I BIRILLI • I BIRILLI • I BIRILLI • I BIRILLI • I BIR
BIRILLI • I BIRILLI • I BIRILLI • I BIRILLI • I BIRILLI • I BIRILLI • I
LLI • I BIRILLI • I BIRILLI • I BIRILLI • I BIRILLI • I BIRILLI • I BIR
BIRILLI • I BIRILLI • I BIRILLI • I BIRILLI • I BIRILLI • I BIRILLI • I
LLI • I BIRILLI • I BIRILLI • I BIRILLI • I BIRILLI • I BIRILLI • I BIR
BIRILLI • I BIRILLI • I BIRILLI • I BIRILLI • I BIRILLI • I BIRILLI • I
LLI • I BIRILLI • I BIRILLI • I BIRILLI • I BIRILLI • I BIRILLI • I BIR
BIRILLI • I BIRILLI • I BIRILLI • I BIRILLI • I BIRILLI • I BIRILLI • I
LLI • I BIRILLI • I BIRILLI • I BIRILLI • I BIRILLI • I BIRILLI • I BIR
BIRILLI • I BIRILLI • I BIRILLI • I BIRILLI • I BIRILLI • I BIRILLI • I
LLI • I BIRILLI • I BIRILLI • I BIRILLI • I BIRILLI • I BIRILLI • I BIR
BIRILLI • I BIRILLI • I BIRILLI • I BIRILLI • I BIRILLI • I BIRILLI • I
LLI • I BIRILLI • I BIRILLI • I BIRILLI • I BIRILLI • I BIRILLI • I BIR
BIRILLI • I BIRILLI • I BIRILLI • I BIRILLI • I BIRILLI • I BIRILLI • I
LLI • I BIRILLI • I BIRILLI • I BIRILLI • I BIRILLI • I BIRILLI • I BIR
BIRILLI • I BIRILLI • I BIRILLI • I BIRILLI • I BIRILLI • I BIRILLI • I
LLI • I BIRILLI • I BIRILLI • I BIRILLI • I BIRILLI • I BIRILLI • I BIR
BIRILLI • I BIRILLI • I BIRILLI • I BIRILLI • I BIRILLI • I BIRILLI • I
LLI • I BIRILLI • I BIRILLI • I BIRILLI • I BIRILLI • I BIRILLI • I BIR
BIRILLI • I BIRILLI • I BIRILLI • I BIRILLI • I BIRILLI • I BIRILLI • I

CUORE

Edmondo De Amicis

I Birilli   # CUORE

Tavole di Carlo Jacono

Edizione Integrale

AEMMEZETA

© 1989 AMZ editrice S.p.A. - Milano

Postfazione di Carlo Montrésor
Tavole di Carlo Jacono
Edizione integrale
Prima edizione marzo 1989

Finito di stampare nel marzo 1989
dalla OFSA - Casarile (Milano)

IL PRIMO GIORNO DI SCUOLA   *17, lunedì*

Oggi primo giorno di scuola. Passarono come un sogno quei tre mesi di vacanza in campagna! Mia madre mi condusse questa mattina alla sezione Baretti a farmi iscrivere per la terza elementare: io pensavo alla campagna, e andavo di mala voglia. Tutte le strade brulicavano di ragazzi; le due botteghe di libraio erano affollate di padri e di madri che compravano zaini, cartelle e quaderni, e davanti alla scuola s'accalcava tanta gente, che il bidello e la guardia civica duravan fatica a tenere sgombra la porta. Vicino alla porta, mi sentii toccare una spalla; era il mio maestro di seconda, sempre allegro, coi suoi capelli rossi arruffati, che mi disse: «Dunque, Enrico, siamo separati per sempre?» Io lo sapevo bene; eppure mi fecero pena quelle parole. Entrammo a stento. Signore, signori, donne del popolo, operai, ufficiali, nonne, serve, tutti coi ragazzi per una mano e i libretti di promozione nell'altra, empivano la stanza d'entrata e le scale, facendo un ronzio che pareva d'entrare in un teatro. Lo rividi con piacere quel grande camerone a terreno, con le porte delle sette classi, dove passai per tre anni quasi tutti i giorni. C'era folla, le maestre andavano e venivano. La mia maestra della prima superiore mi salutò di sulla porta della classe e mi disse: «Enrico, tu vai al piano di sopra, quest'anno: non ti vedrò nemmen più passare!» e mi guardò con tristezza. Il Direttore aveva intorno delle donne tutte affannate perché non c'era più posto per i loro figliuoli, e mi parve ch'egli avesse la barba un poco più bianca che l'anno passato. Trovai dei ragazzi cresciuti, ingrassati. Al pian terreno, dove s'eran già fatte le ripartizioni, c'erano dei bambini delle prime inferiori che non volevano entrare nella classe e s'impuntavano come somarelli: bisognava che li tirassero dentro a forza; e alcuni scappavano dai banchi; altri, al veder andar via i parenti, si mettevano a piangere, e questi dovevano tornare indietro a consolarli o a ripigliarseli, e le maestre si disperavano. Il mio piccolo fratello fu messo nella classe della maestra Delcatti; io dal maestro Perboni, su al primo piano. Alle dieci eravamo tutti in classe: cinquantaquattro: appena quindici o sedici compagni della seconda, fra i quali Derossi, quello che ha sempre il primo premio. Mi parve così piccola e triste la scuola, pensando ai boschi, alle montagne dove passai l'estate! Anche ripensavo al mio maestro di seconda, così buono, che rideva sempre con noi, e piccolo, che pareva un nostro compagno, e mi rincresceva di non vederlo più là, coi suoi capelli rossi, arruffati. Il nostro maestro è alto, senza barba, coi capelli grigi e lunghi, e ha una ruga dritta sulla fronte; ha la voce grossa, e ci guarda tutti fisso, l'uno dopo l'altro, come per leggerci dentro; e non ride mai. Io dicevo tra me: "Ecco il primo giorno. Ancora nove mesi. Quanti lavori, quanti esami mensili, quante fatiche!" Avevo proprio bisogno di trovar mia madre all'uscita, e corsi a baciarle la mano. Essa mi disse: «Coraggio, Enrico! Studieremo insieme». E tornai a casa contento. Ma non ho più il mio maestro, con quel sorriso buono e allegro, e non mi par più bella come prima la scuola.

IL NOSTRO MAESTRO   *18, martedì*

Anche il mio nuovo maestro mi piace, dopo questa mattina. Durante l'entrata, mentre egli era già seduto al suo posto, s'affacciava di tanto in tanto alla porta della classe qualcuno dei suoi scolari dell'anno scorso, per salutarlo; s'affacciavano, passando, e lo salutavano. «Buon giorno, signor maestro. Buon giorno, signor Perboni»; alcuni entravano, gli toccavan la mano e scappavano. Si vedeva che gli volevan bene e che avrebbero voluto tornare con lui. Egli rispondeva: «Buon giorno», stringeva le mani che gli porgevano; ma non guardava nessuno; ad ogni saluto rimaneva serio, con la sua ruga diritta sulla fronte, voltato verso la finestra, e guardava il tetto della casa di faccia; e invece di rallegrarsi di quei saluti, pareva che ne soffrisse. Poi guardava noi, l'uno dopo l'altro, attento. Dettando, discese a passeggiare in mezzo ai banchi, e visto un ragazzo che aveva il viso tutto rosso di bollicine, smise di dettare, gli prese il viso fra le mani e lo guardò; poi gli domandò che cos'aveva, e gli passò una mano sulla fronte per sentir s'era calda. In quel mentre, un ragazzo dietro di lui si rizzò sul banco, e si mise a fare la marionetta. Egli si voltò tutt'a un tratto; il ragazzo risedette d'un colpo, e restò lì, col capo basso, ad aspettare il castigo. Il maestro gli pose una mano sul capo e gli disse: «Non lo far più». Nient'altro. Tornò al tavolino e finì di dettare. Finito di dettare, ci guardò un momento in silenzio; poi disse adagio adagio, con la sua voce grossa, ma buona: «Sentite. Abbiamo un anno da passare insieme. Vediamo di passarlo bene. Studiate e siate buoni. Io non ho famiglia. La mia famiglia siete voi. Avevo ancora mia madre l'anno scorso: mi è morta. Son rimasto solo. Non ho più che voi al mondo, non ho più altro affetto, altro pensiero che voi. Voi dovete essere i miei figliuoli. Io vi voglio bene, bisogna che vogliate bene a me. Non voglio aver da punire nessuno. Mostratemi che siete ragazzi di cuore; la nostra scuola sarà una famiglia, e voi sarete la mia consolazione e la mia alterezza. Non vi domando una promessa a parole; son certo che, nel vostro cuore, m'avete già detto di sì. E vi ringrazio». In quel punto entrò il bidello a dare il *finis*. Uscimmo tutti dai banchi zitti zitti. Il ragazzo che s'era rizzato sul banco s'accostò al maestro, e gli disse con voce tremante: «Signor maestro, mi perdoni». Il maestro lo baciò in fronte e gli disse: «Va', figliuol mio».

L'anno è cominciato con una disgrazia. Andando a scuola, questa mattina, io ripetevo a mio padre quelle parole del maestro, quando vedemmo la strada piena di gente che si serrava davanti alla porta della Sezione. Mio padre disse subito: «Una disgrazia! L'anno comincia male!» Entrammo a gran fatica. Il grande camerone era affollato di parenti e di ragazzi, che i maestri non riuscivano a tirar nelle classi, e tutti eran rivolti verso la stanza del Direttore, e s'udiva dire: «Povero ragazzo! Povero Robetti!» Al disopra delle teste, in fondo alla stanza piena di gente, si vedeva l'elmetto d'una guarda civica e la testa calva del Direttore: poi entrò un signore col cappello alto, e tutti dissero: «È il medico». Mio padre domandò a un maestro: «Cos'è stato?» «Gli è passata la ruota sul piede» rispose. «Gli ha rotto il piede» disse un altro. Era un ragazzo della seconda, che venendo a scuola per via Dora Grossa, e vedendo un bimbo della prima inferiore, sfuggito alla madre, cadere in mezzo alla strada, a pochi passi da un omnibus che gli veniva addosso, era accorso arditamente, l'aveva afferrato e messo in salvo; ma non essendo stato lesto a ritirare il piede, la ruota dell'omnibus gli era passata su. È figliuolo d'un capitano d'artiglieria. Mentre ci raccontavano questo, una signora entrò nel camerone come una pazza, rompendo la folla: era la madre di Robetti, che avevan mandato a chiamare; un'altra signora le corse incontro, e le gettò le braccia al collo singhiozzando: era la madre del bambino salvato. Tutt'e e due si slanciarono nella stanza, e s'udì un grido disperato: «Oh Giulio! Bambino mio!» In quel momento si fermò una carrozza davanti alla porta, e poco dopo comparve il Direttore col ragazzo in braccio, che appoggiava il capo sulla sua spalla, col viso bianco e gli occhi chiusi. Tutti stettero zitti: si sentivano i singhiozzi della madre. Il Direttore si arrestò un momento, pallido, e sollevò un poco il ragazzo con tutt'e due le braccia per mostrarlo alla gente. E allora maestri e maestre, parenti, ragazzi, mormorarono tutti insieme: «Bravo, Robetti! Bravo, povero bambino!» e gli mandavano dei baci: le maestre e i ragazzi che gli erano intorno, gli baciarono le mani e le braccia. Egli aperse gli occhi, e disse: «La mia cartella!» La madre del piccolo salvato gliela mostrò piangendo e gli disse: «Te la porto io, caro angiolo, te la porto io». E intanto sorreggeva la madre del ferito, che si copriva il viso con le mani. Uscirono, adagiarono il ragazzo nella carrozza, la carrozza partì. E allora rientrammo tutti nella scuola, in silenzio.

IL RAGAZZO CALABRESE   *22, sabato*

Ieri, mentre il maestro ci dava notizie del povero Robetti, che dovrà camminare un pezzo con le stampelle, entrò il Direttore con un nuovo iscritto, un ragazzo di viso molto bruno, coi capelli neri, con gli occhi grandi e neri, con le sopracciglia folte e raggiunte sulla fronte; tutto vestito di scuro, con una cintura di marocchino nero intorno alla vita. Il Direttore, dopo aver parlato nell'orecchio del maestro, se ne uscì, lasciandogli accanto il ragazzo, che guardava noi con quegli occhioni neri, come spaurito. Allora il maestro gli prese una mano, e disse alla classe: «Voi dovete essere contenti. Oggi entra nella scuola un piccolo italiano nato a Reggio di Calabria, a più di cinquecento miglia di qua. Vogliate bene al vostro fratello venuto di lontano. Egli è nato in una terra gloriosa, che diede all'Italia degli uomini illustri, e le dà dei forti lavoratori e dei bravi soldati; in una delle più belle terre della nostra patria, dove son grandi foreste e grandi montagne, abitate da un popolo pieno d'ingegno e di coraggio. Vogliategli bene, in maniera che non s'accorga di essere lontano dalla città dove è nato; fategli vedere che un ragazzo italiano, in qualunque scuola italiana metta il piede, ci trova dei fratelli». Detto questo s'alzò e segnò sulla carta murale d'Italia il punto dov'è Reggio di Calabria. Poi chiamò forte: «Ernesto Derossi!» quello che ha sempre il primo premio. Derossi s'alzò. «Vieni qua», disse il maestro. Derossi uscì dal banco e s'andò a mettere accanto al tavolino, in faccia al calabrese. «Come primo della scuola» gli disse il maestro «dà l'abbraccio del benvenuto in nome di tutta la classe, al nuovo compagno; l'abbraccio del figliuolo del Piemonte al figliuolo della Calabria.» Derossi abbracciò il calabrese dicendo con la sua voce chiara: «Benvenuto!» e questi baciò lui sulle due guance, con impeto. Tutti batterono le mani. «Silenzio!» gridò il maestro «non si battono le mani in iscuola!» Ma si vedeva che era contento. Anche il calabrese era contento. Il maestro gli assegnò il posto e lo accompagnò al banco. Poi disse ancora: «Ricordatevi bene quello che vi dico. Perché questo fatto potesse accadere, che un ragazzo calabrese fosse come in casa sua a Torino, e che un ragazzo di Torino fosse come a casa propria a Reggio di Calabria, il nostro paese lottò per cinquant'anni, e trentamila italiani morirono. Voi dovete rispettarvi, amarvi tutti fra voi; ma chi di voi offendesse questo compagno, perché non è nato nella nostra provincia, si renderebbe indegno di alzare mai più gli occhi da terra quando passa una bandiera tricolore». Appena il calabrese fu seduto al posto, i suoi vicini gli regalarono delle penne e una stampa, e un altro ragazzo, dall'ultimo banco, gli mandò un francobollo di Svezia.

I MIEI COMPAGNI   *25, martedì*

Il ragazzo che mandò il francobollo al calabrese è quello che mi piace più di tutti, si chiama Garrone, è il più grande della classe, ha quasi quattordici anni, la testa grossa, le spalle larghe; è buono, si vede quando sorride; ma pare che pensi sempre, come un uomo. Ora ne conosco già molti dei miei compagni. Un altro mi piace pure, che ha nome Coretti e porta una maglia color cioccolata e un berretto di pelo di gatto; sempre allegro, figliuolo d'un rivenditore di legna, che è stato soldato nella guerra del '66, nel quadrato del principe Umberto, e dicono che ha tre medaglie. C'è il piccolo Nelli, un povero gobbino, gracile e col viso smunto. C'è uno molto ben vestito, che sempre si leva i peluzzi dai panni, e si chiama Votini. Nel banco davanti al mio c'è un ragazzo che chiamano il "muratorino", perché suo padre è muratore; una faccia tonda come una mela, con un naso a pallottola; egli ha un'abilità particolare, sa fare il *muso di lepre*, e tutti gli fanno fare il muso di lepre, e ridono; porta un piccolo cappello a cencio, che tiene appallottolato in tasca come un fazzoletto. Accanto al muratorino c'è Garoffi, un coso lungo e magro, col naso a becco di civetta e gli occhi molto piccoli, che traffica sempre con pennini, immagini e scatole di fiammiferi, e si scrive la lezione sulle unghie per leggerla di nascosto. C'è poi un signorino, Carlo Nobis, che sembra molto superbo, ed è in mezzo a due ragazzi che mi son simpatici: il figliuolo d'un fabbro ferraio, insaccato in una giacchetta che gli arriva al ginocchio, pallidino che par malato e ha sempre l'aria spaventata e non ride mai; e uno coi capelli rossi, che ha un braccio morto, e lo porta appeso al collo: suo padre è andato in America e sua madre va in giro a vendere gli erbaggi. È anche un tipo curioso il mio vicino di sinistra, Stardi, piccolo e tozzo, senza collo, un grugnone che non parla con nessuno, e pare che capisca poco, ma sta attento al maestro senza batter palpebra, con la fronte corrugata e coi denti stretti: e se lo interrogano quando il maestro parla, la prima e la seconda volta non risponde, la terza volta tira un calcio. E ha daccanto una faccia tosta e trista, uno che si chiama Franti, che fu già espulso da un'altra sezione. Ci sono anche due fratelli, vestiti uguali, che si somigliano a pennello, e portano tutti e due un cappello alla calabrese, con una penna di fagiano. Ma il più bello di tutti, quello che ha più ingegno, che sarà il primo di sicuro anche quest'anno, è Derossi; e il maestro, che l'ha già capito, lo interroga sempre. Io però voglio bene a Precossi, il figliuolo del fabbro ferraio, quello della giacchetta lunga, che pare un malatino; dicono che suo padre lo batte; è molto timido, e ogni volta che interroga o tocca qualcuno, dice: «Scusami» e guarda con gli occhi buoni e tristi. Ma Garrone è il più grande e il più buono.

UN TRATTO GENEROSO   *26, mercoledì*

E si diede appunto a conoscere questa mattina, Garrone. Quando entrai nella scuola – un poco tardi, ché m'avea fermato la maestra di prima superiore per domandarmi a che ora poteva venir a casa a trovarci – il maestro non c'era ancora, e tre o quattro ragazzi tormentavano il povero Crossi, quello dai capelli rossi, che ha un braccio morto, e sua madre vende erbaggi. Lo stuzzicavano con le righe, gli buttavano in faccia delle scorze di castagne, e gli davan dello storpio e del mostro, contraffacendolo, col suo braccio al collo. Ed egli tutto solo in fondo al banco, smorto, stava a sentire, guardando ora l'uno ora l'altro con gli occhi supplichevoli, perché lo lasciassero stare. Ma gli altri sempre più lo beffavano, ed egli cominciò a tremare e a farsi rosso dalla rabbia. A un tratto Franti, quella brutta faccia, salì su un banco e facendo mostra di portar due cesti sulle braccia, scimmiottò la mamma di Crossi, quando veniva ad aspettare il figliolo alla porta; perché ora è malata. Molti si misero a ridere forte. Allora Crossi perse la testa, e afferrato un calamaio glielo scaraventò al capo di tutta forza; ma Franti fece civetta, e il calamaio andò a colpire nel petto il maestro che entrava.

Tutti scapparono al posto, e fecero silenzio, impauriti.

Il maestro, pallido, salì al tavolino, e con voce alterata domandò:

«Chi è stato?»

Nessuno rispose.

Il maestro gridò un'altra volta, alzando ancora la voce: «Chi è?»

Allora Garrone, mosso a pietà del povero Crossi, si alzò di scatto, e disse risolutamente:

«Son io!»

Il maestro lo guardò, guardò gli scolari stupiti; poi disse con voce tranquilla: «Non sei tu.» E dopo un momento: «Il colpevole non sarà punito. S'alzi!»

Crossi s'alzò, e disse piangendo: «Mi picchiavano e m'insultavano, io ho perso la testa, ho tirato...»

«Siedi» disse il maestro. «S'alzino quelli che lo han provocato.»

Quattro s'alzarono, col capo chino.

«Voi» disse il maestro «avete insultato un compagno che non vi provocava, schernito un disgraziato, percosso un debole che non si può difendere. Avete commesso una delle azioni più basse, più vergognose di cui si possa macchiare una creatura umana. Vigliacchi!»

Detto questo, scese tra i banchi, mise una mano sotto il mento di Garrone, che stava col viso basso, e fattogli alzare il viso, lo fissò negli occhi e gli disse:

«Tu sei un'anima nobile».

Garrone, colto il momento, mormorò non so che parole nell'orecchio al maestro; e questi, voltatosi verso i quattro colpevoli, disse bruscamente:

«Vi perdono».

LA MIA MAESTRA DI PRIMA SUPERIORE   27, giovedì

La mia maestra ha mantenuto la promessa, è venuta oggi a casa, nel momento che stavo per uscire con mia madre, per portar biancheria a una povera donna, raccomandata dalla *Gazzetta*. Era un anno che non l'avevamo più vista in casa nostra. Tutti le abbiamo fatto festa. È sempre quella, piccola, col suo velo verde intorno al cappello, vestita alla buona e pettinata male, ché non ha tempo di rilisciarsi; ma un poco più scolorita che l'anno passato, con qualche capello bianco, e tosse sempre. Mia madre gliel'ha detto: «E la salute, cara maestra? Lei non si riguarda abbastanza!» «Eh, non importa» ha risposto, col suo sorriso allegro insieme e malinconico. «Lei parla troppo forte» ha soggiunto mia madre, «si affanna troppo coi suoi ragazzi.» È vero; si sente sempre la sua voce; mi ricordo di quando andavo a scuola da lei; parla sempre, parla perché i ragazzi non si distraggano, e non sta un momento seduta. N'ero ben sicuro che sarebbe venuta, perché non si scorda mai dei suoi scolari, ne rammenta i nomi per anni; i giorni d'esame mensile, corre a domandar al Direttore che punti hanno avuto; li aspetta all'uscita, e si fa mostrar le composizioni per vedere se hanno fatto progressi; e molti vengono ancora a trovarla dal Ginnasio, che han già i calzoni lunghi e l'orologio. Quest'oggi tornava tutta affannata dalla Pinacoteca, dove aveva condotto i suoi ragazzi, come gli anni passati, ché ogni giovedì li conduceva tutti a un museo, e spiegava ogni cosa. Povera maestra, è ancora dimagrita. Ma è sempre viva, s'accalora quando parla della sua scuola. Ha voluto rivedere il letto dove mi vide ammalato due anni fa, e che ora è di mio fratello; lo ha guardato un pezzo e non poteva parlare. Ha dovuto scappare presto per andare a visitare un ragazzo della sua classe, figliuolo d'un sellaio, malato di rosolia, e aveva per di più un pacco di pagine da correggere, tutta la serata da lavorare, e doveva ancor dare una lezione privata d'aritmetica a una bottegaia, prima di notte. «Ebbene, Enrico» m'ha detto andandosene «vuoi ancora bene alla tua maestra, ora che risolvi i problemi e fai le composizioni lunghe?» M'ha baciato, m'ha ancora detto d'in fondo alla scala: «Non mi scordare, sai, Enrico!» O mia buona maestra, mai, mai non ti scorderò. Anche quando sarò grande, mi ricorderò ancora di te e andrò a trovarti fra i tuoi ragazzi; e ogni volta che passerò vicino a una scuola e sentirò la voce di una maestra, mi parrà di sentir la tua voce, e ripenserò ai due anni che passai nella scuola tua, dove imparai tante cose, dove ti vidi tante volte malata e stanca, ma sempre premurosa, sempre indulgente, disperata quando uno pigliava un mal vezzo delle dita a scrivere, tremante quando gli ispettori c'interrogavano, felice quando facevamo buona figura, buona sempre e amorosa come una madre. Mai, mai non mi scorderò di te, maestra mia.

IN UNA SOFFITTA   *28, venerdì*

Ieri sera con mia madre e con mia sorella Silvia andammo a portar la biancheria alla donna povera raccomandata dal giornale; io portai il pacco, Silvia aveva il giornale, con le iniziali del nome e l'indirizzo. Salimmo fin sotto il tetto d'una casa alta, in un corridoio lungo, dov'erano molti usci. Mia madre picchiò all'ultimo: ci aperse una donna ancora giovane, bionda e macilenta, che subito mi parve d'aver già visto altre volte, con quel medesimo fazzoletto turchino che aveva in capo. «Siete voi quella del giornale, così e così?» domandò mia madre. «Sì, signora, sono io.» «Ebbene, vi abbiamo portato un poco di biancheria.» E quella a ringraziare e a benedire, che non finiva più. Io intanto vidi in un angolo della stanza nuda e scura un ragazzo inginocchiato davanti a una seggiola, con la schiena volta verso di noi, che parea che scrivesse: e proprio scriveva, con la carta sopra la seggiola, e aveva il calamaio sul pavimento. Come faceva a scrivere così al buio? Mentre dicevo questo tra me, ecco a un tratto che riconosco i capelli rossi e la giacchetta di fustagno di Crossi, il figliuolo dell'erbivendola, quello dal braccio morto. Io lo dissi piano a mia madre, mentre la donna riponeva la roba. «Zitto!» rispose mia madre. «Può esser che si vergogni a vederti, che fai la carità alla sua mamma; non lo chiamare.»

Ma in quel momento Crossi si voltò, io rimasi imbarazzato, egli sorrise, e allora mia madre mi diede una spinta perché corressi ad abbracciarlo. Io l'abbracciai, egli si alzò e mi prese per mano. «Eccomi qui» diceva in quel mentre sua madre alla mia «sola con questo ragazzo, il marito in America da sei anni, ed io, per giunta malata, che non posso più andare in giro con la verdura a guadagnare quei pochi soldi. Non ci è rimasto nemmeno un tavolino per il mio povero Luigino, da farci il lavoro. Quando ci avevo il banco giù nel portone, almeno poteva scrivere sul banco: ora me l'han levato. Nemmeno un poco di lume da studiare senza rovinarsi gli occhi. È grazia se lo posso mandar a scuola, ché il municipio gli dà i libri e i quaderni. Povero Luigino, che studierebbe tanto volentieri! Povera donna che sono!» Mia madre le diede tutto quello che aveva nella borsa, baciò il ragazzo e quasi piangeva quando uscimmo. E aveva ben ragione di dirmi: «Guarda quel povero ragazzo, com'è costretto a lavorare, tu che hai tutti i comodi, e pure ti par duro lo studio! Ah! Enrico mio, c'è più merito nel suo lavoro d'un giorno che nel tuo lavoro d'un anno. A quelli lì dovrebbero dare i premi!»

LA SCUOLA   *28, venerdì*

Sì, caro Enrico, lo studio ti è duro, *come ti dice tua madre: non ti vedo ancora andare a scuola con quell'animo risoluto e con quel viso ridente, ch'io vorrei. Tu fai ancora il restìo. Ma senti: pensa un po' che misera, spregevole cosa sarebbe la tua giornata se tu non andassi a scuola! A mani giunte, in capo a una settimana, domanderesti di ritornarci, roso dalla noia e dalla vergogna, stomacato dei tuoi trastulli e della tua esistenza. Tutti, tutti studiano ora, Enrico mio. Pensa agli operai che vanno a scuola la sera dopo aver faticato tutta la giornata; alle donne, alle ragazze del popolo che vanno a scuola la domenica, dopo aver lavorato tutta la settimana; ai soldati che metton mano ai libri e ai quaderni quando tornano spossati dagli esercizi; pensa ai ragazzi muti e ai ciechi, che pure studiano; e fino ai prigionieri, che anch'essi imparano a leggere e a scrivere. Pensa, la mattina, quando esci, che in quello stesso momento, nella tua stessa città, altri trentamila ragazzi vanno come te a chiudersi per tre ore in una stanza a studiare. Ma che! Pensa a quegli innumerevoli ragazzi che press'a poco a quell'ora vanno a scuola in tutti i paesi; vedili con l'immaginazione, che vanno, vanno, per i vicoli dei villaggi quieti, per le strade delle città rumorose, lungo le rive dei mari e dei laghi, dove sotto un sole ardente, dove tra le nebbie, in barca nei paesi intersecati da canali, a cavallo per le grandi pianure, in slitta sopra le nevi, per valli e per colline, a traverso a boschi e a torrenti, su per sentieri solitari delle montagne, soli, a coppie, a gruppi, a lunghe file, tutti coi libri sotto il braccio, vestiti in mille modi, parlanti in mille lingue, dalle ultime scuole della Russia quasi perdute fra i ghiacci alle ultime scuole dell'Arabia ombreggiate dalle palme: milioni e milioni, tutti a imparare in cento forme diverse le medesime cose; immagina questo vastissimo formicolìo di ragazzi di cento popoli, questo movimento immenso di cui fai parte, e pensa: "Se questo movimento cessasse, l'umanità ricadrebbe nella*

barbarie; questo movimento è il progresso, la speranza, la gloria del mondo".
Coraggio dunque, piccolo soldato dell'immenso esercito. I tuoi libri son le tue
armi, la tua classe è la tua squadra, il campo di battaglia è la terra intera, e la
vittoria è la civiltà umana. Non essere un soldato codardo, Enrico mio.

Tuo padre

Il piccolo patriota padovano

Non sarò un *soldato codardo*, no; ma ci andrei molto più volentieri a scuola se il maestro ci facesse ogni giorno un racconto come quello di questa mattina. Ogni mese, disse, ce ne farà uno, ce lo darà scritto, e sarà sempre un racconto d'un atto bello e vero, compiuto da un ragazzo. *Il piccolo patriota padovano* s'intitola questo. Ecco il fatto. Un piroscafo francese partì da Barcellona, città della Spagna, per Genova, e c'erano a bordo francesi, italiani, spagnuoli, svizzeri. C'era fra gli altri un ragazzo di undici anni, mal vestito, solo, che se ne stava sempre in disparte, come un animale selvatico, guardando tutti con l'occhio torvo. Ed aveva ben ragione di guardare tutti con l'occhio torvo. Due anni prima suo padre e sua madre, contadini dei dintorni di Padova, l'avevano venduto al capo d'una compagnia di saltimbanchi; il quale, dopo avergli insegnato a fare i giochi a furia di pugni, di calci e di digiuni, se l'era portato a traverso alla Francia e alla Spagna, picchiandolo sempre e non sfamandolo mai. Arrivato a Barcellona, non potendo più reggere alle percosse e alla fame, ridotto in uno stato da far pietà, era fuggito dal suo aguzzino, e corso a chiedere protezione al console d'Italia, il quale, impietosito, l'aveva imbarcato su quel piroscafo, dandogli una lettera per il questore di Genova, che doveva rimandarlo ai suoi parenti; ai parenti che l'avevan venduto come una bestia. Il povero ragazzo era lacero e malaticcio. Gli avevan dato una cabina nella seconda classe. Tutti lo guardavano; qualcuno lo interrogava; ma egli non rispondeva, e pareva odiasse e disprezzasse tutti, tanto l'avevano inasprito e intristito le privazioni e le busse. Tre viaggiatori nondimeno, a forza di insistere con le domande, riuscirono a fargli snodare la lingua, e in poche parole rozze, miste di veneto, di spagnuolo e di francese, egli raccontò la sua storia. Non erano italiani quei viaggiatori; ma capirono, e un poco per compassione, un poco perché eccitati dal vino, gli diedero dei soldi, celiando e stuzzicandolo perché raccontasse altre cose; ed essendo entrate nella sala, in quel momento, alcune signore, tutti e tre, per farsi vedere, gli diedero ancora del denaro gridando: «Piglia questo! Piglia quest'altro!» e facendo risonar le monete sulla tavola. Il ragazzo intascò ogni cosa, ringraziando a mezza voce, col suo fare burbero, ma con uno sguardo per la prima volta sorridente e affettuoso. Poi s'arrampicò nella sua cuccetta, tirò la tenda, e stette quieto pensando ai fatti suoi. Con quei denari poteva assaggiare qualche buon boccone a bordo, dopo due anni che stentava il pane; poteva comprarsi una giacchetta, appena sbarcato a Genova, dopo due anni che andava vestito di cenci; e poteva anche, portandoli a casa, farsi accogliere da suo padre e da sua madre un poco più umanamente che non l'avrebbero accolto se fosse arrivato con le tasche vuote. Erano una piccola fortuna per lui quei denari. E a questo egli pensava, racconsolato dietro la tenda della sua cabina, mentre i tre viaggiatori discorrevano, seduti alla tavola da pranzo, in mezzo alla sala di seconda classe. Bevevano e discorrevano dei loro viaggi e dei paesi che avevano veduti e, di discorso in discorso vennero a ragionare dell'Italia. Cominciò uno a lagnarsi degli alberghi, un altro delle strade ferrate, e poi tutti insieme, infervorandosi, presero a dir male d'ogni cosa. Uno avrebbe preferito di viaggiare in Lapponia; un altro di non aver trovato in Italia che truffatori e briganti; il terzo, che gli impiegati italiani non sanno leggere. «Un popolo ignorante» ripeté il primo. «Sudicio» aggiunse il secondo. «La...» esclamò il terzo; e voleva dir ladro ma non poté finir la parola: un tempesta di soldi e di mezze lire si rovesciò sulle loro teste e sulle loro spalle, e saltellò sul tavolo e sull'impiantito con un fracasso d'inferno. Tutti e tre s'alzarono furiosi, guardando all'insù, e ricevettero ancora una manata di soldi sulla faccia. «Ripigliatevi i vostri soldi» disse con disprezzo il ragazzo, affacciato fuori della tenda della cuccetta. «Io non accetto l'elemosina da chi insulta il mio paese.»

LO SPAZZACAMINO   *1, martedì*

Ieri sera andai alla Sezione femminile, accanto alla nostra, per dare il racconto del ragazzo padovano alla maestra di Silvia, che lo voleva leggere. Settecento ragazze ci sono! Quando arrivai cominciavano a uscire, tutte allegre per le vacanze di Ognissanti e dei morti; ed ecco una bella cosa che vidi. Di fronte alla porta della scuola, dall'altra parte della via, stava, con un braccio appoggiato al muro e colla fronte contro il braccio, uno spazzacamino, molto piccolo, tutto nero in viso, col suo sacco e il suo raschiatoio, e piangeva dirottamente, singhiozzando. Due o tre ragazze della seconda gli s'avvicinarono e gli dissero: «Che hai che piangi a quella maniera?» Ma egli non rispondeva e continuava a piangere. «Ma di' cos'hai, perché piangi?» gli ripeterono le ragazze. E allora egli levò il viso dal braccio – un viso di bambino – e disse piangendo che era stato in varie case a spazzare, dove s'era guadagnato trenta soldi, e li aveva persi, gli eran scappati per la sdrucitura d'una tasca – e faceva veder la sdrucitura – e non osava più tornare a casa senza soldi. «Il padrone mi bastona» disse singhiozzando, e riabbandonò il capo sul braccio, come un disperato. Le bambine stettero a guardarlo, tutte serie. Intanto, si erano avvicinate altre ragazze, grandi e piccole, povere e signorine, con le loro cartelle sotto il braccio, e una grande, che aveva una penna azzurra sul cappello, cavò di tasca due soldi, e disse: «Io no ho che due soldi: facciamo la colletta». «Anch'io ho due soldi» disse un'altra vestita di rosso. «Ne troveremo ben trenta fra tutte.» E allora cominciarono a chiamarsi: «Amalia! Luigia! Annina! Un soldo! Chi ha dei soldi? Qua i soldi!» Parecchie avevan dei soldi per comprarsi fiori o quaderni, e li portarono: alcune più piccole diedero dei centesimi; quella dalla penna azzurra raccoglieva tutto, e contava a voce alta: «Otto, dieci, quindici!» Ma ci voleva altro. Allora comparve una più grande di tutte, che pareva quasi una maestrina, e diede mezza lira, e tutte a farle festa. Mancavano ancora cinque soldi. «Ora vengono quelle della quarta, che ne hanno» disse una. Quelle della quarta vennero, e i soldi fioccarono. Tutte s'affollavano. Ed era bello vedere quel povero spazzacamino in mezzo a tutte quelle vestine di tanti colori, a tutto quel rigirìo di penne, di nastrini, di riccioli. I trenta soldi c'erano già, e ne venivano ancora, e le più piccine che non avevan denaro, si facevan largo tra le grandi porgendo i loro mazzetti di fiori, tanto per dar qualche cosa. Tutt'a un tratto arrivò la portinaia: «La signora Direttrice!» Le ragazze scapparono da tutte le parti come uno stormo di passeri. E allora si vide il piccolo spazzacamino, solo, in mezzo alla via, che si asciugava gli occhi, tutto contento, con le mani piene di denari, e aveva nell'abbottonatura della giacchetta, nelle tasche, nel cappello, tanti mazzi di fiori, e c'erano anche dei fiori per terra, ai suoi piedi.

IL GIORNO DEI MORTI   *2, mercoledì*

Questo giorno è consacrato alla commemorazione dei morti. Sai, Enrico, a quali morti dovreste tutti dedicare un pensiero in questo giorno, voi altri ragazzi? A quelli che morirono per voi, per i ragazzi, per i bambini. Quanti ne morirono, e quanti ne muoiono di continuo! Pensasti mai a quanti padri si logoraron la vita al lavoro, a quante madri discesero nella fossa innanzi tempo, consumate dalle privazioni a cui si condannarono per sostenere i loro figliuoli? Sai quanti uomini si piantarono un coltello nel cuore dalla disperazione di vedere i propri ragazzi nella miseria, e quante donne s'annegarono o moriron di dolore o impazzirono per aver perduto un bambino? Pensa a tutti quei morti, in questo giorno, Enrico. Pensa alle tante maestre che son morte giovani, intisichite dalle fatiche della scuola, per amore dei bambini, da cui non ebbero cuore di separarsi; pensa ai medici che moriron di malattie attaccaticce, sfidate coraggiosamente per curar dei fanciulli; pensa a tutti coloro che nei naufragi, negli incendi, nelle carestie, in un momento di supremo pericolo, cedettero all'infanzia l'ultimo tozzo di pane, l'ultima tavola di salvamento, l'ultima fune per scampare alle fiamme, e spirarono contenti del loro sacrifizio, che serbava in vita un piccolo innocente. Sono innumerevoli, Enrico, questi morti; ogni cimitero ne racchiude centinaia di queste sante creature, che se potessero levarsi un momento dalla fossa, griderebbero il nome d'un fanciullo, al quale sacrificarono i piaceri della gioventù, la pace della vecchiaia, gli affetti, l'intelligenza, la vita; spose di vent'anni, uomini nel fiore delle forze, vecchie ottuagenarie, giovinetti – martiri eroici e oscuri dell'infanzia – così grandi e così gentili, che non fa tanti fiori la terra quanti ne dovremmo dare ai loro sepolcri. Tanto siete amati, o fanciulli! Pensa oggi a quei morti con gratitudine, e sarai più buono e più affettuoso con tutti quelli che ti voglion bene e che fatican per te, caro figliuol mio fortunato, che nel giorno dei morti non hai ancora da piangere nessuno!

Tua madre

IL MIO AMICO GARRONE   *4, venerdì*

Non furon che due giorni di vacanza, e mi parve di stare tanto tempo senza rivedere Garrone. Quanto più lo conosco, tanto più gli voglio bene, e così

21

segue a tutti gli altri, fuorché ai prepotenti, che con lui non se la dicono, perché egli non lascia far prepotenze. Ogni volta che uno grande alza la mano su uno piccolo, il piccolo grida: «Garrone!» e il grande non picchia più. Suo padre è macchinista della strada ferrata; egli cominciò tardi le scuole, perché fu ammalato due anni. È il più alto e il più forte della classe, alza un banco con una mano, mangia sempre, è buono. Qualunque cosa gli domandino, matita, gomma, carta, temperino, impresta o dà tutto; e non parla e non ride in iscuola: se ne sta sempre immobile nel banco troppo stretto per lui, con la schiena arrotondata e il testone dentro le spalle; e quando lo guardo, mi fa un sorriso con gli occhi socchiusi, come per dirmi: "Ebbene, Enrico, siamo amici?" Mi fa ridere, grande e grosso com'è, ha la giacchetta, calzoni, maniche, tutto troppo stretto e troppo corto, un cappello che non gli sta in capo, il capo rapato, le scarpe grosse, e una cravatta sempre attorcigliata come una corda. Caro Garrone, basta guardarlo in viso una volta per prendergli affetto. Tutti i più piccoli gli vorrebbero essere vicini di banco. Sa bene l'aritmetica. Porta i libri a castellina, legati con una cinghia di cuoio rosso. Ha un coltello col manico di madreperla che trovò l'anno scorso in piazza d'armi, e un giorno si tagliò un dito fino all'osso, ma nessuno in iscuola se ne avvide, e a casa non rifiatò per non spaventare i parenti. Qualunque cosa si lascia dire per celia, e mai ne ha per male; ma guai se gli dicono: "Non è vero" quando afferma una cosa: getta fuoco dagli occhi allora, e martella pugni da spaccare il banco. Sabato mattina diede un soldo a uno della prima superiore, che piangeva in mezzo alla strada, perché gli avevan preso il suo, e non poteva più comprare il quaderno. Ora sono tre giorni che sta lavorando attorno a una lettera di otto pagine con ornati a penna nei margini, per l'onomastico di sua madre, che spesso viene a prenderlo, ed è alta e grossa come lui, e simpatica. Il maestro lo guarda sempre, e ogni volta che gli passa accanto gli batte una mano sul collo, come a un buon torello tranquillo. Io gli voglio bene. Sono contento quando stringo nella mia la sua grossa mano, che par la mano d'un uomo. Sono così certo che rischierebbe la vita per salvare un compagno, che si farebbe anche ammazzare per difenderlo: si vede così chiaro nei suoi occhi; e benché paia sempre che brontoli con quel vocione, è una voce che viene da un cor gentile, si sente.

IL CARBONAIO E IL SIGNORE   *7, lunedì*

Non l'avrebbe mai detta Garrone, sicuramente, quella parola che disse ieri mattina Carlo Nobis a Betti. Carlo Nobis è superbo perché suo padre è un gran signore; un signore alto, con una barba nera, molto serio, che viene quasi ogni giorno ad accompagnare il figliuolo. Ieri mattina Nobis si bisticciò con Betti, uno dei più piccoli, figliuolo d'un carbonaio, e non sapendo più che rispondergli, perché aveva torto, gli disse forte: «Tuo padre è uno straccione». Betti arrossì fino ai capelli, e non disse nulla, ma gli vennero le lacrime agli occhi, e tornato a casa, ripeté la parola a suo padre; ed ecco il carbonaio, un piccolo uomo tutto nero, che compare alla lezione del dopopranzo col ragazzo per mano a fare le sue lagnanze al maestro. Mentre faceva le sue lagnanze al maestro, e tutti tacevano, il padre di Nobis, che levava il mantello al figliuolo, come al solito, sulla soglia dell'uscio, udendo pronunciare il suo nome, entrò e domandò spiegazione.

«È quest'operaio» rispose il maestro «che è venuto a lagnarsi perché il suo figliuolo Carlo disse al suo ragazzo: "Tuo padre è uno straccione".»

Il padre di Nobis corrugò la fronte e arrossì un poco. Poi domandò al figliuolo: «Hai detto quella parola?»

Il figliuolo – ritto in mezzo alla scuola, col capo basso, davanti al piccolo Betti – non rispose.

Allora il padre lo prese per un braccio e lo spinse più avanti in faccia a Betti, che quasi si toccavano, e gli disse: «Domandagli scusa».

Il carbonaio volle interporsi, dicendo: «No, no». Ma il signore non gli badò, e ripeté, al figliuolo: «Domandagli scusa. Ripeti le mie parole. Io ti domando scusa per la parola ingiuriosa, insensata, ignobile che dissi contro tuo padre, al quale il mio si tiene onorato di stringere la mano».

Il carbonaio fece un gesto risoluto, come a dire: "Non voglio". Il signore non gli diè retta, e il suo figliuolo disse lentamente, con un filo di voce, senza alzar gli occhi da terra: «Io ti domando scusa... della parola ingiuriosa... insensata... ignobile, che dissi contro tuo padre, al quale il mio... si tiene onorato di stringere la mano».

Allora il signore porse la mano al carbonaio, il quale gliela strinse con forza, e poi subito con una spinta gettò il suo ragazzo fra le braccia di Carlo Nobis.

«Mi faccia il favore di metterli vicini» disse il signore al maestro. Il maestro mise Betti nel banco di Nobis. Quando furono al posto, il padre di Nobis fece un saluto e uscì.

Il carbonaio rimase qualche momento sopra pensiero, guardando i due ragazzi vicini; poi si avvicinò al banco, e fissò Nobis, con espressione di affetto e di rammarico, come se volesse dirgli qualche cosa; ma non disse nulla; allungò la mano per fargli una carezza, ma neppure osò, e gli strisciò soltanto la fronte con le sue grosse dita. Poi si avvicinò all'uscio e, voltandosi ancora una volta a guardarlo, sparì. «Ricordatevi bene di quel che avete visto, ragazzi» disse il maestro. «Questa è la più bella lezione dell'anno.»

LA MAESTRA DI MIO FRATELLO 10, giovedì

Il figliuolo del carbonaio fu scolaro della maestra Delcati, che è venuta oggi a trovare mio fratello malaticcio, e ci ha fatto ridere a raccontarci che la mamma di quel ragazzo, due anni fa, le portò a casa una grande grembialata di carbone, per ringraziarla che aveva dato la medaglia al figliuolo; e si ostinava, povera donna, non voleva riportarsi il carbone a casa, e piangeva quasi, quando dovette tornarsene col grembiale pieno. Anche di un'altra donna, ci ha detto, che le portò un mazzetto di fiori molto pesante; e c'era dentro un gruzzoletto di soldi. Ci siamo molto divertiti a sentirla, e così mio fratello trangugiò la medicina, che prima non voleva. Quanta pazienza debbono avere con quei ragazzi della prima inferiore, tutti sdentati come vecchietti, che non pronunziano l'erre o l'esse, e uno tosse, l'altro fila sangue dal naso, chi perde gli zoccoli sotto il banco, e chi bela perché s'è punto con la penna e chi piange perché ha comprato un quaderno numero due invece di numero uno. Cinquanta in una classe, che non san nulla, con quei manini di burro, e dover insegnare a scrivere a tutti! Essi portano in tasca dei pezzetti di regolizia, dei bottoni, dei turaccioli di boccetta, del mattone tritato, ogni specie di cose minuscole, e bisogna che la maestra li frughi; ma nascondon gli oggetti fin nelle scarpe. E non stanno attenti; un moscone che entri per la finestra, mette tutti sottosopra, e l'estate portano in iscuola dell'erba e dei maggiolini, che volano in giro o cascano nei calamai e poi rigano i quaderni d'inchiostro. La maestra deve far la mamma con loro, aiutarli a vestirsi, fasciare le dita punte, raccattare i berretti che cascano, badare che non si scambino i cappotti, se no poi gnaulano e strillano. Povere maestre! E ancora le mamme a lagnarsi: come va, signorina, che il mio bambino ha perso la penna? com'è che il mio non impara niente? perché non dà la menzione al mio, che sa tanto? perché non fa levar quel chiodo dal banco che ha stracciato i calzoni al mio Piero? Qualche volta si arrabbia coi ragazzi la maestra di mio fratello, e quando non ne può più, si morde un dito, per non lasciare andare una pacca; perde la pazienza, ma poi si pente, e carezza il bimbo che ha sgridato; scaccia un monello di scuola, ma si ribeve le lacrime, e va in collera coi parenti che fan digiunare i bimbi per castigo. È giovane e grande, la maestra Delcati, e vestita bene, bruna e irrequieta, che fa tutto a scatto di molla, e per un nulla si commuove, e allora parla con grande tenerezza. «Ma almeno i bimbi le si affezionano?» le ha detto mia madre. «Molti sì» ha risposto «ma poi, finito l'anno, la maggior parte non ci guardan più. Quando sono coi maestri, si vergognano quasi d'esser stati da noi, da una maestra. Dopo due anni di cure, dopo che s'è amato tanto un bambino, ci fa tristezza separarci da lui, ma si dice: "Oh di quello lì son sicura; quello lì mi vorrà bene". Ma passano le vacanze, si rientra alla scuola, gli corriamo incontro: "O bambino, bambino mio!" E lui volta il capo da un'altra parte.» Qui la maestra s'è interrotta. «Ma tu non farai così, piccino?» ha detto poi, alzandosi con gli occhi umidi, e baciando mio fratello. «Tu non volterai il capo dall'altra parte, non è vero? Non la rinnegherai la tua povera amica.»

MIA MADRE   *10, giovedì*

In presenza della maestra di tuo fratello tu mancasti di rispetto a tua madre! Che questo non avvenga mai più, Enrico, mai più! La tua parola irriverente m'è entrata nel cuore come una punta d'acciaio. Io pensai a tua madre quando, anni sono, stette chinata tutta una notte sul tuo piccolo letto a misurare il tuo respiro, piangendo sangue dall'angoscia e battendo i denti dal terrore, ché credeva di perderti, ed io temeva che smarrisse la ragione; e a quel pensiero provai un senso di ribrezzo per te. Tu, offendere tua madre! Tua madre che darebbe un anno di

*Poi c'è il Direttore, alto, calvo, con gli occhiali d'oro, con la barba grigia
che gli viene sul petto, tutto vestito di nero e sempre abbottonato fin
sotto il mento; così buono coi ragazzi, che quando entrano tutti tremanti
in Direzione, chiamati per un rimprovero, non li sgrida, ma li piglia
per le mani, e dice tante ragioni, che non dovevano far così,
e che bisogna che si pentano, e che promettano di esser buoni...*

p. 28

felicità per risparmiarti un'ora di dolore, che mendicherebbe per te, che si farebbe uccidere per salvarti la vita! Senti, Enrico. Fissati bene in mente questo pensiero. Immagina pure che ti siano destinati nella vita molti giorni terribili: il più terribile di tutti sarà il giorno in cui perderai tua madre. Mille volte, Enrico, quando già sarai uomo, forte, provato a tutte le lotte, tu la invocherai, oppresso da un desiderio immenso di risentire un momento la sua voce e di rivedere le sue braccia aperte per gettarviti singhiozzando, come un povero fanciullo senza protezione e senza conforto. Come ti ricorderai allora d'ogni amarezza che le avrai cagionato, e con che rimorsi le sconterai tutte, infelice! Non sperar serenità nella tua vita, se avrai contristato tua madre. Tu sarai pentito, le domanderai perdono, venererai la sua memoria: inutilmente; la coscienza non ti darà pace, quella immagine dolce e buona avrà sempre per te un'espressione di tristezza e di rimprovero che ti metterà l'anima alla tortura. O Enrico, bada: questo è il più sacro degli affetti umani; disgraziato chi lo calpesta. L'assassino che rispetta sua madre ha ancora qualcosa di onesto e di gentile nel cuore; il più glorioso degli uomini che l'addolori e l'offenda, non è che una vile creatura. Che non t'esca mai dalla bocca una dura parola per colei che ti diede la vita. E se una ancora te ne sfuggisse, non sia il timore di tuo padre, sia l'impulso dell'anima che ti getti ai suoi piedi, a supplicarla che col bacio del perdono ti cancelli dalla fronte il marchio dell'ingratitudine. Io t'amo, figliuol mio; tu sei la speranza più cara della mia vita; ma vorrei piuttosto vederti morto che ingrato a tua madre. Va', e per un po' di tempo non portarmi più la tua carezza; non te la potrei ricambiare col cuore.

Tuo padre

IL MIO COMPAGNO CORETTI   *13, domenica*

Mio padre mi perdonò; ma io rimasi un poco triste, e allora mia madre mi mandò col figliuolo grande del portinaio a fare una passeggiata sul corso. A metà circa del corso, passando vicino a un carro fermo davanti a una bottega, mi sento chiamare per nome, mi volto: era Coretti, il mio compagno di scuola, con la sua maglia color cioccolata e il suo berretto di pelo di gatto, tutto sudato e allegro, che aveva un gran carico di legna sulle spalle. Un uomo ritto sul carro gli porgeva una bracciata di legna per volta, egli la pigliava e la portava nella bottega di suo padre, dove in fretta e furia la accatastava.

«Che fai Coretti?» gli domandai.

«Non vedi?» rispose, tendendo le braccia per pigliare il carico «ripasso la lezione.»

Io risi. Ma egli parlava sul serio, e presa la bracciata di legno, cominciò a dire correndo: «*Chiamasi accidenti del verbo... le sue variazioni secondo il numero... secondo il numero e la persona...*».

E poi buttando giù la legna e accatastandola: «*... secondo il tempo... secondo il tempo a cui si riferisce l'azione*». E tornando verso il carro a prendere un'altra bracciata: «*... secondo il modo con cui l'azione è enunciata*».

Era la nostra lezione di grammatica per il giorno dopo. «Che vuoi?» mi disse «metto il tempo a profitto. Mio padre è andato via col garzone per una faccenda. Mia madre è malata. Tocca a me scaricare. Intanto ripasso la grammatica. È un lezione difficile oggi. Non riesco a pestarmela in testa. Mio padre ha detto che sarà qui alle sette per darvi i soldi» disse all'uomo del carro.

Il carro partì. «Vieni un momento in bottega» mi disse Coretti. Entrai: era uno stanzone pieno di cataste di legna e di fascine, con una stadera da una parte. «Oggi è giorno di sgobbo, te lo accerto io» ripigliò Coretti. «Debbo fare il lavoro a pezzi e a bocconi. Stavo scrivendo le proposizioni, è venuta gente a comprare. Mi sono rimesso a scrivere, eccoti il carro. Questa mattina ho già fatto due corse al mercato della legna, in piazza Venezia. Non mi sento più le gambe e ho le mani gonfie! Starei fresco se avessi il lavoro di disegno!» E intanto dava un colpo di scopa alle foglie secche e ai fuscelli che coprivano l'ammattonato.

«Ma dove lo fai il lavoro, Coretti?» gli domandai.

«Non qui certo» riprese: «vieni a vedere»; e mi condusse in uno stanzino dietro la bottega, che serve da cucina e da stanza da mangiare, con un tavolo in un canto, dove ci aveva i libri e i quaderni, e il lavoro incominciato. «Giusto appunto» disse «ho lasciato la seconda risposta per aria: *col cuoio si fanno le calzature, le cinghie...* ora ci aggiungo *le valigie.*» E prese la penna, si mise a scrivere con la sua bella calligrafia. «C'è nessuno?» s'udì gridare in quel momento dalla bottega. Era una donna che veniva a comprar fascinotti. «Eccomi» rispose Coretti; e saltò di là, pesò i fascinotti, prese i soldi, corse in un angolo a segnar la vendita in uno scartafaccio, e ritornò al suo lavoro dicendo: «Vediamo un po' se mi riesce di finire il periodo». E scrisse: *le borse da viaggio, gli zaini per i soldati.* «Ah, il mio povero caffè che scappa via!» gridò all'improvviso, e corse al fornello a levare la caffettiera dal fuoco. «È il caffè per la mamma» disse; «bisognò bene che imparassi a farlo. Aspetta un po' che glielo portiamo; così ti vedrà, le farà piacere. Sono sette giorni che è a letto... Accidenti del verbo! Mi scotto sempre le dita con questa caffettiera. Che cosa ho da aggiungere dopo gli zaini per i soldati? Ci vuole qualche altra cosa e non la trovo. Vieni dalla mamma.»

Aperse un uscio, entrammo in un'altra camera piccola; c'era la mamma di Coretti in un letto grande, con un fazzoletto bianco intorno al capo.

«Ecco il caffè, mamma» disse Coretti, porgendo la tazza; «questo è un mio compagno di scuola.»

«Ah! bravo il signorino» mi disse la donna «viene a far visita ai malati, non è vero?»

Intanto Coretti accomodava i guanciali dietro alle spalle di sua madre, raggiustava le coperte del letto, riattizzava il fuoco, cacciava il gatto dal cassettone. «Vi occorre altro, mamma?» domandò poi, ripigliando la tazza. «Li avete presi i due cucchiaini di sciroppo? Quando non ce ne sarà più farò una scappata dallo speziale. Le legna sono scaricate. Alle quattro metterò la carne al fuoco, come avete detto, e quando passerà la donna del burro le darò quegli otto soldi. Tutto andrà bene, non vi date pensiero.»

«Grazie, figliuolo» rispose la donna; «povero figliuolo, va'! Egli pensa a tutto.»

Volle che pigliassi un pezzo di zucchero, e poi Coretti mi mostrò un quadretto, il ritratto in fotografia di suo padre vestito da soldato, con la medaglia al valore, che guadagnò nel '66, nel quadrato del principe Umberto; lo stesso viso del figliuolo, con quegli occhi vivi e quel sorriso così allegro. Tornammo alla cucina. «Ho trovato la cosa» disse Coretti, e aggiunse sul quaderno: *si fanno anche i finimenti dei cavalli.* «Il resto lo farò stasera, starò levato fino a tardi. Felice te che hai tutto il tempo per studiare e puoi ancora andare a passeggio!»

E sempre gaio e lesto, rientrato in bottega, cominciò a mettere dei pezzi di legno sul cavalletto e a segarli per mezzo, e diceva: «Questa è ginnastica! Altro che la *spinta delle braccia avanti.* Voglio che mio padre trovi tutte queste legna segate quando torna a casa: sarà contento. Il male è che dopo aver segato faccio delle *t* e delle *l*, che paion serpenti, come dice il maestro. Che ci ho da fare? Gli dirò che ho dovuto menar le braccia. Quello che importa è che la mamma guarisca presto, questo sì. Oggi sta meglio, grazie al cielo. La grammatica la studierò domattina al canto del gallo. Oh! ecco la carretta coi ceppi! Al lavoro».

Una carretta carica di ceppi si fermò davanti alla bottega. Coretti corse fuori a parlare con l'uomo, poi tornò. «Ora non posso più tenerti compagnia» mi disse «a rivederci domani. Hai fatto bene a venirmi a trovare. Buona passeggiata! Felice te.»

E strettami la mano, corse a pigliar il primo ceppo, e ricominciò a trottare fra il carro e la bottega, col viso fresco come una rosa sotto il suo berretto di pel di gatto, e vispo che metteva allegrezza a vederlo.

«Felice te!» egli mi disse. Ah, no, Coretti, no: sei tu il più felice; tu, perché studi e lavori di più, perché sei più utile a tuo padre e a tua madre, perché sei più buono, cento volte più buono e più bravo di me, caro compagno mio.

IL DIRETTORE   *18, venerdì*

Coretti era contento questa mattina perché è venuto ad assistere al lavoro d'esame mensile il suo maestro di seconda, Coatti, un omone con una grande capigliatura crespa, una gran barba nera, due grandi occhi scuri, e una voce da bombarda; il quale minaccia sempre i ragazzi di farli a pezzi e di portarli per il collo in Questura, e fa ogni specie di facce spaventevoli; ma non castiga mai nessuno, anzi sorride sempre dentro la barba, senza farsi scorgere. Otto sono, con Coatti, i maestri, compreso un supplente, piccolo e senza barba, che pare un giovinetto. C'è un maestro di quarta, zoppo, imbacuccato in una grande cravatta di lana, sempre tutto pieno di dolori, e si prese quei dolori quando era maestro rurale, in una scuola umida, dove i muri gocciolavano. Un altro maestro di quarta è vecchio e tutto bianco, ed è stato maestro dei ciechi. Ce n'è uno ben vestito, con gli occhiali, e due baffetti biondi, che chiamano l'*avvocati-*

no, perché facendo il maestro studiò da avvocato e prese la laurea, e fece anche un libro per insegnare a scrivere le lettere. Invece quello che c'insegna la ginnastica è un tipo di soldato; è stato con Garibaldi, e ha sul collo la cicatrice d'una ferita di sciabola toccata alla battaglia di Milazzo. Poi c'è il Direttore, alto, calvo, con gli occhiali d'oro, con la barba grigia che gli viene sul petto, tutto vestito di nero e sempre abbottonato fin sotto il mento; così buono coi ragazzi, che quando entrano tutti tremanti in Direzione, chiamati per un rimprovero, non li sgrida, ma li piglia per le mani, e dice tante ragioni, che non dovevano far così, e che bisogna che si pentano, e che promettano di esser buoni, e parla con tanta buona maniera e con una voce così dolce, che tutti escono con gli occhi rossi, più confusi che se li avesse puniti. Povero Direttore, egli è sempre il primo al suo posto, la mattina, ad aspettare gli scolari e a dar retta ai parenti, e quando i maestri sono già avviati verso casa, gira ancora intorno alla scuola a vedere se i ragazzi non si caccino sotto le carrozze, o non si trattengano per le strade a far querciola, o a empire gli zaini di sabbia o di sassi; e ogni volta che appare a una cantonata, così alto e nero, stormi di ragazzi scappano da tutte le parti, piantando lì il giuoco dei pennini e delle biglie, ed egli li minaccia con l'indice, da lontano, con la sua aria amorevole e triste. «Nessuno lo ha più visto ridere» dice mia madre «dopo che gli è morto il figliuolo, ch'era volontario nell'esercito.» Ed egli ha sempre il suo ritratto davanti agli occhi, sul tavolo della Direzione. E se ne voleva andare dopo quella disgrazia; aveva già fatto la sua domanda di riposo al Municipio, e la teneva sempre sul tavolino, aspettando di giorno in giorno a mandarla, perché gli rincresceva di lasciare i fanciulli. Ma l'altro giorno pareva deciso, e mio padre, ch'era con lui nella Direzione, gli diceva: «Che peccato che se ne vada, signor Direttore!» quando entrò un uomo a far iscrivere un ragazzo, che passava da un'altra Sezione alla nostra perché aveva cambiato di casa. A vedere quel ragazzo, il Direttore fece un atto di meraviglia; lo guardò un pezzo, guardò il ritratto che tiene sul tavolino, e tornò a guardare il ragazzo, tirandoselo fra le ginocchia e facendogli alzare il viso. Quel ragazzo somigliava tutto al suo figliuolo morto. Il Direttore disse: «Va bene». Fece l'iscrizione, congedò padre e figlio, e restò pensieroso. «Che peccato che se ne vada!» ripeté mio padre. E allora il Direttore prese la sua domanda di riposo, la fece in due pezzi e disse: «Rimango».

I SOLDATI   *22, martedì*

Il suo figliuolo era volontario nell'esercito quando morì: per questo il Direttore va sempre sul corso a veder passare i soldati, quando usciamo dalla scuola. Ieri passava un reggimento di fanteria, e cinquanta ragazzi si misero a saltellare intorno alla banda musicale, cantando e battendo il tempo con le righe sugli zaini e sulle cartelle. Noi stavamo in un gruppo sul marciapiede a guardare: Garrone, strizzato nei suoi vestiti troppo stretti, che addentava un gran pezzo di pane; Votini, quello ben vestito, che si leva sempre i peluzzi dai panni; Precossi, il figliuolo del fabbro, con la giacchetta di suo padre, e il calabrese, e il muratorino, e Crossi con la sua testa rossa, e Franti con la sua faccia tosta, e anche Robetti, il figliuolo del capitano d'artiglieria, quello che salvò un bimbo dall'omnibus, e che ora cammina con le stampelle. Franti fece una risata in faccia a un soldato che zoppicava. Ma subito si sentì la mano d'un uomo sulla spalla: si voltò: era il Direttore. «Bada» gli disse il Direttore «schernire un soldato quand'è nelle file, che non può né vendicarsi né rispondere, è come insultare un uomo legato: è una viltà.» Franti scomparve. I soldati passavano a quattro a quattro, sudati e coperti di polvere, e i fucili scintillavano al sole. Il Direttore disse: «Voi dovete voler bene ai soldati, ragazzi. Sono i nostri difensori, quelli che andrebbero a farsi uccidere per noi se domani un esercito straniero minacciasse il nostro paese. Sono ragazzi anch'essi, hanno pochi anni più di voi e anch'essi vanno a scuola; e ci sono poveri e signori, fra loro, come fra voi, e vengono da tutte le parti d'Italia. Vedete, si possono quasi riconoscere al viso: passano dei Siciliani, dei Sardi, dei Napoletani, dei Lombardi. Questo qui è un reggimento vecchio, di quelli che hanno combattuto nel 1848. I soldati non sono più quelli, ma la bandiera è sempre la stessa. Quanti erano già morti per il nostro paese intorno a quella bandiera, venti anni prima che voi nasceste!» «Eccola qui» disse Garrone. E infatti si vedeva poco lontano la bandiera che veniva innanzi, al di sopra delle teste dei soldati. «Fate una cosa figliuoli» disse il Direttore «fate il vostro saluto di scolari, con la mano alla fronte, quando passano i tre colori.» La bandiera, portata da un ufficiale, ci passò davanti, tutta lacera e stinta, con le medaglie appese all'asta. Noi mettemmo la mano alla fronte tutti insieme. L'ufficiale ci guardò sorridendo, e ci restituì il saluto con la mano. «Bravi ragazzi» disse uno dietro di noi. Ci voltammo a guardare: era un vecchio che aveva all'occhiello del vestito il nastrino azzurro della campagna di Crimea: un ufficiale pensionato. «Bravi» disse «avete fatto una cosa bella.» Intanto la banda del reggimento svoltava in fondo al corso, circondata da una turba di ragazzi, e cento grida allegre accompagnavano gli squilli delle trombe come un canto di guerra. «Bravi» ripeté il vecchio ufficiale, guardandoci: «chi rispetta la bandiera da piccolo, la saprà difendere da grande.»

IL PROTETTORE DI NELLI   *23, mercoledì*

Anche Nelli, ieri, guardava i soldati, povero gobbino, ma con un'aria così, come se pensasse: "Io non potrò mai essere un soldato!" Egli è buono, studia; ma è così magrino e smorto, e respira a fatica. Porta sempre un lungo grembiale di tela nera lucida. Sua madre è una signora piccola e bionda, vestita di nero, e viene sempre a prenderlo al *finis*, perché non esca nella confusione, con gli altri; e lo accarezza. I primi giorni, perché ha la disgrazia di essere gobbo, molti ragazzi lo beffavano e gli picchiavano sulla schiena con gli zaini; ma egli non si rivoltava mai, e non diceva mai nulla a sua madre, per non darle quel dolore di sapere che suo figlio era lo zimbello dei compagni; lo schernivano, ed egli piangeva e taceva, appoggiando la fronte sul banco. Ma una mattina saltò su Garrone e disse: «Il primo che tocca Nelli gli do uno scapaccione che gli faccio fare tre giravolte!» Franti non gli badò, lo scapaccione partì, l'amico fece tre giravolte, e dopo d'allora nessuno toccò più Nelli. Il maestro gli mise Garrone vicino nello stesso banco. Si sono fatti amici. Nelli s'è affezionato molto a Garrone. Appena entra nella scuola cerca subito se c'è Garrone. Non va mai via senza dire: «Addio, Garrone». E così fa Garrone con lui. Quando Nelli lascia cascar la penna o un libro sotto il banco, Garrone si china e gli porge il libro o la penna; e poi lo aiuta a rimettere la roba nello zaino e a infilarsi il cappotto . Per questo, Nelli gli vuol bene, e lo guarda sempre, e quando il maestro lo loda, è contento come se lodasse lui. Ora bisogna che Nelli, finalmente, abbia detto tutto a sua madre, e degli scherni dei primi giorni e di quello che gli facevano patire, e poi del compagno che lo difese e che gli ha posto affetto, perché, ecco quello che accadde questa mattina. Il maestro mi mandò a portare al Direttore il programma della lezione, mezz'ora prima del *finis*, ed io ero nell'ufficio, quando entrò una signora bionda e vestita di nero, la mamma di Nelli, la quale disse: «Signor Direttore, c'è nella classe di mio figlio un ragazzo che si chiama Garrone?» «C'è» rispose il Direttore. «Vuole avere la bontà di farlo venire un momento qui, che gli ho da dire una parola?» Il Direttore chiamò il bidello e lo mandò in iscuola, e dopo un minuto, ecco lì Garrone sull'uscio, con la sua testa grossa e rapata, tutto stupito. Appena lo vide, la signora gli corse incontro, gli gettò le mani sulle spalle e gli diede tanti baci sulla testa, dicendo: «Sei tu, Garrone, l'amico del mio figliuolo, il protettore del mio povero bambino, sei tu, caro, bravo ragazzo, sei tu?» Poi frugò in furia nelle tasche e nella borsa, e non trovando nulla, si staccò dal collo una catenella con una crocina, e la mise al collo di Garrone, sotto la cravatta, e gli disse: «Prendila, portala per mia memoria, caro ragazzo, per memoria della mamma di Nelli, che ti ringrazia e ti benedice».

IL PRIMO DELLA CLASSE   *25, venerdì*

Garrone s'attira l'affetto di tutti; Derossi, l'ammirazione. Ha preso la prima medaglia, sarà sempre il primo anche quest'anno, nessuno può competere con lui, tutti riconoscono la sua superiorità in tutte le materie. È il primo in aritmetica, in grammatica, in composizione, in disegno, capisce ogni cosa al volo, ha una memoria meravigliosa, riesce in tutto senza sforzo, pare che lo studio sia un gioco per lui. Il maestro gli disse ieri: «Hai avuto dei grandi doni da Dio; non hai altro a fare che non sciuparli». E per di più è grande, bello, con una gran corona di riccioli biondi, lesto che salta un banco, appoggiandovi una mano su; e sa già tirare di scherma. Ha dodici anni, è figliuolo d'un negoziante, va sempre vestito con dei bottoni dorati, sempre vivo, allegro, garbato con tutti, e aiuta quanti può all'esame e nessuno ha mai osato fargli uno sgarbo o dirgli una brutta parola. Nobis e Franti soltanto lo guardano per traverso, Votini schizza invidia dagli occhi; ma egli non se ne accorge neppure. Tutti gli sorridono e lo pigliano per una mano o per un braccio quando va attorno a raccogliere i lavori, con quella sua maniera graziosa. Egli regala dei giornali illustrati, dei disegni, tutto quello che a casa regalano a lui; ha fatto per il calabrese una piccola carta geografica delle Calabrie; e dà tutto, ridendo, senza badarci, come un gran signore, senza predilezioni per alcuno. È impossibile non invidiarlo, non sentirsi da meno di lui in ogni cosa. Ah! io pure, come Votini, l'invidio. E provo un'amarezza, quasi un certo dispetto contro di lui, qualche volta, quando stento a fare il lavoro a casa, e penso che a quell'ora egli l'ha già fatto, benissimo e senza fatica. Ma poi, quando torno a scuola, a vederlo così bello, ridente, trionfante, a sentir come risponde alle interrogazioni del maestro franco e sicuro, e com'è cortese, e come tutti gli vogliono bene, allora ogni amarezza, ogni dispetto mi va via dal cuore, e mi vergogno d'aver provato quei sentimenti. Vorrei essergli sempre vicino allora; vorrei poter fare tutte le scuole con lui; la sua presenza, la sua voce mi mette coraggio, voglia di lavorare, allegrezza, piacere. Il maestro gli ha dato da copiare il racconto mensile che leggerà domani: *La piccola vedetta lombarda*; egli lo copiava questa mattina, ed era commosso da quel fatto eroico, tutto acceso nel viso, con gli occhi umidi e con la bocca tremante; e io lo guardavo; com'era bello e nobile. Con che piacere gli avrei detto sul viso, francamente: "Derossi, tu vali in tutto più di me! Tu sei un uomo a confronto mio! Io ti rispetto e ti ammiro!"

La piccola vedetta lombarda

Nel 1859, durante la guerra per la liberazione della Lombardia, pochi giorni dopo la battaglia di Solferino e San Martino, vinta dai Francesi e dagli Italiani contro gli Austriaci, in una bella mattina del mese di giugno, un piccolo drappello di cavalleggeri di Saluzzo andava di lento passo, per un sentiero solitario, verso il nemico, esplorando attentamente la campagna. Guidavano il drappello un ufficiale e un sergente, e tutti guardavano lontano, davanti a sé, con occhio fisso, muti, preparati a veder da un momento all'altro biancheggiare fra gli alberi le divise degli avamposti nemici. Arrivarono così a una casetta rustica, circondata di frassini, davanti alla quale se ne stava tutto solo un ragazzo d'una dozzina d'anni, che scortecciava un piccolo ramo con un coltello per farsene un bastoncino; da una finestra della casa spenzolava una larga bandiera tricolore; dentro non c'era nessuno: i contadini, messa fuori la bandiera, erano scappati, per paura degli Austriaci. Era un bel ragazzo, dal viso ardito, con gli occhi grandi e celesti, coi capelli biondi e lunghi; era in maniche di camicia, e mostrava il petto nudo.

«Che fai qui?» gli domandò l'ufficiale, fermando il cavallo. «Perché non sei fuggito con la tua famiglia?»

«Io non ho famiglia» rispose il ragazzo. «Sono un trovatello. Lavoro un po' per tutti. Son rimasto qui per vedere la guerra.»

«Hai visto passar degli Austriaci?»

«No, da tre giorni.»

L'ufficiale stette un poco pensando; poi saltò giù dal cavallo, e lasciati i soldati lì, rivolti verso il nemico, entrò nella casa e salì sul tetto... La casa era bassa; dal tetto non si vedeva che un piccolo tratto di campagna. «Bisogna salir sugli alberi» disse l'ufficiale, e discese. Proprio davanti all'aia si drizzava un frassino altissimo e sottile, che dondolava la vetta nell'azzurro. L'ufficiale rimase un po' sopra pensiero, guardando ora l'albero ora i soldati, poi tutt'a un tratto domandò al ragazzo:

«Hai buona vista, tu, monello?»

«Io?» rispose il ragazzo. «Io vedo un passerotto lontano un miglio.»

«Saresti buono a salire in cima a quell'albero?»

«In cima a quell'albero? Io? In mezzo minuto ci salgo.»

«E sapresti dirmi quello che vedi di lassù, se c'è soldati austriaci da quella parte, nuvoli di polvere, fucili che luccicano, cavalli?»

«Sicuro che saprei.»

«Che cosa vuoi per farmi questo servizio?»

«Che cosa voglio?» chiese il ragazzo sorridendo. «Niente. Bella cosa! E poi!... se fosse per i *tedeschi*, a nessun patto; ma per i nostri! Io sono lombardo.»

«Bene. Va' su dunque».

«Un momento, che mi levo le scarpe.»

Si levò le scarpe, si strinse la cinghia dei calzoni, buttò nell'erba il berretto e abbracciò il tronco del frassino.

«Ma bada...» esclamò l'ufficiale, facendo l'atto di trattenerlo, come preso da timore improvviso.

Il ragazzo si voltò a guardarlo, coi suoi begli occhi celesti, in atto interrogativo.

«Niente» disse l'ufficiale; «va' su.»

Il ragazzo andò su, come un gatto.

«Guardate davanti a voi» gridò l'ufficiale ai soldati.

In pochi momenti il ragazzo fu sulla cima dell'albero, avviticchiato al fusto, con le gambe fra le foglie, ma col busto scoperto, e il sole che gli batteva sul capo biondo, che pareva d'oro. L'ufficiale lo vedeva appena, tanto era piccino lassù.

«Guarda dritto e lontano» gridò l'ufficiale.

Il ragazzo, per veder meglio, staccò la mano destra dall'albero e se la mise alla fronte.

«Che cosa vedi?» domandò l'ufficiale.

Il ragazzo chinò il viso verso di lui, e facendosi portavoce della mano, rispose: «Due uomini a cavallo, sulla strada bianca».

«A che distanza di qui?»

«Mezzo miglio.»

«Movono?»

«Son fermi».

«Che altro vedi?» domandò l'ufficiale, dopo un momento di silenzio «Guarda a destra.»

Il ragazzo guardò a destra. Poi disse: «Vicino al cimitero, tra gli alberi, c'è qualche cosa che luccica. Paiono baionette».

«Vedi gente?»

«No. Saran nascosti nel grano.»

In quel momento un fischio di palla acutissimo passò alto per l'aria e andò a morire lontano dietro alla casa.

«Scendi, ragazzo!» gridò l'ufficiale. «T'han visto. Non voglio altro. Vien giù.»

«Io non ho paura» rispose il ragazzo.

«Scendi...» ripeté l'ufficiale «che altro vedi a sinistra?»

Il ragazzo sporse il capo a sinistra; in quel punto un altro fischio più acuto e più basso del primo tagliò l'aria. Il ragazzo si riscosse tutto. «Accidenti!» esclamò. «L'hanno proprio con me!» La palla gli era passata poco lontano.

«Scendi!» gridò l'ufficiale, imperioso e irritato.

«Scendo subito» rispose il ragazzo. «Ma l'albero mi ripara, non dubiti. A sinistra vuole sapere?»

«A sinistra» rispose l'ufficiale «ma scendi.»

«A sinistra» gridò il ragazzo, sporgendo il busto da quella parte «dove c'è una cappella, mi par di veder...»

Un terzo fischio rabbioso passò in alto, e quasi a un punto si vide il ragazzo venir giù, trattenendosi per un tratto al fusto e ai rami, e poi precipitando a capo fitto colle braccia aperte.

«Maledizione!» gridò l'ufficiale accorrendo.

Il ragazzo batté la schiena per terra e restò disteso con le braccia larghe, supino; un rigagnolo di sangue gli sgorgava dal petto, a sinistra. Il sergente e due soldati saltaron giù da cavallo; l'ufficiale si chinò e gli aprì la camicia: la palla gli era entrata nel polmone sinistro. «È morto!» esclamò l'ufficiale. «No, vive!» rispose il sergente. «Ah! povero ragazzo! bravo ragazzo!» gridò l'ufficiale. «Coraggio! Coraggio!» Ma mentre gli diceva coraggio e gli premeva il fazzoletto sulla ferita, il ragazzo stralunò gli occhi e abbandonò il capo: era morto. L'ufficiale impallidì, e lo guardò un momento; poi lo adagiò col capo sull'erba; s'alzò e stette a guardarlo; anche il sergente e i due soldati, immobili, lo guardavano; gli altri stavano rivolti verso il nemico.

«Povero ragazzo!» ripeté tristemente l'ufficiale. «Povero e bravo ragazzo!»

Poi s'avvicinò alla casa, levò dalla finestra la bandiera tricolore, e la distese come drappo funebre sul piccolo morto, lasciandogli il viso scoperto. Il sergente raccolse a fianco del morto le scarpe, il berretto, il bastoncino e il coltello.

Stettero ancora un momento silenziosi; poi l'ufficiale si rivolse al sergente e gli disse: «Lo manderemo a pigliare dall'ambulanza; è morto da soldato: lo seppelliranno i soldati». Detto questo mandò un bacio al morto con un atto della mano, e gridò: «A cavallo!» Tutti balzarono in sella, il drappello si riunì e riprese il suo cammino.

E poche ore dopo il piccolo morto ebbe i suoi onori di guerra.

Al tramontar del sole, tutta la linea degli avamposti italiani s'avanzava verso il nemico, e per lo stesso cammino percorso la mattina dal drappello di cavalleria, procedeva su due file un grosso battaglione di bersaglieri, il quale, pochi giorni innanzi, aveva valorosamente rigato di sangue il colle di San Martino. La notizia della morte del ragazzo era già corsa fra quei soldati prima che lasciassero gli accampamenti. Il sentiero, fiancheggiato da un rigagnolo, passava a pochi passi di distanza dalla casa. Quando i primi ufficiali del battaglione videro il piccolo cadavere disteso ai piedi del frassino e coperto dalla bandiera tricolore, lo salutarono con la sciabola; e uno di essi si chinò sopra la sponda del rigagnolo, ch'era tutta fiorita, strappò due fiori e glieli gettò. Allora tutti i bersaglieri via via che passarono, strapparono dei fiori e li gettarono al morto. In pochi minuti il ragazzo fu coperto di fiori, e ufficiali e soldati gli mandavano tutti un saluto passando: «Bravo, piccolo lombardo! Addio, ragazzo! A te, biondino! Evviva! Gloria! Addio!» Un ufficiale gli gettò la sua medaglia al valore, un altro andò a baciargli la fronte. E i fiori continuavano a piovergli sui piedi nudi, sul petto insanguinato, sul capo biondo. Ed egli dormiva là nell'erba, ravvolto nella sua bandiera, col viso bianco e quasi sorridente, povero ragazzo, come se sentisse quei saluti, e fosse contento d'aver dato la vita per la sua Lombardia.

Dare la vita per il proprio paese, come il ragazzo lombardo, è una grande virtù; ma tu non trascurare le virtù più piccole, figliuolo. Questa mattina, camminando davanti a me quando tornavamo da scuola, passasti accanto a una povera, che teneva fra le ginocchia un bambino stentito e smorto, e che ti domandò l'elemosina. Tu la guardasti e non le desti nulla, e pure ci avevi dei soldi in tasca. Senti, figliuolo. Non abituarti a passare indifferente davanti alla miseria che tende la mano, e tanto meno davanti a una madre che chiede un soldo per il suo bambino. Pensa allo strazio di quella povera donna. Te lo immagini il singhiozzo disperato di tua madre, quando un giorno ti dovesse dire: "Enrico, oggi non posso darti nemmeno del pane?" Quand'io do un soldo a un mendico, ed egli mi dice: "Dio conservi la salute a lei e alle sue creature!" tu non puoi comprendere la dolcezza che mi danno al cuore quelle parole, la gratitudine che sento per quel povero. Mi par davvero che quel buon augurio debba conservarci in buona salute per molto tempo, e ritorno a casa contenta, e penso: "Oh! quel povero m'ha reso assai più di quanto gli ho dato!" Ebbene, fa ch'io senta qualche volta quel buon augurio provocato, meritato da te; togli tratto tratto un soldo dalla tua piccola borsa per lasciarlo cadere nella mano d'un vecchio senza sostegno, d'una madre senza pane, d'un bimbo senza madre. I poveri amano l'elemosina dei ragazzi perché non li umilia, e perché i ragazzi, che han bisogno di tutti, somigliano a loro: vedi che ce n'è sempre intorno alle scuole, dei poveri. L'elemosina d'un uomo è un atto di carità; ma quella d'un fanciullo è insieme un atto di carità e una carezza; capisci? È come se dalla sua mano cadessero insieme un soldo e un fiore. Pensa che a te non manca nulla, ma che a loro manca tutto; che mentre tu sei felice, a loro basta di non morire. Pensa che è un orrore che in mezzo a tanti palazzi, per le vie dove passan carrozze e bambini vestiti di velluto, ci siano delle donne, dei bimbi che non hanno da mangiare. Non aver da mangiare, Dio mio! Dei ragazzi come te, buoni come te, intelligenti come te, in mezzo a una grande città non han da mangiare, come belve perdute in un deserto! Oh, mai più, Enrico, non passare mai più davanti a una madre che mendica senza metterle un soldo nella mano!

Tua madre

IL TRAFFICANTE   *1, giovedì*

Mio padre vuole che ogni giorno di vacanza io mi faccia venire a casa uno de'
miei compagni, o che vada a trovarlo, per farmi a poco a poco amico di tutti.
Domenica andrò a passeggiare con Votini, quello ben vestito, che si liscia
sempre, e che ha tanta invidia di Derossi. Oggi intanto è venuto a casa Garoffi,
quello lungo e magro, col naso a becco di civetta e gli occhi piccoli e furbi, che
par che frughino per tutto. È figliuolo d'un droghiere. È un bell'originale. Egli
conta sempre i soldi che ha in tasca, conta sulle dita lesto lesto, e fa qualunque
moltiplicazione senza tavola pitagorica. E rammucchia, ha già un libretto della
Cassa scolastica di risparmio. Sfido, non spende mai un soldo, e se gli casca un
centesimo sotto i banchi è capace di cercarlo per una settimana. Fa come le
gazze, dice Derossi. Tutto quello che trova, penne logore, francobolli usati,
spilli, colaticci di candela, tutto raccatta. Son già più di due anni che raccoglie
francobolli, e n'ha già delle centinaia d'ogni paese, in un grande album, che
venderà poi al libraio, quando sarà tutto pieno. Intanto il libraio gli dà i quaderni gratis perché egli conduce molti ragazzi alla sua bottega. In iscuola traffica sempre, fa ogni giorno vendite d'oggetti, lotterie, baratti; poi si pente del
baratto e rivuole la sua roba, compra per due e smercia per quattro; gioca ai
pennini e non perde mai; rivende giornali vecchi al tabaccaio, e ha un quader-
netto dove nota i suoi affari, tutto pieno di somme e sottrazioni. A scuola non
studia che l'aritmetica, e se desidera la medaglia non è che per aver l'entrata
gratis al teatro delle marionette. A me piace, mi diverte. Abbiamo giocato a
fare il mercato, coi pesi e le bilance: egli sa il prezzo giusto di tutte le cose,
conosce i pesi e fa dei bei cartocci spedito, come i bottegai. Dice che appena
finite le scuole metterà su un negozio, un commercio nuovo, che ha inventato
lui. È stato tutto contento ché gli ho dato dei francobolli esteri, e m'ha detto
appuntino a quanto si rivende ciascuno per le collezioni. Mio padre, fingendo
di legger la gazzetta, lo stava a sentire, e si divertiva. Egli ha sempre le tasche
gonfie delle sue piccole mercanzie, che ricopre con un lungo mantello nero, e
par continuamente sopra pensiero e affaccendato, come un negoziante. Ma
quello che gli sta più a cuore è la sua collezione di francobolli: questa è il suo
tesoro e ne parla sempre come se dovesse cavarne una fortuna. I compagni gli

danno dell'avaraccio, dell'usuraio. Io non so. Gli voglio bene, m'insegna molte cose, mi sembra un uomo. Coretti, il figliuolo del rivenditore di legna, dice ch'egli non darebbe i suoi francobolli neanche per salvare la vita a sua madre. Mio padre non lo crede. «Aspetta ancora a giudicarlo» m'ha detto; «egli ha quella passione; ma ha cuore.»

VANITÀ   *5, lunedì*

Ieri andai a fare la passeggiata per il viale di Rivoli con Votini e suo padre. Passando per via Dora Grossa vedemmo Stardi, quello che tira calci ai disturbatori, fermo impalato davanti a una vetrina di libraio, cogli occhi fissi sopra una carta geografica; e chi sa da quanto tempo era là, perché egli studiava anche per la strada: ci rese a malapena il saluto, quel rusticone. Votini era vestito bene, anche troppo: aveva gli stivali di marocchino trapunti in rosso, un vestito con ricami e nappine di seta, un cappello di castoro bianco e l'orologio. E si pavoneggiava. Ma la sua vanità doveva capitar male questa volta. Dopo aver corso un bel pezzo su per il viale, lasciandoci molto addietro suo padre, che andava adagio, ci fermammo a un sedile di pietra, accanto a un ragazzo vestito modestamente, che pareva stanco, e pensava, col capo basso. Un uomo, che doveva essere suo padre, andava e veniva sotto gli alberi leggendo la gazzetta. Ci sedemmo. Votini si mise tra me e il ragazzo. E subito si ricordò d'essere vestito bene, e volle farsi ammirare e invidiare dal suo vicino.

Alzò un piede e mi disse: «Hai visto i miei stivali da ufficiale?» lo disse per farli guardare da quell'altro. Ma quegli non gli badò.

Allora abbassò il piede, e mi mostrò le sue nappine di seta, e mi disse guardando di sott'occhio il ragazzo, che quelle nappine non gli piacevano, e che le voleva far cambiare in bottoni d'argento. Ma il ragazzo non guardò neppure le nappine.

Votini allora si mise a far girare sulla punta dell'indice il suo bellissimo cappello di castoro bianco. Ma il ragazzo, pareva che lo facesse per punto, non degnò d'uno sguardo nemmeno il cappello.

Votini, che si cominciava a stizzire, tirò fuori l'orologio, l'aperse, mi fece vedere le rote. Ma egli non voltò la testa. «È d'argento dorato?» gli domandai. «No» rispose «è d'oro.» «Ma non sarà tutto d'oro» dissi «ci sarà anche dell'argento.» «Ma no!» egli ribatté; e per costringere il ragazzo a guardare gli mise l'orologio davanti al viso e gli disse: «Di' tu, guarda non è vero che è tutto d'oro?»

Il ragazzo rispose secco: «Non lo so».

«Oh! oh!» esclamò Votini pieno di rabbia. «Che superbia!»

Mentre diceva questo sopraggiunse suo padre, che sentì; guardò un momento fisso quel ragazzo, poi disse bruscamente al figliuolo: «Taci» e chinatosi al suo orecchio soggiunse: «È cieco!»

Votini balzò in piedi, con un fremito, e guardò il ragazzo nel viso. Aveva le pupille vitree, senza espressione, senza sguardo.

Votini rimase avvilito, senza parola, con gli occhi a terra. Poi balbettò: «Mi rincresce... non lo sapevo».

Ma il cieco che aveva capito tutto, disse con un sorriso buono e malinconico: «Oh, non fa nulla!»

Ebbene, è vano; ma non ha mica cattivo cuore Votini. Per tutta la passeggiata non rise più.

LA PRIMA NEVICATA   10, sabato

Addio, passeggiate a Rivoli. Ecco la bella amica dei ragazzi! Ecco la prima neve! Fin da ieri sera vien giù a fiocchi fitti e larghi come fiori di gelsomino. Era un piacere questa mattina alla scuola vederla venire contro le vetrate e ammontarsi sui davanzali; anche il maestro guardava e si fregava le mani, e tutti eran contenti pensando a fare alle palle, e al ghiaccio che verrà dopo, e al focolino di casa. Non c'era che Stardi che non ci badasse, tutto assorto nella lezione coi pugni stretti alle tempie. Che bellezza, che festa fu all'uscita! Tutti a scavallar per la strada gridando e sbracciando e a pigliar manate di neve e a zampettarci dentro come cagnolini nell'acqua. I parenti che aspettavano fuori avevano gli ombrelli bianchi, la guardia civica aveva l'elmetto bianco, tutti i nostri zaini in pochi momenti furon bianchi. Tutti parevan fuori di sé dall'allegrezza, perfino Precossi, il figliuolo del fabbro, quello pallidino che non ride mai, e Robetti, quello che salvò il bimbo dall'omnibus, poverino, che saltellava con le sue stampelle. Il calabrese, che non aveva mai toccato la neve, se ne fece una pallottola e si mise a mangiarla come una pesca; Crossi, il figliuolo dell'erbivendola, se n'empì lo zaino; e il muratorino ci fece scoppiare dal ridere, quando mio padre lo invitò a venir domani a casa nostra: egli aveva la bocca piena di neve e non osando né sputarla né mandarla giù, stava lì ingozzato a guardarci, e non rispondeva. Anche le maestre uscivan dalla scuola di corsa, ridendo; anche la mia maestra di prima superiore, poveretta, correva a traverso il nevischio, riparandosi il viso col suo velo verde, e tossiva. E intanto centinaia di ragazze della Sezione vicina passavano strillando e galoppando su quel tappeto candido, e i maestri e i bidelli e la guardia gridavano: «A casa! A casa!» ingoiando fiocchi di neve e imbiancandosi i baffi e la barba. Ma anch'essi ridevano di quella baldoria di scolari che festeggiavan l'inverno.

— Voi festeggiate l'inverno... Ma ci son ragazzi che non hanno né panni, né scarpe, né fuoco. Ce ne sono a migliaia i quali scendono ai villaggi, con un lungo cammino, portando nelle mani sanguinanti dai geloni un pezzo di legno per riscaldare la scuola. Ci sono centinaia di scuole quasi sepolte fra la neve, nude e tetre come spelonche dove i ragazzi soffocano dal fumo o battono i denti dal freddo, guardando con terrore i fiocchi bianchi che scendono senza fine, che s'ammucchiano senza posa sulle loro capanne lontane, minacciate dalle valanghe. Voi festeggiate l'inverno, ragazzi. Pensate alle migliaia di creature a cui l'inverno porta la miseria e la morte.

Tuo padre

Il muratorino è venuto oggi, in cacciatora, tutto vestito di roba smessa di suo padre, ancora bianca di calcina e di gesso. Mio padre lo desiderava anche più di me che venisse. Come ci fece piacere! Appena entrato, si levò il cappello a cencio ch'era tutto bagnato di neve e se lo ficcò in un taschino; poi venne innanzi, con quella sua andatura trascurata d'operaio stanco, rivolgendo qua e là il visetto tondo come una mela, col suo naso a pallottola; e quando fu nella sala da desinare, data un'occhiata in giro ai mobili, e fissati gli occhi su un quadretto che rappresenta Rigoletto, un buffone gobbo, fece il "muso di lepre". È impossibile trattenersi dal ridere a vedergli fare il muso di lepre. Ci mettemmo a giocare coi legnetti: egli ha un'abilità straordinaria a far torri e ponti, che par che stian su per miracolo, e ci lavora tutto serio, con la pazienza di un uomo. Fra una torre e l'altra, mi disse della sua famiglia: stanno in una soffitta, suo padre va alle scuole serali a imparare a leggere, sua madre è bielle-se. E gli debbono voler bene, si capisce, perché è vestito così da povero figliuo-lo, ma ben riparato dal freddo, coi panni ben rammendati, con la cravatta annodata bene dalla mano di sua madre. Suo padre, mi disse, è un pezzo d'uomo, un gigante, che stenta a passar per le porte; ma buono, chiama sem-pre il figliuolo "muso di lepre"; il figliuolo invece è piccolino. Alle quattro si fece merenda insieme con pane e zibibbo, seduti sul sofà, e quando ci alzam-mo, non so perché, mio padre non volle che ripulissi la spalliera che il murato-rino aveva macchiato di bianco con la sua giacchetta: mi trattenne la mano e ripulì poi lui, di nascosto. Giocando, il muratorino perdette un bottone della cacciatora, e mia madre gliel'attaccò, ed egli si fece rosso e stette a vederla cucire tutto meravigliato e confuso, trattenendo il respiro. Poi gli diedi a vede-re degli album di caricature ed egli, senz'avvedersene, imitava le smorfie di quelle facce, così bene, che anche mio padre rideva. Era tanto contento quan-do andò via, che dimenticò di rimettersi in capo il berretto a cencio, e arrivato sul pianerottolo, per mostrarmi la sua gratitudine mi fece ancora una volta il muso di lepre. Egli si chiama Antonio Rabucco e ha otto anni e otto mesi...

– Lo sai, figliuolo, perché non volli che ripulissi il sofà? Perché ripulirlo, mentre il tuo compagno vedeva, era quasi un fargli rimprovero d'averlo insudiciato. E questo non stava bene, prima perché non l'aveva fatto apposta, e poi perché l'aveva fatto coi panni di suo padre, il quale se li è ingessati lavorando; e quello che si fa lavorando non è sudiciume: è polvere, è calce, è tutto quello che vuoi, ma non sudiciume. Il lavoro non insudicia. Non dir mai d'un operaio che vien dal lavoro: "È sporco". Devi dire: "Ha sui panni i segni, le tracce del suo lavoro". Ricordatene. E vogli bene al muratorino, prima perché è tuo compagno, poi perché è figliuolo d'un operaio.

Tuo padre

Un terzo fischio rabbioso passò in alto, e quasi a un punto si vide il ragazzo venir giù, trattenendosi per un tratto al fusto e ai rami, e poi precipitando a capo fitto colle braccia aperte.

« Maledizione! » gridò l'ufficiale accorrendo.

E sempre nevica, nevica. Seguì un brutto caso, questa mattina, con la neve, all'uscir dalla scuola. Un branco di ragazzi, appena sbucati dal Corso, si misero a tirar palle, con quella neve acquosa che fa le palle sode e pesanti come pietre. Un signore gridò: «Smettete, monelli!» E proprio in quel punto si sentì un grido acuto dall'altra parte della strada, e si vide un vecchio che aveva perduto il cappello e barcollava, coprendosi il viso con le mani, e accanto a lui un ragazzo che gridava: «Aiuto! Aiuto!» Subito accorse gente da ogni parte. Era stato colpito da una palla in un occhio. Tutti i ragazzi si sbandarono fuggendo come saette. Io stavo davanti alla bottega del libraio, dov'era entrato mio padre, e vidi arrivar di corsa parecchi miei compagni che si mescolarono fra gli altri vicini a me e finsero di guardar le vetrine; c'era Garrone, con la solita pagnotta in tasca, Coretti, il muratorino, e Garoffi, quello dei francobolli. Intanto s'era fatta folla intorno al vecchio e una guardia ed altri correvano qua e là minacciando e domandando: «Chi è? Chi è stato? Sei tu? Dite chi è stato!» e guardavan le mani ai ragazzi, se le avevan bagnate di neve. Garoffi era accanto a me: m'accorsi che tremava tutto, e che aveva il viso bianco come un morto. «Chi è? Chi è stato?» continuava a gridare la gente. Allora intesi Garrone che disse piano a Garoffi: «Su, vatti a presentare; sarebbe una vigliaccheria lasciar agguantare qualcun altro». «Ma io non l'ho fatto apposta!» rispose Garoffi, tremando come una foglia. «Non importa, fa' il tuo dovere» ripeté Garrone. «Ma io non ho il coraggio!» «Fatti coraggio, t'accompagno io.» E la guardia e gli altri gridavan sempre più forte: «Chi è? Chi è stato? Un occhiale in un occhio gli han fatto entrare! L'hanno accecato! Briganti!» Io credetti che Garoffi cascasse in terra. «Vieni» gli disse risolutamente Garrone «io ti difendo» e afferratolo per un braccio lo spinse avanti, sostenendolo, come un malato. La gente vide e capì subito, e parecchi accorsero coi pugni alzati. Ma Garrone si mise in mezzo gridando: «Vi mettete in dieci contro un ragazzo?» Allora quelli ristettero, e una guardia civica pigliò Garoffi per mano e lo condusse, aprendo la folla, a una bottega di pastaio, dove avevan ricoverato il ferito. Vedendolo, riconobbi subito il vecchio impiegato, che sta al quarto piano di casa nostra, col suo nipotino. Era adagiato su una seggiola, con un fazzoletto sugli occhi. «Non l'ho fatto apposta!» diceva singhiozzando Garoffi, mezzo morto dalla paura, «non l'ho fatto apposta!» Due o tre persone lo spinsero violentemente nella bottega, gridando: «La fronte a terra! Domanda perdono!» e lo gettarono a terra. Ma subito due braccia vigorose lo rimisero in piedi e una voce risoluta disse: «No, signori!» Era il nostro Direttore, che aveva visto tutto: «Poiché ha avuto il coraggio di presentarsi» soggiunse «nessuno ha diritto di avvilirlo». Tutti stettero zitti. «Domanda perdono» disse il Direttore a Garoffi. Garoffi, scoppiando in pianto, abbracciò le ginocchia del vecchio, e questi, cercata con la mano la testa di lui, gli carezzò i capelli. Allora tutti dissero: «Va', ragazzo, va', torna a casa!» E mio padre mi tirò fuor della folla, e mi disse strada facendo: «Enrico, in un caso simile avresti il coraggio di fare il tuo dovere, di andar a confessare la tua colpa?» Io gli risposi di sì. Ed egli: «Dammi la tua parola di ragazzo di cuore e d'onore che lo faresti». «Ti do la mia parola, padre mio!»

LE MAESTRE   *17, sabato*

Garoffi stava tutto pauroso, quest'oggi, ad aspettare una grande risciacquata del maestro; ma il maestro non è comparso, e poiché mancava anche il supplente è venuta a far scuola la signora Cromi, la più attempata delle maestre, che ha due figliuoli grandi e ha insegnato a leggere e a scrivere a parecchie signore che ora vengono ad accompagnare i loro ragazzi alla Sezione Baretti. Era triste, oggi, perché ha un figliuolo malato. Appena che la videro, cominciarono a far chiasso. Ma essa con voce lenta e tranquilla disse: «Rispettate i miei capelli bianchi: io non sono soltanto una maestra, sono una madre», e allora nessuno più osò parlare, neanche quella faccia di bronzo di Franti, che si contentò di farle le beffe di nascosto. Nella classe della Cromi fu mandata la Delcati, maestra di mio fratello, e al posto della Delcati, quella che chiamano "la monachina" perché è sempre vestita di scuro con un grembiale nero, e ha un viso piccolo e bianco, i capelli sempre lisci, gli occhi chiari, e una voce sottile, che par sempre che mormori preghiere. E non si capisce, dice mia madre; è così mite e timida con quel fil di voce sempre uguale che appena si sente, e non grida, non s'adira mai: eppure tiene i ragazzi queti che non si sentono, i più monelli chinano il capo solo che li ammonisca col dito, pare una chiesa la sua scuola; e per questo anche chiamano lei la monachina. Ma ce n'è un'altra che mi piace pure: la maestrina della prima inferiore numero 3, quella giovane col viso color di rosa, che ha due belle pozzette nelle guance, e porta una gran penna rossa sul cappellino, e una crocetta di vetro giallo appesa al collo. È sempre allegra, tien la classe allegra, sorride sempre, grida sempre con la sua voce argentina che par che canti, picchiando la bacchetta sul tavolino e battendo le mani per impor silenzio; poi quando escono, corre come una bimba dietro all'uno e all'altro, per rimetterli in fila; e a questo tira su il bavero, a quell'altro abbottona il cappotto perché non infreddino; li segue fin nella strada perché non s'accapiglino, supplica i parenti che non li castighino a casa, e porta delle pastiglie a quei che han la tosse, e impresta il suo manicotto a quelli che han freddo; ed è tormentata continuamente dai più piccoli che le fanno carezze e le chiedon dei baci, tirandola pel velo e per la mantiglia; ma essa li lascia fare e li bacia tutti, ridendo, e ritorna a casa ogni giorno arruffata e sgolata, tutta ansante e tutta contenta con le sue pozzette e la sua penna rossa. È anche maestra di disegno delle ragazze e mantiene col proprio lavoro sua madre e suo fratello.

È con la maestra dalla penna rossa il nipotino del vecchio impiegato che fu colpito all'occhio dalla palla di neve di Garoffi: lo abbiamo visto oggi, in casa di suo zio, che lo tiene come un figliuolo. Io avevo terminato di scrivere il racconto mensile per la settimana ventura, *Il piccolo scrivano fiorentino*, che il maestro mi diede a copiare; e mio padre mi ha detto: «Andiamo su al quarto piano, a veder come sta dell'occhio quel signore». Siamo entrati in una camera quasi buia, dov'era il vecchio a letto, seduto, con molti cuscini dietro le spalle; accanto al capezzale sedeva sua moglie; e c'era in un canto il nipotino che si baloccava. Il vecchio aveva l'occhio bendato. È stato molto contento di veder mio padre, ci ha fatto sedere e ha detto che stava meglio, che l'occhio non era perduto, non solo, ma che a capo di pochi giorni sarebbe guarito. «Fu una disgrazia» ha soggiunto; «mi duole dello spavento che deve aver avuto quel povero ragazzo.» Poi ci ha parlato del medico, che doveva venir a quell'ora a curarlo. Proprio a quel punto, suona il campanello. «È il medico» dice la signora. La porta si apre... E chi vedo? Garoffi, col suo mantello lungo, ritto sulla soglia col capo chino, che non aveva coraggio di entrare. «Chi è?» domandò il malato. «È il ragazzo che tirò la palla» dice mio padre. E il vecchio allora: «O povero ragazzo! Vieni avanti; sei venuto a domandar notizie del ferito, non è vero? Ma va meglio, sta' tranquillo, va meglio, son quasi guarito. Vieni qua». Garoffi, confuso che non ci vedeva più, s'è avvicinato al letto, forzandosi per non piangere, e il vecchio l'ha accarezzato, ma egli non poteva parlare. «Grazie» ha detto il vecchio «va' pure a dire a tuo padre e a tua madre che tutto va bene, che non si diano più pensiero.» Ma Garoffi non si muoveva, pareva che avesse qualcosa da dire, ma non osava. «Che m'hai da dire? Che cosa vuoi?» «Io... nulla.» «Ebbene addio, a rivederci, ragazzo; vattene pure col cuore in pace.» Garoffi è andato fino alla porta, ma là s'è fermato, e s'è voltato verso il nipotino, che lo seguiva, e lo guardava curiosamente. Tutt'a un tratto, cavato di sotto al mantello un oggetto, lo mette in mano al ragazzo, dicendogli in fretta: «È per te» e via come un lampo. Il ragazzo porta l'oggetto allo zio; vedono che c'è scritto su: *Ti regalo questo*; guardan dentro, e fanno esclamazione di stupore. Era l'album famoso, con la sua collezione di francobolli che il povero Garoffi aveva portato, la collezione di cui parlava sempre, su cui aveva fondato tante speranze e che gli era costata tante fatiche; era il suo tesoro, povero ragazzo, era metà del suo sangue, che in ricambio del perdono egli regalava!

Il piccolo scrivano fiorentino

Faceva la quarta elementare. Era un grazioso fiorentino di dodici anni, nero di capelli e bianco di viso, figliuolo maggiore d'un impiegato delle strade ferrate, il quale, avendo molta famiglia e poco stipendio, viveva nelle strettezze. Suo padre lo amava assai, ed era buono e indulgente con lui: indulgente in tutto fuorché in quello che toccava la scuola: in questo pretendeva molto e si mostrava severo perché il figliuolo doveva mettersi in grado di ottenere presto un impiego per aiutare la famiglia; e per valer presto qualche cosa gli bisognava faticar molto in poco tempo. E benché il ragazzo studiasse, il padre lo esortava sempre a studiare. Era già avanzato negli anni, e il troppo lavoro l'aveva anche invecchiato prima del tempo. Non di meno, per provvedere ai bisogni della famiglia, oltre al molto lavoro che gli imponeva il suo impiego, pigliava ancora qua e là dei lavori straordinari di copista, e passava una buona parte della notte a tavolino. Da ultimo aveva preso da una Casa editrice, che pubblicava giornali e libri a dispense, l'incarico di scrivere sulle fasce il nome e l'indirizzo degli abbonati, e guadagnava tre lire per ogni cinquecento di queste strisciole di carta, scritte in caratteri grandi e regolari. Ma questo lavoro lo stancava ed egli se ne lagnava spesso con la famiglia, a desinare. «I miei occhi se ne vanno» diceva «questo lavoro di notte mi finisce.» Il figliuolo gli disse un giorno: «Babbo, fammi lavorare in vece tua; tu sai che scrivo come te, tale e quale». Ma il padre gli rispose: «No, figliuolo; tu devi studiare; la tua scuola è una cosa molto più importante delle mie fasce; avrei rimorso di rubarti un'ora; ti ringrazio, ma non voglio, e non parlarmene più».

Il figliuolo sapeva che con suo padre, in quelle cose, era inutile insistere, e non insistette. Ma ecco che cosa fece. Egli sapeva che a mezzanotte in punto suo padre smetteva di scrivere, e usciva dal suo stanzino da lavoro per andare nella camera da letto. Qualche volta l'aveva sentito: scoccati i dodici colpi al pendolo, aveva sentito immediatamente il rumore della seggiola smossa e il passo lento di suo padre. Una notte aspettò che egli fosse a dormire, si vestì pian piano, andò a tentoni nello stanzino, riaccese il lume a petrolio, sedette alla scrivania, dov'era un mucchio di fasce bianche e l'elenco degli indirizzi, e cominciò a scrivere rifacendo appuntino la scrittura di suo padre. E scriveva di buona voglia, contento, con un po' di paura, e le fasce s'ammontavano, e tratto tratto egli posava la penna per fregarsi le mani, e poi ricominciava con più alacrità, tendendo l'orecchio e sorrideva. Centosessanta ne scrisse: una lira! Allora si fermò, rimise la penna dove l'aveva presa, spense il lume, e tornò a letto, in punta di piedi.

Quel giorno, a mezzodì, il padre sedette a tavola di buon umore. Non s'era accorto di nulla. Faceva quel lavoro meccanicamente, misurandolo a ore e non pensando ad altro, e non contava le fasce scritte che il giorno dopo. Sedette a tavola di buon umore, e battendo una mano sulla spalla del figliuolo: «Eh, Giulio» disse «è ancora un buon lavoratore tuo padre, che tu credessi! In due ore ho fatto un buon terzo di lavoro più del solito, ieri sera. La mano è ancora lesta, e gli occhi fanno ancora il loro dovere». E Giulio, contento, muto, diceva fra sé: "Povero babbo, oltre al guadagno, io gli do anche questa soddisfazione, di credersi ringiovanito. Ebbene, coraggio".

Incoraggiato dalla buona riuscita, la notte appresso, battute le dodici, su un'altra volta, e al lavoro. E così fece per varie notti. E suo padre non s'accorgeva di nulla. Solo una volta, a cena, uscì in quest'esclamazione: «È strano, quanto petrolio va in questa casa da un po' di tempo!» Giulio ebbe una scossa ma il discorso si fermò lì. E il lavoro notturno andò innanzi.

Senonché, a rompersi così il sonno ogni notte, Giulio non riposava abbastanza, la mattina si levava stanco, e la sera facendo il lavoro di scuola, stentava a tener gli occhi aperti. Una sera – per la prima volta in vita sua – s'addormentò sul quaderno. «Animo! animo!» gli gridò suo padre battendo le mani «al lavoro!» Egli si riscosse e si rimise al lavoro. Ma la sera dopo, e i giorni seguenti, fu la cosa medesima, e peggio: sonnecchiava sui libri, si levava più tardi del solito, studiava la lezione alla stracca, pareva svogliato nello studio. Suo padre cominciò ad osservarlo, poi a impensierirsi, e infine a fargli dei rimproveri. Non gliene aveva mai dovuto fare! «Giulio» gli disse una mattina «tu mi ciurli nel manico, tu non sei più quello d'una volta. Non mi va questo. Bada, tutte le speranze della famiglia riposano su te. Io son malcontento, capisci!» A questo rimprovero, il ragazzo si turbò. "E sì" disse tra sé "è vero; così non si può continuare; bisogna che l'inganno finisca." Ma la sera di quello stesso giorno, a desinare, suo padre uscì a dire con molta allegrezza: «Sapete che in questo mese ho guadagnato trentadue lire di più che nel mese scorso a far fasce! » E dicendo questo, tirò di sotto la tavola un cartoccio di dolci, che aveva comprati per festeggiare coi suoi figliuoli il guadagno straordinario, e che tutti accolsero battendo le mani. E allora Giulio riprese animo, e disse in cuor suo: "No, povero babbo, io non cesserò d'ingannarti; io farò degli sforzi più grandi per studiare lungo il giorno; ma continuerò a lavorare di notte per te e per tutti gli altri". E il padre soggiunge: « Trentadue lire di più! Son contento... Ma è quello là » e indicò Giulio « che mi dà dei dispiaceri ». E Giulio ricevé il rimprovero in silenzio, ricacciando dentro due lacrime che volevano uscire; ma sentendo a un tempo una grande dolcezza.

E seguitò a lavorare di forza. Ma la fatica, accumulandosi alla fatica, gli riusciva sempre più difficile di resistere. La cosa durava da due mesi. Il padre continuava a rimbrottare il figliuolo e a guardarlo con occhio sempre più corrucciato. Un giorno andò a chiedere informazioni al maestro, e il maestro gli rispose: « Sì, fa, fa, perché ha intelligenza. Ma non ha più la buona voglia di prima. Sonnecchia, sbadiglia, è distratto. Fa delle composizioni corte, buttate giù in fretta, in cattivo carattere. Oh, potrebbe far molto, ma molto di più ». Quella sera il padre prese il ragazzo in disparte e gli disse parole più gravi di quante ei ne avesse mai intese. « Giulio, tu vedi ch'io lavoro, ch'io mi logoro la vita per la famiglia. Tu non mi assecondi. Tu non hai cuore per me, né per i tuoi fratelli, né per tua madre! » « Ah no! non lo dire babbo! » gridò il figliuolo scoppiando in pianto, e aprì la bocca per confessare ogni cosa. Ma suo padre lo interruppe, dicendo: « Tu conosci le condizioni della famiglia; sai che c'è bisogno di buon volere e di sacrifizi da parte di tutti. Io stesso, vedi, dovrei raddoppiare il mio lavoro. Io contavo questo mese sopra una gratificazione di cento lire, alle strade ferrate, e ho saputo stamane che non avrò nulla! » A quella notizia, Giulio ricacciò dentro subito la confessione che gli stava per sfuggire dall'anima, e ripeté assolutamente a se stesso: "No, babbo, io non dirò nulla; io custodirò il segreto per poter lavorare per te; del dolore di cui ti son cagione ti compenso altrimenti; per la scuola studierò sempre abbastanza da essere promosso; quello che importa è di aiutarti a guadagnar la vita, e di alleggerirti la fatica che t'uccide". E tirò avanti, e furono altri due mesi di lavoro di notte e di spossatezza di giorno, di sforzi disperati del figliuolo e di rimproveri amari del padre. Ma il peggio era che questi s'andava via via raffreddando col ragazzo, non gli parlava più che di rado, come se fosse un figliuolo intristito, da cui non restasse più nulla a sperare, e sfuggiva quasi dall'incontrare il suo sguardo. E Giulio se n'avvedeva, e ne soffriva, e quando suo padre voltava le spalle, gli mandava un bacio furtivamente, sporgendo il viso, con sentimento di tenerezza pietosa e triste; e per il dolore e per la fatica dimagriva e scoloriva, e sempre più era costretto a trasandare i suoi studi. E capiva bene che avrebbe dovuto finirla un giorno, e ogni sera si diceva: "Questa notte non mi leverò più"; ma allo scoccare delle dodici, nel momento in cui avrebbe dovuto riaffermare vigorosamente il suo proposito, provava un rimorso, gli pareva, rimanendo a letto, di mancare a un dovere, di rubare una lira a suo padre e alla famiglia. E si levava, pensando che qualche notte suo padre si sarebbe svegliato e l'avrebbe sorpreso, o che pure si sarebbe accorto dell'inganno per caso, contando le fasce due volte; e allora tutto sarebbe finito naturalmente, senza un atto della sua volontà, ch'egli non si sentiva il coraggio di compiere. E così continuava.

Ma una sera, a desinare, il padre pronunciò una parola che fu decisiva per lui. Sua madre lo guardò, e parendole di vederlo più malandato e più smorto del solito, gli disse: «Giulio, tu sei malato». E poi voltandosi al padre, ansiosamente: «Giulio è malato. Guarda com'è pallido! Giulio mio, cosa ti senti?» Il padre gli diede uno sguardo di sfuggita e disse: «È la cattiva coscienza che fa la cattiva salute. Egli non era così quando era uno scolaro studioso e un figliuolo di cuore». «Ma egli sta male!» esclamò la mamma. «Non me ne importa più!» rispose il padre.

Quella parola fu una coltellata al cuore per il povero ragazzo. Ah! non gliene importava più! Suo padre che tremava, una volta, solamente a sentirlo tossire! Non l'amava più dunque, non c'era più dubbio ora, egli era morto nel cuore di suo padre... "Ah! no, padre mio" disse tra sé il ragazzo, col cuore stretto dall'angoscia, "ora è finita davvero, io senza il tuo affetto non posso vivere, lo rivoglio intero, ti dirò tutto, non t'ingannerò più, studierò come prima; nasca quel che nasca, purché tu torni a volermi bene, povero padre mio! Oh! questa volta son ben sicuro della mia risoluzione!"

Ciò non di meno, quella notte si levò ancora, per forza d'abitudine più che per altro; e quando fu levato, volle andare a salutare, a riveder per qualche minuto, nella quiete della notte, per l'ultima volta, quello stanzino dove aveva tanto lavorato segretamente, col cuore pieno di soddisfazione e di tenerezza. E quando si ritrovò al tavolino, col lume acceso, e vide quelle fasce bianche su cui non avrebbe scritto mai più quei nomi di città e di persone che ormai sapeva a memoria, fu preso da una grande tristezza, e con un atto impetuoso ripigliò la penna, per ricominciare il lavoro consueto. Ma nello stender la mano, urtò un libro, e il libro cadde. Il sangue gli diede un tuffo. Se suo padre si svegliava! Certo non l'avrebbe sorpreso a commettere una cattiva azione, egli stesso aveva ben deciso di dirgli tutto: eppure... il sentir quel passo avvicinarsi, nell'oscurità; l'esser sorpreso a quell'ora, in quel silenzio; sua madre che si sarebbe svegliata o spaventata; e il pensar per la prima volta che suo padre avrebbe forse provato un'umiliazione in faccia sua, scoprendo ogni cosa... tutto questo lo atterriva quasi. Egli tese l'orecchio, col respiro sospeso... Non sentì rumore. Origliò alla serratura dell'uscio che aveva alle spalle: nulla. Tutta la casa dormiva. Suo padre non aveva inteso. Si tranquillò. E ricominciò a scrivere. E le fasce s'ammontavano sulle fasce. Egli sentì il passo cadenzato delle guardie civiche giù nella strada deserta; poi un rumore di carrozza, che cessò tutt'a un tratto; poi, dopo un pezzo, lo strepito d'una fila di carri che passavano lentamente; poi un silenzio profondo, rotto a quando a quando dal latrato d'un cane. E scriveva, scriveva. E intanto suo padre era dietro di lui: egli s'era levato udendo cadere il libro, ed era rimasto aspettando il buon punto; lo strepito dei carri aveva coperto il fruscio dei suoi passi e il cigolìo leggiero delle imposte dell'uscio; ed era là, – con la sua testa bianca sopra la testina nera di Giulio – e aveva tutto indovinato, tutto ricordato, tutto compreso, e un pentimento disperato, una tenerezza immensa gli aveva invaso l'anima, e lo teneva inchiodato, soffocato là dietro al suo bimbo. All'improvviso Giulio die' un grido acuto: due braccia convulse gli avevan serrata la testa. «O babbo, babbo, perdonami! perdonami!» gridò, riconoscendo suo padre al pianto. «Tu, perdonami!» rispose il padre, singhiozzando e coprendogli la fronte di baci, «ho capito tutto, so tutto, son io, son io che ti domando perdono, santa creatura mia! Vieni, vieni con me!» E lo sospinse, o piuttosto lo portò al letto di sua madre svegliata, e glielo gettò tra le braccia e le disse: «Bacia quest'angiolo di figliuolo che da tre mesi non dorme e lavora per me, e io gli contristo il cuore, a lui che ci guadagna il pane!» La madre se lo strinse e se lo tenne sul petto, senza poter raccoglier la voce; poi disse: «A dormire, subito, bambino mio, va' a dormire, a riposare! Portalo a letto!» Il padre lo pigliò fra le braccia, lo portò nella sua camera, lo mise a letto, sempre ansando e carezzandolo, e gli accomodò i cuscini e le coperte. «Grazie, babbo» andava ripetendo il figliuolo «grazie; ma va' a letto tu ora, io son contento; va' a letto, babbo.» Ma suo padre voleva vederlo addormentato, sedette accanto al letto, gli prese la mano e gli disse: «Dormi, dormi, figliuol mio!» E Giulio, spossato, s'addormentò finalmente, e dormì molte ore, godendo per la prima volta, dopo vari mesi, d'un sonno tranquillo, rallegrato da sogni ridenti; e quando aprì gli occhi, che splendeva già il sole da un pezzo, sentì prima, e poi si vide accosto al petto, appoggiata alla sponda del letticciolo, la testa bianca del padre, che aveva passata la notte così e dormiva ancora con la fronte contro il suo cuore.

C'è Stardi, nella mia classe, che avrebbe la forza di fare quello che fece il piccolo fiorentino. Questa mattina ci furono due avvenimenti alla scuola: Garoffi, matto dalla contentezza, perché gli han restituito il suo album, con l'aggiunta di tre francobolli della repubblica del Guatemala, ch'egli cercava da tre mesi; e Stardi che ebbe la seconda medaglia. Stardi, primo della classe dopo Derossi! Tutti ne rimasero meravigliati. Chi l'avrebbe mai detto, in ottobre, quando suo padre lo condusse a scuola rinfagottato in quel cappottone verde, e disse al maestro in faccia a tutti: «Ci abbia molta pazienza perché è molto duro di comprendonio!» Tutti gli davan della testa di legno da principio. Ma egli disse: «O schiatto, o riesco» e si mise per morto a studiare, di giorno, di notte, a casa, in iscuola, a passeggio, coi denti stretti e coi pugni chiusi, paziente come un bove, ostinato come un mulo, e così, a furia di pestare, non curando le canzonature e tirando calci ai disturbatori, è passato innanzi agli altri, quel testone. Non capiva un'acca di aritmetica, empiva di spropositi la composizione, non riusciva a tener a mente un periodo, e ora risolve i problemi, scrive corretto, e canta la lezione come un artista. E s'indovina la sua volontà di ferro a veder com'è fatto, così tozzo, col capo quadro e senza collo, con le mani corte e grosse e con quella voce rozza. Egli studia perfin nei brani di giornali e negli avvisi dei teatri, e ogni volta che ha dieci soldi si compra un libro: s'è già messo insieme una piccola biblioteca, e in un momento di buon umore si lasciò scappar di bocca che mi condurrà a casa a vederla. Non parla a nessuno, non giuoca con nessuno, è sempre lì al banco coi pugni alle tempie, fermo come un masso, a sentire il maestro. Quanto deve aver faticato, povero Stardi! Il maestro glielo disse questa mattina, benché fosse impaziente e di malumore, quando diede le medaglie: «Bravo Stardi; chi la dura la vince». Ma egli non parve affatto inorgoglito, non sorrise, e appena tornato al banco con la sua medaglia, ripiantò i pugni alle tempie e stette più immobile e più attento di prima. Ma il più bello fu all'uscita, che c'era ad aspettarlo suo padre – un flebotomo, – grosso e tozzo come lui, con un faccione e un vocione. Egli non se l'aspettava quella medaglia, e non ci voleva credere, bisognò che il maestro lo rassicurasse, e allora si mise a ridere di gusto e diede una manata sulla nuca al figliuolo, dicendo forte: «Ma bravo, ma bene, caro zuccone mio, va'!» e lo guardava stupito, sorridendo. E tutti i ragazzi intorno sorridevano, eccettuato Stardi. Egli ruminava già nella cappadoccia la lezione di domani mattina.

GRATITUDINE   *31, sabato*

Il tuo compagno Stardi non si lamenta mai del suo maestro, ne son certo. "Il maestro era di malumore, era impaziente"; tu lo dici in tono di risentimento. Pensa un po' quante volte fai degli atti di impazienza tu, e con chi? Con tuo padre e con tua madre, coi quali la tua impazienza è un delitto. Ha ben ragione il tuo maestro di essere qualche volta impaziente! Pensa che da tanti anni fatica per i ragazzi, e che se n'ebbe molti affettuosi e gentili, ne trovò pure moltissimi ingrati, i quali abusarono della sua bontà, e disconobbero le sue fatiche; e che purtroppo, fra tutti, gli date più amarezze che soddisfazioni. Pensa che il più santo uomo della terra, messo al suo posto, si lascerebbe vincere qualche volta dall'ira. E poi, se sapessi quante volte il maestro va a fare lezione malato, solo perché non ha un male grave abbastanza da farsi dispensare dalla scuola, ed è impaziente perché soffre, e gli è un grande dolore il vedere che voi altri non ve n'accorgete o ne abusate! Rispetta, ama il tuo maestro, figliuolo. Amalo perché tuo padre lo ama e lo rispetta; perché egli consacra la vita al bene di tanti ragazzi che lo dimenticheranno; amalo perché ti apre e t'illumina l'intelligenza e ti educa l'animo; perché un giorno, quando sarai uomo, e non saremo più al mondo né io né lui, la sua immagine ti si presenterà spesso alla mente accanto alla mia, e allora, vedi, certe espressioni di dolore e di stanchezza del suo buon viso di galantuomo, alle quali ora non badi, te le ricorderai, e ti faranno pena, anche dopo trent'anni; e ti vergognerai, proverai tristezza di non avergli voluto bene, d'esserti portato male con lui. Ama il tuo maestro, perché appartiene a quella grande famiglia di cinquantamila insegnanti elementari, sparsi in tutta Italia, i quali sono come i padri intellettuali dei milioni di ragazzi che crescono con te; i lavoratori mal riconosciuti e mal ricompensati, che preparano al nostro paese un popolo migliore del presente. Io non son contento dell'affetto che hai per me, se non ne hai pure per tutti coloro che ti fanno del bene, e fra questi il tuo maestro è il primo, dopo i tuoi parenti. Amalo come ameresti un mio fratello; amalo quando è giusto e quando ti par che sia ingiusto, amalo quando è allegro e affabile, e amalo anche di più quando lo vedi triste. Amalo sempre. E pronuncia sempre con riverenza questo nome – maestro – che dopo quello di padre, è il più nobile, il più dolce nome che possa dare un uomo a un altr'uomo.

Tuo padre

IL MAESTRO SUPPLENTE   *4, mercoledì*

Aveva ragione mio padre: il maestro era di malumore perché non stava bene e da tre giorni, infatti, viene in sua vece il supplente, quello piccolo e senza barba, che pare un giovinetto.

Una brutta cosa accadde questa mattina. Già il primo e il secondo giorno avevan fatto chiasso nella scuola, perché il supplente ha una gran pazienza, e non fa che dire: «State zitti, state zitti, vi prego». Ma questa mattina si passò la misura. Si faceva un ronzio che non si sentivan più le sue parole, ed egli ammoniva, pregava: ma era fiato sprecato. Due volte il Direttore s'affacciò all'uscio e guardò. Avevano un bel voltarsi Garrone e Derossi a far cenni ai compagni che stessero buoni, che era una vergogna. Nessuno ci badava. Non c'era che Stardi che stesse quieto, coi gomiti sul banco e i pugni alle tempie, pensando forse alla sua famosa libreria, e Garoffi, quello dal naso ad uncino e dei francobolli, che era tutto occupato a far l'elenco dei sottoscrittori a due centesimi per la lotteria d'un calamaio da tasca. Gli altri cicalavano e ridevano, sonavano con punte di pennini piantate nei banchi, e si tiravano dei biascicotti di carta con gli elastici delle calze. Il supplente afferrava per un braccio ora l'uno ora l'altro, e li scrollava, e ne mise uno contro il muro: tempo perso. Non sapeva più a che santo votarsi, pregava: «Ma perché fate in questo modo? Volete farmi rimproverare per forza?» Poi batteva il pugno sul tavolino, e gridava con voce di rabbia e di pianto: «Silenzio! Silenzio! Silenzio!» Faceva pena a sentirlo. Ma il rumore cresceva sempre. Franti gli tirò una frecciuola di carta, alcuni facevano la voce del gatto, altri si scappellottavano; era un sottosopra da non descriversi; quando improvvisamente entrò il bidello e disse: «Signor maestro, il Direttore la chiama». Il maestro s'alzò e uscì in fretta, facendo un atto disperato. Allora il baccano ricominciò più forte. Ma tutt'a un tratto Garrone saltò su col viso stravolto e coi pugni stretti, e gridò con la voce rotta dall'ira: «Finitela. Siete bestie. Abusate perché è buono. Se vi pestasse le ossa stareste mogi come cani. Siete un branco di vigliacchi. Il primo che gli fa ancora uno scherzo lo aspetto fuori e gli rompo i denti, lo giuro, anche sotto gli occhi di suo padre!» Tutti tacquero. Ah! com'era bello a vedere Garrone con gli occhi che

51

mandavano fiamme! Un leoncello furioso, pareva. Guardò uno per uno i più arditi, e tutti chinaron la testa.

Quando il supplente rientrò con gli occhi rossi non si sentiva più un alito. – Egli rimase stupito. – Ma poi, vedendo Garrone ancora tutto acceso e fremente, capì e gli disse con l'accento di un grande affetto, come avrebbe detto a un fratello: « Ti ringrazio, Garrone ».

LA LIBRERIA DI STARDI

Sono andato da Stardi, che sta di casa in faccia alla scuola, e ho provato invidia davvero a veder la sua libreria. Non è mica ricco, non può comprar molti libri; ma egli conserva con gran cura i suoi libri di scuola, e quelli che gli regalano i parenti, e tutti i soldi che gli danno, li mette da parte e li spende dal libraio: in questo modo s'è messo insieme una piccola biblioteca, e quando suo padre s'è accorto che aveva quella passione, gli ha comperato un bello scaffale di noce con la tendina verde, e gli ha fatto legare quasi tutti i volumi coi colori che piacevano a lui. Così ora egli tira un cordoncino, la tenda verde scorre via e si vedono tre file di libri d'ogni colore, tutti in ordine, lucidi, coi titoli dorati, sulle coste; dei libri di racconti, di viaggi, di poesie; e anche illustrati. Ed egli sa combinar bene i colori, mette i volumi bianchi accanto ai rossi, i gialli accanto ai neri, gli azzurri accanto ai bianchi in maniera che si vedan da lontano e facciano bella figura; e si diverte poi a variare le combinazioni. S'è fatto il suo catalogo. È come un bibliotecario. Sempre sta attorno ai suoi libri, a spolverarli, a sfogliarli, a esaminare le rilegature; bisogna vedere con che cura li apre, con quelle sue mani corte e grosse, soffiando tra le pagine: paiono ancora tutti nuovi. Io che ho sciupato tutti i miei! Per lui, ad ogni nuovo libro che compera, è una festa a lisciarlo, a metterlo al posto e a riprenderlo per guardarlo per tutti i versi e a covarselo come un tesoro. Non m'ha fatto vedere altro in un'ora. Aveva male agli occhi dal gran leggere. A un certo momento passò nella stanza suo padre, che è grosso e tozzo come lui, con un testone come il suo, e gli diede due o tre manate sulla nuca, dicendomi con quel vocione: « Che ne dici, eh, di questa testaccia di bronzo? È una testaccia che riuscirà a qualcosa, te lo assicuro io! » E Stardi socchiudeva gli occhi sotto quelle ruvide carezze come un grosso cane da caccia. Io non so; non osavo scherzare con lui; non mi pareva vero che avesse solamente un anno più di me; e quando mi disse: « A rivederci » sull'uscio, con quella faccia che par sempre imbronciata, poco mancò che gli rispondessi: « La riverisco » come a un uomo. Io lo dissi a mio padre, a casa: « Non capisco: Stardi non ha un ingegno, non ha belle maniere, è una figura buffa; eppure mi mette soggezione ». E mio padre rispose: « È perché ha carattere ». Ed io aggiunsi: « In un'ora che son stato con lui, non ha pronunciato cinquanta parole, non m'ha mostrato un giocattolo, non ha riso una volta; eppure ci son stato volentieri ». E mio padre rispose: « È perché lo stimi ».

Sì, ma anche Precossi io stimo, ed è troppo poco il dire che lo stimo; Precossi il figliuolo del fabbro ferraio, quello piccolo, smorto, che ha gli occhi buoni e tristi, e un'aria di spaventato; così timido, che dice a tutti: scusami; sempre malaticcio, e che pure studia tanto.

Suo padre rientra in casa ubriaco d'acquavite, e lo batte senza un perché al mondo, gli butta in aria i libri e i quaderni con un rovescione; ed egli viene a scuola coi lividi sul viso, qualche volta col viso tutto gonfio e gli occhi infiammati dal gran piangere. Ma mai, mai che gli si possa far dire che suo padre l'ha battuto. « È tuo padre che t'ha battuto! » gli dicono i compagni. Ed egli grida subito: « Non è vero! Non è vero! » per non far disonore a suo padre. « Questo foglio non l'hai bruciato tu » gli dice il maestro, mostrandogli il lavoro mezzo bruciato. « Sì » risponde lui con voce tremante « son io che l'ho lasciato cadere sul fuoco. » Eppure noi lo sappiamo bene che è suo padre ubriaco che ha rovesciato tavolo e lume con una pedata, mentr'egli faceva il suo lavoro.

Egli sta in una soffitta della nostra casa, dall'altra scala; la portinaia racconta tutto a mia madre; mia sorella Silvia lo sentì gridare dal terrazzo un giorno che suo padre gli fece far la scala a capitomboli perché gli aveva chiesto dei soldi per comperare la Grammatica. Suo padre beve, non lavora, e la famiglia patisce la fame. Quante volte il povero Precossi viene a scuola digiuno, e rosicchia di nascosto un panino che gli dà Garrone, o una mela che gli porta la maestrina dalla penna rossa, che fu la sua maestra di prima inferiore! Ma mai ch'egli dica: « Ho fame, mio padre non mi dà da mangiare ». Suo padre vien qualche volta a prenderlo, quando passa per caso davanti alla scuola, pallido, malfermo sulle gambe, con la faccia torva, coi capelli sugli occhi e il berretto per traverso; e il povero ragazzo trema tutto quando lo vede nella strada; ma tanto gli corre incontro sorridendo, e suo padre par che non lo veda e pensi ad altro. Povero Precossi! Egli si riduce a quaderni stracciati, si fa imprestare i libri per studiare la lezione, si riattacca i brandelli della camicia con degli spilli, ed è una pietà a vederlo far la ginnastica con quegli scarponi che ci guazza dentro, con quei calzoni che strascicano, e quel giacchettone troppo lungo, con le maniche rimboccate sino ai gomiti. E studia, s'impegna; sarebbe uno dei primi se potesse lavorare a casa tranquillo. Questa mattina è venuto alla scuola col segno d'un'unghiata sopra una gota, e tutti a dirgli: « È tuo padre, non lo puoi negare stavolta; è tuo padre, che t'ha fatto quello. Dillo al Direttore, che lo faccia chiamare in questura ». Ma egli s'alzò tutto rosso con la voce che tremava dallo sdegno: « Non è vero! Non è vero! Mio padre non mi batte mai! » Ma, poi, durante la lezione, gli cascavan le lagrime sul banco, e quando qualcuno lo guardava, si sforzava di sorridere, per non parere. Povero Precossi! Domani verranno a casa mia Derossi, Coretti e Nelli; lo voglio dire anche a lui, che venga. E voglio fargli far merenda con me, regalargli dei libri, metter sossopra la casa per divertirlo, e empirgli le tasche di frutta, per vederlo una volta contento povero Precossi, che è tanto buono e ha tanto coraggio!

Ecco uno dei giovedì più belli dell'anno, per me. Alle due in punto vennero a casa Derossi e Coretti, con Nelli, il gobbino; Precossi, suo padre non lo lasciò venire. Derossi e Coretti ridevano ancora, ché avevano incontrato per strada Crossi, il figliuolo dell'erbivendola – quello del braccio morto e dei capelli rossi – che portava a vendere un grossissimo cavolo, e col soldo del cavolo doveva poi andare a comperare una penna; ed era tutto contento perché suo padre ha scritto dall'America che lo aspettassero di giorno in giorno. Oh, le belle due ore che abbiamo passate insieme! Sono i due più allegri della classe Derossi e Coretti; mio padre ne rimase innamorato. Coretti aveva la sua maglia color cioccolata e il suo berretto di pel di gatto. È un diavolo, che sempre vorrebbe fare, rimestare, sfaccendare. Aveva già portato sulle spalle una mezza carretta di legna, la mattina presto; eppure galoppò per tutta la casa, osservando tutto e parlando sempre, arzillo e lesto come uno scoiattolo, e passando in cucina domandò alla cuoca quanto ci fanno pagare le legna il miriagramma, che suo padre le dà a quarantacinque centesimi. Sempre parla di suo padre, di quando fu soldato nel 49° reggimento, alla battaglia di Custoza, dove si trovò nel quadrato del principe Umberto; ed è così gentile di maniere! Non importa che sia nato e cresciuto fra la legna: egli l'ha nel sangue, nel cuore la gentilezza, come dice mio padre. E Derossi ci divertì molto: egli sa la geografia come un maestro; chiudeva gli occhi e diceva: «Ecco, io vedo tutta l'Italia, gli Appennini che s'allungano sino al Mar Jonio, i fiumi che corrono qua e là, le città bianche, i golfi, i seni azzurri, le isole verdi»; e diceva i nomi giusti, per ordine, rapidissimamente, come se leggesse la carta; a vederlo così con quella testa alta, tutta riccioli biondi, con gli occhi chiusi, tutto vestito di turchino coi bottoni dorati, dritto e bello come una statua, tutti stavano in ammirazione. In un'ora egli aveva imparato a mente quasi tre pagine che deve recitare dopo domani, per l'anniversario dei funerali di re Vittorio. E anche Nelli lo guardava con meraviglia e con affetto, stropicciando la falda del suo grembialone di tela nero, e sorridendo con quegli occhi chiari e melanconici. Mi fece un grande piacere quella visita, mi lasciò qualche cosa, come delle scintille, nella mente e nel cuore. E anche mi piacque, quando se n'andarono, vedere il povero Nelli in mezzo agli altri due, grandi e forti, che lo portavano a casa a braccetto, facendolo ridere come non l'ho visto mai. Rientrando nella stanza da mangiare, m'accorsi che non c'era più il quadro che rappresentava Rigoletto, il buffone gobbo. L'aveva levato mio padre perché Nelli non lo vedesse.

I funerali di Vittorio Emanuele _17, martedì_

Quest'oggi alle due, appena entrato nella scuola, il maestro chiamò Derossi, il quale s'andò a mettere accanto al tavolino, in faccia a noi, e cominciò a dire col suo accento vibrato, alzando via via la voce limpida e colorandosi in viso:

«Quattro anni or sono, in questo giorno, a questa ora, giungeva davanti al Pantheon, a Roma, il carro funebre che portava il cadavere di Vittorio Emanuele II, primo re d'Italia, morto dopo ventinove anni di regno, durante i quali la grande patria italiana, spezzata in sette Stati e oppressa da stranieri e da tiranni, era risorta in uno Stato solo, indipendente e libero; dopo un regno di ventinove anni, ch'egli aveva fatto illustre e benefico col valore, con la lealtà, con l'ardimento nei pericoli, con la saggezza nei trionfi, con la costanza nelle sventure. Giungeva il carro funebre, carico di corone, dopo aver percorso Roma sotto una pioggia di fiori, tra il silenzio di una immensa moltitudine addolorata, accorsa da ogni parte d'Italia, preceduto da una legione di generali e da una folla di ministri e di principi, seguito da un corteo di mutilati, da una selva di bandiere, dagli inviati di trecento città, da tutto ciò che rappresentava la potenza e la gloria d'un popolo, giungeva dinanzi al tempio augusto dove l'aspettava la tomba. In questo momento dodici corazzieri levavano il feretro dal carro. In questo momento l'Italia dava l'ultimo addio al suo re morto, al suo vecchio re, che l'aveva tanto amata, l'ultimo addio al suo soldato, al padre suo, ai ventinove anni più fortunati e più benedetti della sua storia. Fu un momento grande e solenne. Lo sguardo, l'anima di tutti trepidava tra il feretro e le bandiere abbrunate degli ottanta reggimenti dell'esercito d'Italia portate da ottanta ufficiali, schierati al suo passaggio; poiché l'Italia era là, in quegli ottanta segnacoli, che ricordavano le migliaia di morti, i torrenti di sangue, le nostre più sacre glorie, i nostri santi sacrifici, i nostri più tremendi dolori. Il feretro, portato dai corazzieri, passò, e allora si chinarono tutte insieme, le vecchie bandiere lacere di Goito, di Pastrengo, di Santa Lucia, di Novara, di Crimea, di Palestro, di San Martino, di Castelfidardo; ottanta veli neri caddero, cento medaglie urtarono contro la cassa, e quello strepitio sonoro e confuso, che rimescolò il sangue di tutti, fu come il suono di mille voci umane che dicessero tutte insieme: "Addio, buon re, prode re, leale re! Tu vivrai nel cuore del tuo popolo finché splenderà il sole sopra l'Italia". Dopo di che le bandiere si rialzarono alteramente verso il cielo, e re Vittorio entrò nella gloria immortale della tomba».

FRANTI CACCIATO DALLA SCUOLA   *21, sabato*

Uno solo poteva ridere mentre Derossi diceva dei funerali del Re, e Franti rise. Io detesto costui. È malvagio. Quando viene un padre nella scuola a fare una partaccia al figliuolo, egli ne gode; quando uno piange, egli ride. Trema davanti a Garrone, e picchia il muratorino perché è piccolo; tormenta Crossi perché ha il braccio morto; schernisce Precossi, che tutti rispettano, burla perfino Robetti, quello della seconda, che cammina con le stampelle per aver salvato un bambino. Provoca tutti i più deboli di lui, e quando fa a pugni, s'inferocisce e tira a far male. Ci ha qualcosa che mette ribrezzo su quella fronte bassa, in quegli occhi torbidi, che tien quasi nascosti sotto la visiera del suo berrettino di tela cerata. Non teme nulla, ride in faccia al maestro, ruba quando può, nega con una faccia invetriata, è sempre in lite con qualcheduno, si porta a scuola degli spilloni per punzecchiare i vicini, si strappa i bottoni della giacchetta, e ne strappa agli altri, e li gioca, e ha cartella, quaderni, libri, tutto sgualcito, stracciato, sporco, la riga dentellata, la penna mangiata, le unghie rose, i vestiti pieni di frittelle e strappi che si fa nelle risse. Dicono che sua madre è malata dagli affanni ch'egli le dà, e che suo padre lo cacciò di casa tre volte; sua madre viene ogni tanto a chiedere informazioni e se ne va sempre piangendo. Egli odia la scuola, odia i compagni, odia il maestro. Il maestro finge qualche volta di non vedere le sue birbonate, ed egli fa peggio. Provò a pigliarlo con le buone, ed egli se ne fece beffa. Gli disse delle parole terribili, ed egli si coprì il viso con le mani, come se piangesse, e rideva. Fu sospeso dalla scuola per tre giorni, e tornò più tristo e più insolente di prima. Derossi gli disse un giorno: «Ma finiscila, vedi che il maestro ci soffre troppo» ed egli lo minacciò di piantargli un chiodo nel ventre. Ma questa mattina, finalmente, si fece scacciare come un cane. Mentre il maestro dava a Garrone la brutta copia del *Tamburino sardo*, il racconto mensile di gennaio, da trascrivere, egli gettò sul pavimento un petardo che scoppiò facendo rintronar la scuola come una fucilata. Tutta la classe ebbe un riscossone. Il maestro balzò in piedi e gridò: «Franti fuori di scuola!» Egli rispose: «Non sono io!» Ma rideva. Il maestro ripeté: «Va' fuori!» «Non mi muovo» rispose. Allora il maestro perdette i lumi, lo strappò dal banco. Egli si dibatteva, digrignava i denti: si fece trascinar fuori di viva forza. Il maestro lo portò quasi di peso dal Direttore, e poi tornò in classe solo e sedette al tavolino, pigliandosi il capo fra le mani, affannato, con un'espressione così stanca e afflitta, che faceva male a vederlo. «Dopo trent'anni che faccio scuola!» esclamò tristemente, crollando il capo. Nessuno fiatava. Le mani gli tremavano dall'ira, e la ruga diritta che ha in mezzo alla fronte era così profonda, che pareva una ferita. Povero maestro! Tutti ne pativano. Derossi s'alzò e disse: «Signor maestro, non si affligga. Noi le vogliamo bene». E allora si rasserenò un poco e disse: «Riprendiamo la lezione, ragazzi».

Il tamburino sardo

Nella prima giornata della battaglia di Custoza, il 24 luglio 1848, una sessantina di soldati di un reggimento di fanteria del nostro esercito, mandati sopra un'altura ad occupare una casa solitaria, si trovarono improvvisamente assaliti da due compagnie di soldati austriaci, che tempestandoli di fucilate da varie parti, appena diedero loro tempo di rifugiarsi nella casa e di sbarrare precipitosamente le porte, dopo aver lasciato alcuni morti e feriti pei campi. Sbarrate le porte, i nostri accorsero a furia alle finestre del pian terreno e del primo piano e cominciarono a fare un fuoco fitto sopra gli assalitori, i quali, avvicinandosi a grado a grado, disposti in forma di semicerchio, rispondevano vigorosamente. Ai sessanta soldati italiani comandavano due ufficiali subalterni e un capitano, un vecchio alto, secco e austero, coi capelli e i baffi bianchi; e c'era con essi un tamburino sardo, un ragazzo di poco più di quattordici anni, che ne dimostrava dodici scarsi, piccolo, di viso bruno olivastro, con due occhietti neri profondi, che scintillavano. Il capitano, da una stanza del primo piano, dirigeva la difesa, lanciando dei comandi che parean colpi di pistola e non si vedea sulla sua faccia ferrea nessun segno di commozione. Il tamburino, un po' pallido, ma saldo sulle gambe, salito sopra un tavolino, allungava il collo, trattenendosi alla parete, per guardar fuori dalle finestre; e vedeva attraverso il fumo, pei campi, le divise bianche degli Austriaci che venivano avanti lentamente. La casa era posta sulla sommità d'una china ripida, e non aveva dalla parte della china che un solo finestrino alto, rispondente in una stanza a tetto; perciò gli Austriaci non minacciavan la casa da quella parte, e la china era sgombra: il fuoco non batteva che la facciata e i due fianchi.

Ma era un fuoco d'inferno, una grandine di palle di piombo che di fuori screpolava i muri e sbriciolava i tegoli, e dentro fracassava soffitti, mobili, imposte, battenti, buttando per aria schegge di legno e nuvoli di calcinacci e frantumi di stoviglie e di vetri, sibilando, rimbalzando, schiantando ogni cosa con un fragore da fendere il cranio. Di tratto in tratto uno dei soldati che tiravan dalle finestre stramazzava indietro sul pavimento ed era trascinato in disparte. Alcuni barcollavano di stanza in stanza, premendosi sopra le ferite. Nella cucina c'era già un morto, con la fronte spaccata. Il semicerchio dei nemici si stringeva.

A un certo punto fu visto il capitano, fino allora impassibile, fare un segno d'inquietudine, e uscir a grandi passi dalla stanza, seguito da un sergente. Dopo tre minuti ritornò di corsa il sergente e chiamò il tamburino facendogli cenno che lo seguisse. Il ragazzo lo seguì correndo su per una scala di legno ed entrò con lui in una soffitta nuda, dove vide il capitano che scriveva con una matita sopra un foglio, appoggiandosi al finestrino, e ai suoi piedi, sul pavimento, c'era una corda da pozzo.

Il capitano ripiegò il foglio e disse bruscamente, fissando negli occhi al ragazzo le sue pupille grigie e fredde, davanti a cui tutti i soldati tremavano: «Tamburino!»

Il tamburino si mise la mano alla visiera.

Il capitano disse: «Tu hai del fegato».

Gli occhi del ragazzo lampeggiarono.

«Sì, signor capitano» rispose.

«Guarda laggiù» disse il capitano, spingendolo al finestrino «nel piano, vicino alle case di Villafranca, dove c'è un luccichìo di baionette. Là ci sono i nostri, immobili. Tu prendi questo biglietto, t'afferri alla corda, scendi dal finestrino, divori la china, pigli pei campi, arrivi fra i nostri, e dai il biglietto al primo ufficiale che vedi. Butta via il cinturino e lo zaino.»

Il tamburino si levò il cinturino e lo zaino, e si mise il biglietto nella tasca del petto; il sergente gettò fuori la corda e ne tenne afferrato con due mani l'uno dei capi; il capitano aiutò il ragazzo a passare per il finestrino, con la schiena rivolta verso la campagna.

«Bada» gli disse «la salvezza del distaccamento è nel tuo coraggio e nelle tue gambe.»

«Si fidi di me, signor capitano» rispose il tamburino, spenzolandosi fuori.

«Cùrvati nella discesa» disse ancora il capitano, afferrando la corda insieme al sergente.

«Non dubiti.»

«Dio t'aiuti.»

In pochi momenti il tamburino fu a terra; il sergente tirò su la corda e disparve; il capitano s'affacciò impetuosamente al finestrino, e vide il ragazzo che volava giù per la china.

Sperava già che fosse riuscito a fuggire inosservato quando cinque o sei piccoli nuvoli di polvere che si sollevarono da terra davanti e dietro al ragazzo, l'avvertirono che era stato visto dagli Austriaci, i quali gli tiravano addosso dalla sommità dell'altura: quei piccoli nuvoli eran terra buttata in aria dalle palle. Ma il tamburino continuava a correre a rompicollo. A un tratto, stramazzò. «Ucciso!» ruggì il capitano, addentandosi il pugno. Ma non aveva ancor detto la parola che vide il tamburino rialzarsi. "Ah! una caduta soltanto!" disse tra sé, e respirò. Il tamburino, infatti, riprese a correre di tutta forza; ma zoppicava. "Un torcipiede" pensò il capitano. Qualche nuvoletta di polvere si levò ancora qua e là intorno al ragazzo, ma sempre più lontano. Egli era in salvo. Il capitano mise un'esclamazione di trionfo. Ma seguitò ad accompagnarlo con gli occhi, trepidando, perché era un affar di minuti: se non arrivava laggiù il più presto possibile col biglietto che chiedeva immediato soccorso, o tutti i suoi soldati cadevano uccisi, o egli doveva arrendersi e darsi prigioniero con loro. Il ragazzo correva rapido un tratto, poi rallentava il passo zoppicando, poi ripigliava la corsa, ma sempre più affaticato, e ogni tanto incespicava, si soffermava. "Lo ha forse colto una palla di striscio" pensò il capitano, e notava tutti i suoi movimenti, fremendo, e lo eccitava, gli parlava, come se quegli avesse potuto sentirlo; misurava senza posa, con l'occhio ardente, lo spazio interposto fra il ragazzo fuggente e quel luccichìo d'armi che vedeva laggiù nella pianura in mezzo ai campi di frumento dorati dal sole. E intanto sentiva i sibili e il fracasso delle palle nelle stanze di sotto, le grida imperiose e rabbiose degli ufficiali e dei sergenti, i lamenti acuti dei feriti, il rovinìo dei mobili e dei calcinacci. «Su! coraggio!» gridava, seguitando con lo sguardo il tamburino lontano «avanti! corri! Si ferma, maledetto! Ah! riprende la corsa.» Un ufficiale venne a dirgli ansando che i nemici, senza interrompere il fuoco, sventolavano un panno bianco per intimare la resa. «Non si risponda!» egli gridò, senza staccar lo sguardo dal ragazzo, che era già nel piano, ma che più non correva, e parea che si trascinasse stentamente.«Ma va'! corri!» diceva il capitano stringendo i denti e i pugni «ammazzati, muori, scellerato, ma va'!» Poi gettò un'orribile imprecazione. «Ah! l'infame poltrone, s'è seduto!» Il ragazzo, infatti, di cui fino allora egli aveva visto sporgere il capo al disopra d'un campo di frumento, era scomparso, come se fosse caduto. Ma dopo un momento la sua testa venne fuori da capo. Infine si perdette dietro le siepi, e il capitano non lo vide più.

Allora discese impetuosamente; le palle tempestavano; le stanze erano ingombre di feriti, alcuni dei quali giravano su se stessi come ubriachi; aggrappandosi ai mobili; le pareti e il pavimento erano chiazzati di sangue; dei cadaveri giacevano attraverso le porte; il luogotenente aveva il braccio destro spezzato da una palla ; il fumo e il polverìo avvolgevano ogni cosa. «Coraggio!» gridò il capitano. «Fermi al posto! Arrivan soccorsi! Ancora un po' di coraggio! » Gli Austriaci s'erano avvicinati ancora: si vedevano giù tra il fumo i loro visi stravolti, si sentivan tra lo strepito delle fucilate le loro grida selvagge, che insultavano, intimavan la resa, minacciavan l'eccidio. Qualche soldato, impaurito, si ritraeva dalle finestre; i sergenti lo ricacciavano avanti. Ma il fuoco della difesa infiacchiva, lo scoraggiamento appariva su tutti i visi, non era possibile protrarre la resistenza. A un dato momento, i colpi degli Austriaci rallentarono, e una voce tonante gridò prima in tedesco, poi in italiano: « Arrendetevi! » « No! » urlò il capitano da una finestra. E il fuoco ricominciò più fitto e più rabbioso dalle due parti. Altri soldati caddero. Già più d'una finestra era senza difensori. Il momento fatale era imminente. Il capitano gridava con voce smozzicata tra i denti: « Non vengono! Non vengono! » e correva intorno furioso, torcendo la sciabola con la mano convulsa, risoluto a morire. Quando un sergente, scendendo dalla soffitta, gettò un grido acutissimo: « Arrivano! » « Arrivano! » ripeté con un grido di gioia il capitano. A quel grido tutti, sani, feriti, sergenti, ufficiali, si slanciarono alle finestre, e la resistenza inferocì un'altra volta. Di lì a pochi momenti si notò come un'incertezza e un principio di disordine fra i nemici. Subito, in furia, il capitano radunò un drappello nella stanza a terreno, per far impeto fuori, con le baionette inastate. Poi rivolò di sopra. Era appena arrivato, che sentirono uno scalpitìo precipitoso, accompagnato da un urrà formidabile, e videro dalle finestre venir innanzi tra il fumo i cappelli a due punte dei carabinieri italiani, uno squadrone lanciato ventre a terra, e un balenìo fulmineo di lame mulinate per aria, calate sui capi, sulle spalle, sui dorsi; allora il drappello irruppe a baionette basse fuor della porta; i nemici vacillarono, si scompigliarono, diedero di volta; il terreno rimase sgombro, la casa fu libera, e poco dopo due battaglioni di fanteria italiana e due cannoni occupavan l'altura.

Il capitano, coi soldati che gli rimanevano, si ricongiunse al suo reggimento, combatté ancora, e fu leggermente ferito alla mano sinistra da una palla rimbalzante, nell'ultimo assalto alla baionetta.

La giornata finì con la vittoria dei nostri.

Ma il giorno dopo, essendosi ricominciato a combattere, gli Italiani furono oppressi, malgrado la valorosa resistenza, dal numero soverchiante degli Austriaci, e la mattina del ventisei dovettero prender tristemente la via della ritirata, verso il Mincio.

Il capitano, benché ferito, fece il cammino a piedi coi suoi soldati, stanchi e silenziosi, e arrivato sul cader del giorno a Goito, sul Mincio, cercò subito del suo luogotenente, che era stato raccolto col braccio spezzato dalla nostra ambulanza, e doveva esser giunto là prima di lui.

Gli fu indicata una chiesa, dov'era stato installato affrettatamente un ospedale da campo. Egli v'andò. La chiesa era piena di feriti, adagiati su due file di letti e di materassi distesi sul pavimento; due medici e vari inservienti andavano e venivano, affannati; e s'udivan delle grida soffocate e dei gemiti.

Appena entrato, il capitano si fermò, e girò lo sguardo all'intorno in cerca del suo ufficiale.

In quel punto si sentì chiamare da una voce fioca, vicinissima: «Signor capitano!»

Si voltò: era il tamburino.

Era disteso sopra un letto a cavalletti, coperto fino al petto da una rozza tenda da finestra, a quadretti rossi e bianchi, con le braccia fuori; pallido e smagrito, ma sempre coi suoi occhi scintillanti, come due gemme nere.

«Sei qui, tu?» gli domandò il capitano stupito, ma brusco. «Bravo, hai fatto il tuo dovere.»

«Ho fatto il mio possibile» rispose il tamburino.

«Sei stato ferito» disse il capitano, cercando con gli occhi il suo ufficiale nei letti vicini.

«Che vuole!» disse il ragazzo, a cui dava coraggio a parlare la compiacenza altiera d'esser per la prima volta ferito, senza di che non avrebbe osato d'aprir bocca in faccia a quel capitano; «ho avuto un bel correre gobbo, m'han visto subito. Arrivavo venti minuti prima se non mi coglievano. Per fortuna che ho trovato subito un capitano di Stato Maggiore da consegnargli il biglietto. Ma è stato un brutto discendere dopo quella carezza! Morivo dalla sete, temevo di non arrivare più, piangevo dalla rabbia a pensare che ad ogni minuto di ritardo se n'andava uno all'altro mondo, lassù. Basta, ho fatto quello che ho potuto. Son contento. Ma guardi lei, con licenza, signor capitano, che perde sangue.»

Infatti dalla palma mal fasciata del capitano colava giù per le dita qualche goccia di sangue.

«Vuol che le dia una stretta io alla fascia, signor capitano? Porga un momento.»

Il capitano porse la mano sinistra, e allungò la destra per aiutare il ragazzo a sciogliere il nodo e a rifarlo; ma il ragazzo sollevatosi appena dal cuscino, impallidì, e dovette riappoggiare la testa.

«Basta, basta» disse il capitano, guardandolo, e ritirando la mano fasciata che quegli volea ritenere: «bada ai fatti tuoi, invece di pensare agli altri, ché le cose leggere, a trascurarle, possono farsi gravi.»

Il tamburino scosse il capo.

«Ma tu» gli disse il capitano, guardandolo attentamente «devi aver perso molto sangue, tu, per esser debole a quel modo.»

«Perso molto sangue?» rispose il ragazzo, con un sorriso. «Altro che sangue. Guardi.»

E tirò via d'un colpo la coperta.

Il capitano diè un passo indietro inorridito.

Il ragazzo non aveva più che una gamba: la gamba sinistra gli era stata amputata al di sopra del ginocchio; il troncone era fasciato di panni insanguinati.

In quel momento passò un medico militare, piccolo e grasso, in maniche di camicia. «Ah! signor capitano» disse rapidamente, accennandogli il tamburino «ecco un caso disgraziato; una gamba che si sarebbe salvata con niente s'egli non l'avesse forzata in quella pazza maniera; un'infiammazione maledetta; bisognò tagliar lì per lì. Oh, ma... un bravo ragazzo, gliel'assicuro io: non ha dato una lacrima, non un grido! Ero superbo che fosse un ragazzo italiano, mentre l'operavo, in parola d'onore. Quello è di buona razza, perdio!»

E se n'andò di corsa.

Il capitano corrugò le grandi sopracciglia bianche, e guardò fisso il tamburino, ristendendogli addosso la coperta; poi, lentamente, quasi non avvedendosene, e fissandolo sempre, alzò la mano al capo e si levò il cheppì.

«Signor capitano!» esclamò il ragazzo meravigliato. «Cosa fa, signor capitano? Per me?»

E allora quel rozzo soldato che non aveva mai detto una parola mite ad un suo inferiore, rispose con voce indicibilmente affettuosa e dolce: «Io non sono che un capitano; tu sei un eroe».

Poi si gettò con le braccia aperte sul tamburino, e lo baciò tre volte sul cuore.

Poiché il racconto del Tamburino *t'ha scosso il cuore ti doveva essere facile, questa mattina, far bene il componimento d'esame:* Perché amate l'Italia. *Perché amo l'Italia? Non ti si son presentate subito cento risposte? Io amo l'Italia perché mia madre è italiana, perché il sangue che mi scorre nelle vene è italiano, perché è italiana la terra dove son sepolti i morti che mia madre piange e che mio padre venera, perché la città dove son nato, la lingua che parlo, i libri che m'educano, perché mio fratello, mia sorella, i miei compagni, e il grande popolo in mezzo a cui vivo, e la bella natura che mi circonda, e tutto ciò che vedo, che amo, che studio, che ammiro, è italiano. Oh, tu non puoi ancora sentirlo intero quest'affetto! Lo sentirai quando sarai un uomo, quando, ritornando da un viaggio lungo, dopo una lunga assenza, e affacciandoti una mattina al parapetto del bastimento, vedrai all'orizzonte le grandi montagne azzurre del tuo paese; lo sentirai allora nell'onda impetuosa di tenerezza che t'empirà gli occhi di lagrime e ti strapperà un grido dal cuore. Lo sentirai in qualche grande città lontana, nell'impulso dell'anima che ti spingerà fra la folla sconosciuta verso un operaio sconosciuto, dal quale avrai inteso, passandogli accanto, una parola della tua lingua. Lo sentirai nello sdegno doloroso e superbo che ti getterà il sangue alla fronte, quando udrai ingiuriare il tuo paese dalla bocca di uno straniero. Lo sentirai più violento e più altero il giorno in cui la minaccia d'un popolo nemico solleverà una tempesta di fuoco sulla tua patria, e vedrai fremere armi d'ogni parte, i giovani accorrere a legioni, i padri baciare i figli, dicendo: "Coraggio!" e le madri dire addio ai giovinetti, gridando: "Vincete!" Lo sentirai come una gioia divina se avrai la fortuna di veder rientrare nella tua città i reggimenti diradati, stanchi, cenciosi, terribili, con lo splendore della vittoria negli occhi e le bandiere lacerate dalle palle, seguiti da un convoglio sterminato di valorosi che leveranno in alto le teste bendate e i moncherini, in mezzo a una folla pazza che li coprirà di fiori, di benedizioni e di baci. Tu comprenderai allora l'amor di patria, sentirai la patria allora, Enrico. Ella è una così grande e sacra cosa, che se un giorno io vedessi te tornare salvo da una battaglia combattuta per essa, salvo te, che sei la carne e l'anima mia, e sapessi che hai conservato la vita perché ti sei nascosto alla morte, io, tuo padre, che t'accolgo con un grido di gioia quando torni dalla scuola, io t'accoglierei con un singhiozzo d'angoscia, e non potrei amarti mai più, e morirei con quel pugnale nel cuore.*

Tuo padre

INVIDIA   *25, mercoledì*

Anche il componimento sulla patria chi l'ha fatto meglio di tutti è Derossi. E Votini che si teneva sicuro della prima medaglia! Io gli vorrei bene a Votini, benché sia un po' vanesio e si rilisci troppo; ma mi fa dispetto, ora che gli son vicino di banco, veder com'è invidioso di Derossi. E vorrebbe gareggiare con lui, studia; ma non ce ne può, in nessuna maniera, ché l'altro lo rivende dieci volte, in tutte le materie; e Votini si morde le dita. Anche Carlo Nobis lo invidia; ma ha tanta superbia in corpo che, appunto per superbia, non si fa scorgere. Votini invece si tradisce, si lamenta dei punti a casa sua, e dice che il maestro fa delle ingiustizie; e quando Derossi risponde alle interrogazioni così pronto e bene, finge di non sentire, o si sforza di ridere, ma ride verde. E siccome tutti lo sanno, così quando il maestro loda Derossi, tutti si voltano a guardare Votini, che mastica veleno, e il muratorino gli fa il muso di lepre. Stamani, per esempio, l'ha fatta bigia. Il maestro entra nella scuola e annunzia il risultato dell'esame: «Derossi, dieci decimi e la prima medaglia». Votini fece un grande starnuto. Il maestro lo guardò: ci voleva poco a capire. «Votini» gli disse «non vi lasciate entrare in corpo il serpe dell'invidia: è un serpe che rode il cervello e corrompe il cuore.» Tutti lo guardarono, fuorché Derossi; Votini volle rispondere, non poté; restò come impietrito, col viso bianco. Poi, mentre il maestro faceva lezione, si mise a scrivere a grossi caratteri sopra un foglio: *"Io non sono invidioso di quelli che guadagnano la prima medaglia con le protezioni e le ingiustizie."* Era un biglietto che voleva mandare a Derossi. Ma intanto vedevo che i vicini di Derossi macchinavano fra loro, parlandosi nell'orecchio, e uno ritagliava col temperino una gran medaglia di carta, su cui avevan disegnato un serpe nero. E Votini pure se ne accorse. Il maestro uscì per pochi minuti. Subito i vicini di Derossi s'alzarono per uscir dal banco e venire a presentar solennemente la medaglia di carta a Votini. Tutta la classe si preparava a una scenata. Votini tremava già tutto. Derossi gridò: «Datela a me!» «Sì, meglio» quelli risposero «sei tu che gliela devi portare.» Derossi pigliò la medaglia e la fece in tanti pezzetti. In quel punto il maestro rientrò, e riprese la lezione. Io tenni d'occhio Votini: era diventato rosso di bragia; prese il foglietto adagio adagio, come se facesse per distrazione, lo appallottolò di nascosto, se lo mise in bocca, lo masticò per un poco, e poi lo sputò sotto il banco... Nell'uscir dalla scuola, passando davanti a Derossi, Votini ch'era un po' confuso, lasciò cascare la carta asciugante. Derossi, gentile, la raccattò e gliela mise nello zaino, e l'aiutò ad agganciare la cinghia. Votini non osò alzare la fronte.

LA MADRE DI FRANTI   *28, sabato*

Ma Votini è incorreggibile. Ieri, alla lezione di religione, in presenza del Direttore, il maestro domandò a Derossi se sapeva a mente quelle due strofette del libro di lettura: *Dovunque il guardo io giro, immenso Iddio, ti vedo.* Derossi rispose di no, e Votini subito: «Io le so!» con un sorriso, come per fare una picca a Derossi. Ma fu piccato lui, invece, che non poté recitare la poesia, perché entrò tutt'a un tratto nella scuola la madre di Franti, affannata, coi capelli grigi arruffati, tutta fradicia di neve, spingendo avanti il figliuolo che è stato sospeso dalla scuola per otto giorni. Che triste scena ci toccò di vedere! La povera donna si gettò quasi in ginocchio davanti al Direttore, giungendo le mani, e supplicando: «Oh, signor Direttore, mi faccia la grazia, riammetta il ragazzo alla scuola! Son tre giorni che è casa, l'ho tenuto nascosto, ma Dio ne guardi se suo padre scopre la cosa, lo ammazza; abbia pietà, che non so più come fare! Mi raccomando con tutta l'anima mia! » Il Direttore cercò di condurla fuori; ma essa resistette, sempre pregando e piangendo. «Oh! Se sapesse le pene che m'ha dato questo figliuolo, avrebbe compassione! Mi faccia la grazia! Io spero che cambierà. Io già non vivrò più un pezzo, signor Direttore, ho la morte qui; ma vorrei vederlo cambiato prima di morire perché...» e diede in uno scoppio di pianto «è il mio figliuolo, gli voglio bene, morirei disperata; me lo prenda ancora una volta, signor Direttore, perché non segua una disgrazia in famiglia, lo faccia per pietà d'una povera donna! » E si coperse il viso con le mani, singhiozzando. Franti teneva il viso basso, impassibile. Il Direttore lo guardò, stette un po' pensando, poi disse: «Franti, va' al tuo posto». Allora la donna levò le mani dal viso tutta racconsolata, e cominciò a dir grazie, senza lasciar parlare il Direttore, e s'avviò verso l'uscio, asciugandosi gli occhi, e dicendo affollatamente: «Figliuol mio, mi raccomando. Abbiano pazienza tutti. Grazie, signor Direttore, che ha fatto un'opera di carità. Buono, sai figliuolo. Buon giorno, ragazzi. Grazie, a rivederlo, signor maestro. E scusino tanto, una povera mamma». E data ancora di sull'uscio un'occhiata supplichevole a suo figlio, se n'andò raccogliendo lo scialle che trascinava, e la sentimmo ancor tossire giù per le scale. Il Direttore guardò fisso Franti in mezzo al silenzio della classe, e gli disse con un accento da far tremare: «Franti, tu uccidi tua madre! » Tutti si voltarono a guardar Franti. E quell'infame sorrise.

SPERANZA   *29, domenica*

Bello, Enrico, lo slancio con cui ti sei gettato sul cuore di tua madre tornando da scuola di religione. Sì, t'ha detto delle cose grandi e consolanti il maestro. Dio che ci ha gettati l'uno nelle braccia dell'altro, non ci separerà per sempre; quando io morirò, quando tuo padre morirà, non ce le diremo quelle tremende e disperate parole: "Mamma, babbo, Enrico, non ti vedrò mai più!" Noi ci rivedremo in un'altra vita, dove chi ha molto sofferto in questa sarà ricompensato, dove chi ha molto amato sulla terra ritroverà le anime che ha amate, in un mondo senza colpe, senza pianto e senza morte. Ma dobbiamo rendercene degni, tutti, di quell'altra vita. Senti figliuolo: ogni tua azione buona, ogni tuo moto d'affetto per coloro che ti amano, ogni tuo atto cortese per i tuoi compagni, ogni tuo pensiero gentile è come uno slancio in alto verso quel mondo. E anche ti solleverà verso quel mondo ogni disgrazia, ogni dolore, perché ogni dolore è l'espiazione d'una colpa, ogni lacrima cancella una macchia. Proponiti ogni giorno di essere più buono e più amoroso che il giorno innanzi. Di' ogni mattina: oggi voglio fare qualche cosa di cui la coscienza mi lodi e mio padre sia contento; qualche cosa che mi faccia voler bene da questo o dal quel compagno, dal maestro, da mio fratello, o da altri. E domanda a Dio che ti dia la forza di mettere in atto il proposito. Signore, io voglio essere buono, nobile, coraggioso, gentile, sincero; aiutatemi; fate che ogni sera, quando mia madre mi dà l'ultimo saluto, io possa dirle: "Tu

baci questa sera un fanciullo più onesto e più degno di quello che baciasti ieri."
Abbi sempre nel tuo pensiero quell'altro Enrico sovrumano e felice, che tu potrai
essere dopo questa vita. E prega. Tu non puoi immaginare che dolcezza provi,
quanto si senta migliore una madre quando vede il suo fanciullo con le mani
giunte. Quando io vedo te che preghi, mi pare impossibile che non ci sia nessuno
che ti guardi e ti ascolti. Io credo allora più fermamente che c'è una bontà supre-
ma e una pietà infinita, io t'amo di più, lavoro con più ardore, soffro con più
forza, perdono con tutta l'anima e penso alla morte serenamente. Oh Dio grande
e buono! Risentir dopo la morte la voce di mia madre, ritrovare i miei bambini,
rivedere il mio Enrico, il mio Enrico benedetto e immortale, e stringerlo in un
abbraccio che non si scioglierà mai più, mai più, mai più in eterno! Oh prega,
preghiamo, amiamoci, siamo buoni, portiamo quella celeste speranza nell'anima,
adorato fanciullo mio.

Tua madre

UNA MEDAGLIA BEN DATA   *4, sabato*

Questa mattina venne a dar le medaglie il Sovraintendente scolastico, un signore con la barba bianca, vestito di nero. Entrò col Direttore, poco prima del *finis*, e sedette accanto al maestro. Interrogò parecchi, poi diede la prima medaglia a Derossi, e prima di dar la seconda, stette qualche momento a sentire il maestro e il Direttore che gli parlavano a voce bassa. Tutti domandavano: « A chi darà la seconda? » Il Sovraintendente disse a voce alta: « La seconda medaglia l'ha meritata questa settimana l'alunno Pietro Precossi: meritata per i lavori di casa, per le lezioni, per la calligrafia, per la condotta, per tutto ». Tutti si voltarono a guardar Precossi, confuso che non sapeva dove fosse. « Vieni qua » disse il Sovraintendente. Precossi saltò giù dal banco e andò accanto al tavolino del maestro. Il Sovraintendente guardò con attenzione quel visino color cera, quel piccolo corpo insaccato in quei panni rimboccati e disadatti, quegli occhi buoni e tristi, che sfuggivano i suoi, ma che lasciavano indovinare una storia di patimenti; poi gli disse con voce piena di affetto, attaccandogli la medaglia alla spalla: « Precossi, ti do la medaglia. Nessuno è più degno di te di portarla. Non la do soltanto alla tua intelligenza e al tuo buon volere; la do al tuo cuore, la do al tuo coraggio, al tuo carattere di bravo e buon figliuolo. Non è vero » soggiunse, voltandosi verso la classe « che egli la merita anche per questo? » « Sì, sì » risposero tutti a una voce. Precossi fece un movimento del collo come per inghiottire qualche cosa, e girò sui banchi uno sguardo dolcissimo, che esprimeva una gratitudine immensa. « Va', dunque » gli disse il Sovraintendente « caro ragazzo! E Dio ti protegga! » Era l'ora d'uscire. La nostra classe uscì avanti alle altre. Appena fuori dell'uscio... chi vediamo lì nel camerone, proprio sull'entrata? Il padre di Precossi, il fabbro ferraio, pallido, come al solito, col viso torvo, coi capelli negli occhi, col berretto per traverso, malfermo sulle gambe. Il maestro lo vide subito e parlò nell'orecchio del Sovraintendente; questi cercò Precossi in fretta e, presolo per mano, lo condusse da suo padre. Il ragazzo tremava. Anche il maestro e il Direttore s'avvicinarono; molti ragazzi si fecero intorno. « Lei è il padre di questo ragazzo, è vero? » domandò il Sovraintendente al fabbro, con fare allegro, come se fossero amici. E senz'aspettar la risposta: « Mi rallegro con lei. Guardi: egli ha guadagnato la seconda medaglia, sopra cinquantaquattro compagni; l'ha meritata nella composizione, nell'aritmetica, in tutto. È un ragazzo pieno d'intelligenza e di buona volontà, che farà molto cammino: un bravo ragazzo, che ha l'affezione e la stima di tutti; lei ne può andar superbo, gliel'assicuro». Il fabbro, che era stato a sentire con la bocca aperta, guardò fisso il Sovraintendente e il Direttore, e poi fissò il figliuolo, che gli stava davanti, con gli occhi bassi, tremando; e come se ricordasse e se capisse allora per la prima volta tutto quello che aveva fatto soffrire a quel povero piccino, tutta la bontà, tutta la costanza eroica con cui egli aveva sofferto, mostrò a un tratto nel viso una certa meraviglia stupita, poi un dolore accigliato, infine una tenerezza violenta e triste, e con un rapido gesto afferrò il ragazzo per il capo e se lo strinse sul petto. Noi gli passammo tutti davanti; io l'invitai a venir a casa giovedì, con Garrone e Crossi; altri lo salutarono; chi gli facea una carezza, chi gli toccava la medaglia, tutti gli dissero qualcosa. E il padre ci guardava stupito, tenendosi sempre serrato al petto il capo del figliuolo, che singhiozzava.

BUONI PROPOSITI   *5, domenica*

M'ha destato un rimorso quella medaglia data a Precossi. Io che non ne ho ancora guadagnata una! Io da un po' di tempo non studio, e sono scontento di me, e il maestro, mio padre e mia madre sono scontenti. Non provo più nemmeno il piacere di prima a divertirmi, quando lavoravo di voglia, e poi saltavo su dal tavolino e correvo ai miei giuochi pieno d'allegrezza, come se non avessi più giocato da un mese. Neanche a tavola coi miei non mi siedo più con la contentezza d'una volta. Sempre ho come un'ombra nell'animo, una voce dentro mi dice continuamente: «Non va, non va». Vedo la sera passar per la piazza tanti ragazzi che tornano dal lavoro, in mezzo a gruppi d'operai tutti stanchi ma allegri, che allungano il passo, impazienti di arrivar a casa a mangiare, e parlando forte, ridendo, e battendosi sulle spalle le mani nere di carbone o bianche di calce; e penso che hanno lavorato dallo spuntar dell'alba fino a quell'ora; e con quelli tanti altri anche più piccoli, che tutto il giorno sono stati sulle cime dei tetti, davanti alle fornaci, in mezzo alle macchine, e dentro all'acqua, e sotto terra, non mangiando che un po' di pane; e provo quasi vergogna, io che in tutto quel tempo non ho fatto che scarabocchiare di mala voglia quattro paginucce. Ah, sono scontento, scontento! Io vedo bene che mio padre è di malumore, e vorrebbe dirmelo, ma gli rincresce, e aspetta ancora; caro padre mio, che lavori tanto! Tutto è tuo, tutto quello che mi vedo intorno in casa, tutto quello che tocco, tutto quello che mi veste, che mi ciba, tutto quello che mi ammaestra e mi diverte, tutto è frutto del tuo lavoro, ed io non lavoro: tutto t'è costato pensieri, privazioni, dispiaceri, fatiche, e io non fatico! Ah, no, è troppo ingiusto e mi fa troppa pena. Io voglio cominciare da oggi, voglio mettermi a studiare, come Stardi, coi pugni serrati e coi denti stretti, mettermici con tutte le forze della mia volontà e del mio cuore; voglio vincere il sonno la sera, saltar giù presto la mattina, martellarmi il cervello senza riposo, sferzare la pigrizia senza pietà, faticare, soffrire anche, ammalarmi; ma finire una volta di trascinare questa vitaccia fiacca e svogliata, che avvilisce me e rattrista gli altri. Animo, al lavoro! Al lavoro con tutta l'anima e con tutti i nervi! Al lavoro che mi renderà il riposo dolce, i giuochi piacevoli, il desinare allegro; al lavoro che mi ridarà il buon sorriso del mio maestro e il bacio benedetto di mio padre.

IL VAPORINO   *10, venerdì*

Precossi venne a casa ieri, con Garrone. Io credo che se fossero stati due figliuoli di principi non sarebbero stati accolti con più festa. Garrone era la prima volta che veniva, perché è un po' orso, e poi si vergogna di lasciarsi vedere che è così grande e fa ancora la terza. Andammo tutti ad aprir la porta quando suonarono. Crossi non venne perché gli è finalmente arrivato il padre dall'America, dopo sei anni. Mia madre baciò subito Precossi; mio padre le presentò Garrone, dicendo: «Ecco qui; questo non è solamente un buon ragazzo; questo è un galantuomo e un gentiluomo». Ed egli abbassò la sua grossa testa rapata, sorridendo di nascosto con me. Precossi aveva la sua medaglia ed era contento perché suo padre s'è rimesso a lavorare, e son cinque giorni che non beve più, lo vuol sempre nell'officina a tenergli compagnia, e pare un altro. Ci mettemmo a giocare, io tirai fuori tutte le cose mie; Precossi rimase incantato davanti al treno della strada ferrata, con la macchina che va da sé, a darle la corda; non n'aveva visto mai; divorava con gli occhi quei vagoncini rossi e gialli. Io gli diedi la chiavetta perché giocasse, egli s'inginocchiò a giocare, e non levò la testa. Non l'avevo mai visto contento così. Sempre diceva: «Scusami, scusami» a ogni proposito, facendoci in là con le mani, perché non fermassimo la macchina, e poi pigliava e rimetteva i vagoncini con mille riguardi, come se fossero di vetro, aveva paura di appannarli col fiato, e li ripuliva, guardandoli di sotto e di sopra, e sorridendo da sé. Noi tutti in piedi lo guardavamo: guardavamo quel collo sottile, quelle povere orecchie che un giorno io avevo visto sanguinare, quel giacchettone con le maniche rimboccate, da cui uscivano due braccini di malato, che s'erano alzati tante volte per difendere il viso dalle percosse... Oh! in quel momento io gli avrei gettato ai piedi tutti i miei giocattoli e tutti i miei libri, mi sarei strappato di bocca l'ultimo pezzo di pane per darlo a lui, mi sarei spogliato per vestirlo, mi sarei buttato in ginocchio per baciargli le mani. "Almeno il treno glielo voglio dare" pensai; ma bisognava chiedere il permesso a mio padre. In quel momento mi sentii un pezzetto di carta in mano; guardai: era scritto da mio padre col lapis; diceva: "*A Precossi piace il tuo treno. Egli non ha giocattoli, Non ti suggerisce nulla il tuo cuore?*" Subito io afferrai a due mani la macchina e i vagoni e gli misi ogni cosa sulle braccia dicendogli: «Prendilo, è tuo». Egli mi guardò, non capiva. «È tuo» dissi «te lo regalo.» Allora egli guardò mio padre e mia madre, ancora più stupito, e mi domandò: «Ma perché?» Mio padre gli disse: «Te lo regala Enrico perché è tuo amico, perché ti vuol bene... per festeggiare la tua medaglia.» Precossi domandò timidamente: «Debbo portarlo via... a casa?» «Ma sicuro!» rispondemmo tutti. Era già sull'uscio, e non osava ancora andarsene. Era felice! Domandava scusa, con la bocca che tremava e rideva. Garrone lo aiutò a rinvoltare il treno nel fazzoletto, e chinandosi, fece crocchiare i grissini che gli empivan le tasche. «Un giorno» mi disse Precossi, «verrai nell'officina a veder mio padre a lavorare. Ti darò dei chiodi.» Mia madre mise un mazzettino nell'occhiello della giacchetta di Garrone perché lo portasse alla mamma in nome suo. Garrone le disse col suo vocione: «Grazie» senza alzare il mento dal petto. Ma gli splendeva tutta negli occhi l'anima nobile e buona.

SUPERBIA   *11, sabato*

E dire che Carlo Nobis si pulisce la manica con affettazione quando Precossi lo tocca passando! Costui è la superbia incarnata perché suo padre è un riccone. Ma anche il padre di Derossi è ricco! Egli vorrebbe avere un banco per sé solo, ha paura che tutti lo insudicino, guarda tutti dall'alto in basso, ha sempre un sorriso sprezzante sulle labbra: guai a urtargli un piede quando si esce in fila a due a due! Per un nulla butta in viso una parola ingiuriosa o minaccia di far venire alla scuola suo padre. E sì che suo padre gli ha dato la sua brava polpetta quando trattò di straccione il figliuolo del carbonaio! Io non ho mai visto una muffa compagna! Nessuno gli parla, nessuno gli dice addio quando s'esce, non c'è un cane che gli suggerisca quando non sa la lezione. E lui non può patir nessuno, e finge di disprezzare sopra tutti Derossi, perché è il primo, e Garrone, perché tutti gli voglion bene. Ma Derossi non lo guarda neppure quant'è lungo, e Garrone, quando gli riportarono che Nobis sparlava di lui, rispose: «Ha una superbia così stupida che non merita nemmeno i miei scapaccioni». Coretti, pure, un giorno ch'egli sorrideva con disprezzo del suo berretto di pel di gatto, gli disse: «Va' un poco da Derossi a imparare a far il signore!» Ieri si lamentò col maestro perché il calabrese gli toccò una gamba col piede. Il maestro domandò al calabrese: «L'hai fatto apposta?» «No, signore» rispose franco. E il maestro: «Siete troppo permaloso, Nobis». E Nobis, con quella sua aria: «Lo dirò a mio padre». Allora il maestro andò in collera: «Vostro padre vi darà torto, come fece altre volte. E poi non c'è che il maestro in iscuola che giudichi e punisca». Poi soggiunse con dolcezza: «Andiamo, Nobis, cambiate modi, siate buono e cortese coi vostri compagni. Vedete, ci sono dei figliuoli d'operai e di signori, dei ricchi e dei poveri, e tutti si voglion bene, si trattan come fratelli, come sono. Perché non fate anche voi come gli altri? Vi costerebbe così poco farvi benvolere da tutti, e sareste tanto più contento voi pure!... Ebbene, non avete nulla da rispondermi?» Nobis, ch'era stato a sentire col suo solito sorriso sprezzante, rispose freddamente: «No, signore». «Sedete» gli disse il maestro. «Vi compiango. Siete un ragazzo senza cuore.» Tutto pareva finito così; ma il muratorino, che è nel primo banco, voltò la sua faccia tonda verso Nobis, che è nell'ultimo, e gli fece un muso di lepre così bello e così buffo, che tutta la classe diede in una sonora risata. Il maestro lo sgridò; ma fu costretto a mettersi una mano sulla bocca per nascondere il riso. E Nobis pure fece un riso; ma di quello che non si cuoce.

I FERITI DEL LAVORO   *13, lunedì*

Nobis può fare il paio con Franti; non si commossero né l'uno né l'altro, questa mattina, davanti allo spettacolo terribile che ci passò sotto gli occhi. Uscito dalla scuola, stavo con mio padre a guardar certi birbaccioni della seconda, che si buttavan ginocchioni per terra a strofinare il ghiaccio con le mantelline e con le berrette, per far gli sdruccioloni più lesti, quando vedemmo venir d'in fondo alla strada una gran folla di gente, a passo affrettato, tutti seri e come spaventati, che parlavano a bassa voce. Nel mezzo c'erano tre guardie municipali; dietro alle guardie, due uomini che portavano una barella. I ragazzi accorsero da ogni parte. La folla s'avanzava verso di noi. Sulla barella c'era disteso un uomo, bianco come un cadavere, con la testa ripiegata sopra una spalla, coi capelli arruffati e insanguinati, che perdeva sangue dalla bocca e dalle orecchie: e accanto alla barella camminava una donna con un bimbo in braccio, che pareva pazza, e gridava di tratto in tratto: «È morto! È morto!» Dietro alla donna veniva un ragazzo che aveva una cartella sotto il braccio, e singhiozzava. «Cos'è stato?» domandò mio padre. Un vicino rispose che era un muratore, caduto da un quarto piano mentre lavorava. I portatori si soffermarono un momento. Molti torsero il viso inorriditi. Vidi la maestra della penna rossa che sorreggeva la mia maestra di prima superiore, quasi svenuta. Nello stesso tempo mi sentii urtare nel gomito: era il muratorino, pallido, che tremava da capo a piedi. Egli pensava a suo padre, certo. Anch'io ci pensai. Io sto con l'animo in pace, almeno quando sono alla scuola, io so che mio padre è a casa, seduto a tavolino, lontano da ogni pericolo; ma questi miei compagni pensano che i loro padri lavorano sopra un ponte altissimo o vicino alle ruote d'una macchina, e che un gesto, un passo falso può costar loro la vita! Sono come tanti figliuoli di soldati, che abbiano i loro padri in battaglia. Il muratorino guardava, e tremava sempre più forte, e mio padre se n'accorse e gli disse: «Vattene a casa, ragazzo, va' subito da tuo padre che lo troverai sano e tranquillo; va'!» Il muratorino se n'andò, voltandosi indietro a ogni passo. E intanto la folla si rimise in moto, e la donna gridava, da straziar l'anima: «È morto! È morto! È morto!» «No, no, non è morto» le dicevan da tutte le parti. Ma essa non ci badava e si strappava i capelli. Quando sentii una voce sdegnata che disse: «Tu ridi!» e vidi nello stesso tempo un uomo barbuto che guardava in faccia Franti, il quale sorrideva ancora. Allora l'uomo gli cacciò in terra il berretto con un ceffone, dicendo: «Scopriti il capo, malnato, quando passa un ferito del lavoro!» La folla era già passata tutta, e si vedeva in mezzo alla strada una lunga striscia di sangue.

Ah! questo è certamente il caso più strano di tutto l'anno! Mio padre mi condusse ieri mattina nei dintorni di Moncalieri, a vedere una villa da prendere a pigione per l'estate prossima, perché quest'anno non andiamo più a Chieri; e si trovò che chi aveva le chiavi era un maestro, il quale fa da segretario al padrone. Egli ci fece vedere la casa, e poi ci condusse nella sua camera, dove ci diede da bere. C'era sul tavolino, in mezzo ai bicchieri, un calamaio di legno, di forma conica, scolpito in una maniera singolare. Vedendo che mio padre lo guardava, il maestro gli disse: « Quel calamaio lì mi è prezioso: se sapesse, signore, la storia di quel calamaio! » E la raccontò. Anni sono egli era maestro a Torino, e andò per tutto un inverno a far lezione ai prigionieri, nelle Carceri giudiziarie. Faceva lezione nella chiesa delle carceri, che è un edifizio rotondo, e tutt'intorno, nei muri alti e nudi, vi son tanti finestrini quadrati, chiusi da due sbarre di ferro incrociate, a ciascuno dei quali corrisponde di dentro una piccolissima cella. Egli faceva lezione passeggiando per la chiesa fredda e buia, e i suoi scolari stavano affacciati a quelle buche, coi quaderni contro le inferriate, non mostrando altro che i visi nell'ombra, dei visi sparuti e accigliati, delle barbe arruffate e grigie, degli occhi fissi d'omicidi e di ladri. Ce n'era uno, fra gli altri, al numero 78, che stava più attento di tutti, e studiava molto, e guardava il maestro con gli occhi pieni di rispetto e di gratitudine. Era un giovane con la barba nera, più disgraziato che malvagio, un ebanista, il quale, in un impeto di collera, aveva scagliato una pialla contro il suo padrone, che da un pezzo lo perseguitava, e l'aveva ferito mortalmente al capo; e per questo era stato condannato a vari anni di reclusione. In tre mesi egli aveva imparato a leggere e a scrivere, e leggeva continuamente, e quanto più imparava, tanto più pareva che diventasse buono e che fosse pentito del suo delitto. Un giorno, sul finir della lezione, egli fece cenno al maestro che si avvicinasse al finestrino, e gli annunziò, con tristezza, che la mattina dopo sarebbe partito da Torino, per andare a scontare la sua pena nelle carceri di Venezia; e dettogli addio, lo pregò con voce umile e commossa che si lasciasse toccare la mano. Il maestro gli porse la mano, ed egli la baciò; poi disse: « Grazie! Grazie! » e disparve. Il maestro ritirò la mano: era bagnata di lacrime. Dopo d'allora non lo vide più. Passarono sei anni. « Io pensavo a tutt'altro che a quel disgraziato » disse il maestro, « quando ieri l'altro mattina mi vedo capitare a casa uno sconosciuto con una gran barba nera, già un po' brizzolata, vestito malamente; il quale mi dice: « È lei, signore, il maestro tal dei tali? » « Chi siete? » gli domando io. « Sono il carcerato del numero 78 » mi risponde « m'ha insegnato lei a leggere e a scrivere, sei anni fa; se si rammenta, all'ultima lezione m'ha dato la mano; ora ho scontato la mia pena e son qui… a pregarla che mi faccia la grazia d'accettare un mio ricordo, una cosuccia che ho lavorato in prigione. La vuol accettare per mia memoria, signor maestro? » Io rimasi lì, senza parola. Egli credette che non volessi accettare, e mi guardò, come per dire: "Sei anni di pentimento non sono dunque bastati a purgarmi le mani!" ma con espressione così viva di dolore mi guardò, che tesi subito la mano e presi l'oggetto. Eccolo qui. Guardammo attentamente il calamaio: pareva stato lavorato con la punta d'un chiodo, con lunghissima pazienza; c'era scolpita una penna a traverso a un quaderno, e scritto intorno: "*Al mio maestro. - Ricordo del numero 78 - Sei anni!*" E sotto, in piccoli caratteri: "*Studio e speranza...*". Il maestro non disse altro; ce n'andammo. Ma per tutto il tratto da Moncalieri a Torino io non potei levarmi dal capo quel prigioniero affacciato al finestrino, quell'addio al maestro, quel povero calamaio lavorato in carcere, che diceva tante cose, e lo sognai la notte, e ci pensavo ancora questa mattina... quanto lontano dall'immaginare la sorpresa che m'aspettava alla scuola! Entrato appena nel mio nuovo banco, accanto a Derossi, e scritto il problema d'aritmetica dell'esame mensile, raccontai al mio compagno tutta la storia del prigioniero e del calamaio e come il calamaio era fatto, con la penna a traverso al quaderno, e quell'iscrizione intorno: "Sei anni!" Derossi scattò a quelle parole, e cominciò a guardare ora me ora Crossi, il figliuolo dell'erbivendola, che era nel banco davanti, con la schiena rivolta a noi, tutto assorto nel suo problema. «Zitto!» disse poi a bassa voce, pigliandomi per un braccio. «Non sai? Crossi mi disse avant'ieri d'aver visto di sfuggita un calamaio di legno tra le mani di suo padre ritornato dall'America: un calamaio conico, lavorato a mano, con un quaderno e una penna; è quello: *sei anni*! Egli diceva che suo padre era in America: era invece in prigione. Crossi era piccolo al tempo del delitto, non si ricorda, sua madre lo ingannò, egli non sa nulla; non ci sfugga una sillaba di questo!» Io rimasi senza parola, con gli occhi fissi su Crossi. E allora Derossi risolvette il problema e lo passò sotto il banco a Crossi; gli diede un foglio di carta; gli levò di mano *L'infermiere di Tata*, il racconto mensile, che il maestro gli aveva dato a ricopiare, per ricopiarlo lui in sua vece; gli regalò dei pennini, gli accarezzò la spalla, mi fece promettere sul mio onore che non avrei detto nulla a nessuno; e quando uscimmo dalla scuola mi disse in fretta: «Ieri suo padre è venuto a prenderlo, ci sarà anche questa mattina: fa' come faccio io». Uscimmo nella strada, il padre di Crossi era là, un po' in disparte: un uomo con la barba nera, già un po' brizzolata, vestito malamente, con un viso scolorito e pensieroso. Derossi strinse la mano a Crossi, in modo da farsi vedere, e gli disse forte: «A rivederci, Crossi» e gli passò la mano sotto il mento; io feci lo stesso. Ma facendo quello, Derossi diventò color di porpora, io pure; e il padre di Crossi ci guardò attentamente, con uno sguardo benevolo; ma in cui traluceva un'espressione d'inquietudine e di sospetto, che ci mise freddo nel cuore.

L'infermiere di Tata

La mattina d'un giorno piovoso di marzo, un ragazzo vestito da campagnuolo, tutto inzuppato d'acqua e infangato, con un involto di panni sotto il braccio, si presentava al portinaio dell'Ospedale dei Pellegrini di Napoli, e domandava di suo padre, presentando una lettera. Aveva un bel viso ovale d'un bruno pallido, gli occhi pensierosi e due grosse labbra semiaperte che lasciavan vedere i denti bianchissimi. Veniva da un villaggio dei dintorni di Napoli. Suo padre, partito da casa l'anno addietro per andare a cercar lavoro in Francia, era tornato in Italia e sbarcato pochi dì prima a Napoli, dove, ammalatosi improvvisamente, aveva appena fatto in tempo a scrivere un rigo alla famiglia per annunziarle il suo arrivo e dirle che entrava nell'ospedale. Sua moglie, desolata da quella notizia, non potendo muoversi di casa perché aveva una bimba inferma e un piccino, aveva mandato a Napoli il figliuolo maggiore, con qualche soldo, ad assistere suo padre, il suo *Tata*, come là si dice; il ragazzo aveva fatto dieci miglia di cammino.

Il portinaio, data un'occhiata alla lettera, chiamò un infermiere e gli disse che conducesse il ragazzo dal padre.

«Che padre?» domandò l'infermiere.

Il ragazzo, tremante per il timore di una triste notizia, disse il nome.

L'infermiere non si rammentava quel nome.

«Un vecchio operaio venuto di fuori?» domandò.

«Operaio, sì» rispose il ragazzo sempre più ansioso; «non tanto vecchio. Venuto di fuori, sì.»

«Entrato all'ospedale quando?» domandò l'infermiere.

Il ragazzo diede uno sguardo alla lettera: «Cinque giorni fa, credo».

L'infermiere stette un po' pensando; poi come ricordandosi a un tratto: «Ah!» disse «il quarto camerone, il letto in fondo».

«È malato molto? Come sta?» domandò affannosamente il ragazzo.

L'infermiere lo guardò senza rispondere. Poi disse: «Vieni con me».

Salirono due branche di scale, andarono in fondo a un largo corridoio e si trovarono in faccia alla porta aperta d'un camerone, dove s'allungavano due file di letti. «Vieni» ripeté l'infermiere entrando. Il ragazzo si fece animo e lo seguitò, gettando sguardi paurosi a destra e a sinistra, sui visi bianchi e smunti dei malati, alcuni dei quali avevano gli occhi chiusi e parevano morti, altri guardavan per aria con gli occhi grandi e fissi, come spaventati. Parecchi gemevano come bambini. Il camerone era oscuro, l'aria impregnata d'un odore acuto di medicinali. Due suore di carità andavano attorno con delle boccette in mano.

Arrivato in fondo al camerone, l'infermiere si fermò al capezzale d'un letto, aperse le tendine e disse: «Ecco tuo padre».

Il ragazzo diede in uno scoppio di pianto, e lasciato cadere l'involto, abbandonò la testa sulla spalla del malato, afferrandogli con una mano il braccio che teneva disteso immobile sopra la coperta. Il malato non si scosse.

Il ragazzo si alzò e guardò il padre, e ruppe in pianto un'altra volta. Allora il malato gli rivolse uno sguardo lungo e parve che lo riconoscesse. Ma le sue labbra non si muovevano. Povero *Tata*, quanto era mutato! Il figliuolo non l'avrebbe mai riconosciuto. Gli s'erano imbiancati i capelli, gli era cresciuta la barba, aveva il viso gonfio, d'un color rosso carico, con la pelle tesa e luccicante, la fisionomia tutta alterata; non aveva più di suo che la fronte e l'arco delle sopracciglia. Respirava con affanno. «Tata, Tata mio!» disse il ragazzo. «Son io, non mi riconoscete? Sono Ciccillo, il vostro Ciccillo, venuto dal paese, che m'ha mandato la mamma. Guardatemi bene, non mi riconoscete? Ditemi una parola.»

Ma il malato, dopo averlo guardato attentamente, chiuse gli occhi.

«Tata! Tata! che avete? Sono il vostro figliuolo, Ciccillo vostro.»

Il malato non si mosse più, e continuò a respirare affannosamente.

Allora, piangendo, il ragazzo prese una seggiola, sedette e stette aspettando, senza levar gli occhi dal viso di suo padre. "Un medico passerà bene a far la visita" pensava. "Egli mi dirà qualche cosa." E s'immerse ne' suoi pensieri tristi, ricordando tante cose del suo buon padre, il giorno della partenza, quando gli aveva dato l'ultimo addio sul bastimento, le speranze che aveva fondato la famiglia su quel suo viaggio, la desolazione di sua madre all'arrivo della lettera; e pensò alla morte, vide suo padre morto, sua madre vestita di nero, la famiglia nella miseria. E stette molto tempo così. Quando una mano leggiera gli toccò una spalla, ed ei si riscosse: era una monaca. «Che cos'ha mio padre?» le domandò subito. «È tuo padre?» disse la suora dolcemente. «Sì, è mio padre, son venuto. Che cos'ha?» «Coraggio, ragazzo» rispose la suora; «ora verrà il medico.» E s'allontanò, senza dir altro.

Dopo mezz'ora, sentì il tocco d'una campanella, e vide entrare in fondo al camerone il medico, accompagnato da un assistente; la suora e un infermiere li seguivano. Cominciaron la visita, fermandosi a ogni letto. Quell'aspettazione pareva eterna al ragazzo, e ad ogni passo del medico gli cresceva l'affanno. Finalmente arrivò al letto vicino. Il medico era un vecchio alto e curvo, col viso grave. Prima ch'egli si staccasse dal letto vicino, il ragazzo si levò in piedi, e quando gli s'avvicinò, si mise a piangere. Il medico lo guardò.

« È il figliuolo del malato » disse la suora; « è arrivato questa mattina dal suo paese. »

Il medico gli posò una mano sulla spalla, poi si chinò sul malato, gli tastò il polso, gli toccò la fronte, e fece qualche domanda alla suora, la quale rispose: « Nulla di nuovo ». Rimase un po' pensieroso, poi disse: « Continuate come prima ».

Allora il ragazzo si fece coraggio e domandò con voce di pianto: « Che cos'ha mio padre? »

« Fatti animo, figliuolo » rispose il medico, rimettendogli una mano sulla spalla. « Ha una risipola facciale. È grave, ma c'è ancora speranza. Assistilo. La tua presenza gli può far bene. »

« Ma non mi riconosce! » esclamò il ragazzo in tono desolato.

« Ti riconoscerà... domani, forse, speriamo bene, fatti coraggio. »

Il ragazzo avrebbe voluto domandar altro; ma non osò. Il medico passò oltre. E allora egli cominciò la sua vita d'infermiere. Non potendo far altro, accomodava le coperte al malato, gli toccava ogni tanto la mano, gli cacciava i moscerini, si chinava su di lui ad ogni gemito, e quando la suora portava da bere, le levava di mano il bicchiere o il cucchiaio, e lo porgeva in sua vece. Il malato lo guardava qualche volta; ma non dava segno di riconoscerlo. Senonché il suo sguardo si arrestava sempre più a lungo sopra di lui, specialmente quando si metteva agli occhi il fazzoletto. E così passò il primo giorno. La notte il ragazzo dormì sopra due seggiole, in un angolo del camerone, e la mattina riprese il suo ufficio pietoso. Quel giorno parve che gli occhi del malato rivelassero un principio di coscienza. Alla voce carezzevole del ragazzo pareva che un'espressione vaga di gratitudine gli brillasse un momento nelle pupille, e una volta mosse un poco le labbra, come se volesse dir qualche cosa. Dopo ogni breve assopimento, riaprendo gli occhi, sembrava che cercasse il suo piccolo infermiere. Il medico, ripassato due volte, notò un poco di miglioramento. Verso sera, avvicinandogli il bicchiere alle labbra, il ragazzo credette di veder guizzare sulle sue labbra gonfie un leggerissimo sorriso. E allora cominciò a riconfortarsi, a sperare. E con la speranza d'esser inteso, almeno confusamente, gli parlava a lungo, della mamma, delle sorelle piccole, del ritorno a casa, e lo esortava a farsi animo, con parole calde e amorose. E benché dubitasse sovente di non esser capito, pure parlava, perché gli pareva che, anche non comprendendo, il malato ascoltasse con un certo piacere la sua voce, quella intonazione insolita di affetto e di tristezza. E in quella maniera passò il secondo giorno e il terzo, e il quarto, in una vicenda di miglioramenti leggieri e di peggioramenti improvvisi; il ragazzo era così assorto nelle sue cure, che appena sbocconcellava due volte al giorno un po' di pane e un po' di formaggio, che gli portava la suora, e non vedeva quasi quel che seguiva intorno a lui, i malati moribondi, l'accorrere improvviso delle suore di notte, i pianti e gli atti di desolazione dei visitatori che uscivano senza speranza: tutte quelle scene dolorose e lugubri della vita d'un ospedale, che in qualunque altra occasione l'avrebbero sbalordito e atterrito. Le ore, i giorni passavano, ed egli era sempre là col suo *Tata*, attento, premuroso, palpitante ad ogni suo sospiro e ad ogni suo sguardo, agitato senza riposo tra una speranza che gli allargava l'anima e uno sconforto che gli agghiacciava il cuore.

Il quinto giorno, improvvisamente, il malato peggiorò.

Il medico, interrogato, scrollò il capo, come per dire che era finita, e il ragazzo s'abbandonò sulla seggiola, rompendo in singhiozzi. Eppure una cosa lo consolava. Malgrado che peggiorasse, a lui sembrava che il malato andasse riacquistando lentamente un poco d'intelligenza. Egli guardava il ragazzo sempre più fissamente e con un'espressione crescente di dolcezza, non voleva più prender bevanda o medicina che da lui, e sempre più spesso faceva quel movimento forzato delle labbra, come se volesse pronunciare una parola; e lo faceva così spiccato qualche volta, che il figliuolo gli afferrava il braccio con violenza, sollevato da una speranza improvvisa, e gli diceva con accento quasi di gioia: «Coraggio, coraggio, Tata, guarirai, ce ne andremo, torneremo a casa con la mamma, ancora un po' di coraggio!»

Erano le quattro della sera, e allora appunto il ragazzo s'era abbandonato a uno di quegli impeti di tenerezza e di speranza, quando di là dalla porta più vicina del camerone udì un rumore di passi, e poi una voce forte, due sole parole: «Arrivederci, suora!» che lo fecero balzare in piedi, con un grido strozzato nella gola.

Nello stesso momento entrò nel camerone un uomo, con un grosso involto alla mano, seguito da una suora.

Il ragazzo gettò un grido acuto e rimase inchiodato al suo posto.

L'uomo si voltò, lo guardò un momento, gettò un grido anch'egli: «Ciccillo!» e si slanciò verso di lui.

Il ragazzo cadde fra le braccia di suo padre, soffocato. Le suore, gl'infermieri, l'assistente accorsero, e rimasero là, pieni di stupore.

Il ragazzo non poteva raccogliere la voce.

«Oh, Ciccillo mio!» esclamò il padre, dopo aver fissato uno sguardo attento sul malato, baciando e ribaciando il ragazzo. «Ciccillo, figliuol mio, come va questo? T'hanno condotto al letto di un altro. E io che mi disperavo di non vederti, dopo che mamma scrisse: l'ho mandato. Povero Ciccillo! Da quanti giorni sei qui? Com'è andato questo imbroglio? Io me la son cavata con poco. Sto bene in gamba, sai! E Concettella! E *'u nennillo*, come vanno? Io me n'esco dall'ospedale. Andiamo dunque. O signore Iddio! Chi l'avrebbe mai detto!»

Il ragazzo stentò a spiccicar quattro parole per dar notizia della famiglia. «Oh, come sono contento!» balbettò. «Come son contento! Che brutti giorni ho passati!» E non rifiniva di baciar suo padre.

Ma non si moveva.

«Vieni dunque» gli disse il padre. «Arriveremo ancora a casa stasera. Andiamo.» E lo tirò a sé.

Il ragazzo si voltò a guardare il suo malato.

«Ma vieni... o non vieni?» gli domandò il padre, stupito.

Il ragazzo diede ancora uno sguardo al malato, il quale, in quel momento, aperse gli occhi e lo guardò fissamente.

Allora gli sgorgò dall'anima un torrente di parole. «No, Tata, aspetta... ecco... non posso. C'è quel vecchio. Da cinque giorni son qui. Mi guarda sempre. Credevo che fossi tu. Gli volevo bene. Mi guarda, io gli do da bere, mi vuol sempre accanto, ora sta molto male, abbi pazienza, non ho coraggio, non so, mi fa troppa pena, tornerò a casa domani, lasciami star qui un altro po', non va mica bene che lo lasci; vedi in che maniera mi guarda; io non so chi sia, ma mi vuole, morirebbe solo, lasciami star qui, caro Tata!»

«Bravo, *piccerello*!» gridò l'assistente.

Il padre rimase perplesso, guardando il ragazzo; poi guardò il malato. «Chi è?» domandò.

«Un contadino come voi» rispose l'assistente «venuto di fuori, entrato all'ospedale lo stesso giorno che c'entraste voi. Lo portaron qui ch'era fuor di senso, e non poté dir nulla. Forse ha una famiglia lontana, dei figliuoli. Crederà che sia uno dei suoi, il vostro.»

Il malato guardava sempre il ragazzo.

Il padre disse a Ciccillo: «Resta».

«Non ha più da restar che per poco» mormorò l'assistente.

«Resta» ripeté il padre. «Tu hai cuore. Io vado subito a casa a levar di pena la mamma. Ecco uno scudo pei tuoi bisogni. Addio, bravo figliuol mio. A rivederci.»

Lo abbracciò, lo guardò fisso, lo ribaciò in fronte, e partì.

Il ragazzo tornò accanto al letto, e l'infermo parve racconsolato. E Ciccillo ricominciò a far l'infermiere, non piangendo più, ma con la stessa premura, con la stessa pazienza di prima; ricominciò a dargli da bere, ad accomodargli le coperte, a carezzargli la mano, a parlargli dolcemente per fargli coraggio. Lo assistette tutto quel giorno, lo assistette tutta la notte, gli restò ancora accanto il giorno seguente. Ma il malato s'andava sempre aggravando; il suo viso diventava color violaceo, il suo respiro ingrossava, gli cresceva l'agitazione, gli sfuggivan dalla bocca delle grida inarticolate, l'enfiagione si faceva mostruosa. Alla visita della sera, il medico disse che non avrebbe passata la notte. E allora Ciccillo raddoppiò le sue cure e non lo perdette più d'occhio un minuto. E il malato lo guardava, lo guardava, e muoveva ancora le labbra, tratto tratto, con un grande sforzo, come se volesse dir qualche cosa, e un'espressione di dolcezza straordinaria passava a quando a quando nei suoi occhi, che sempre più si rimpicciolivano e s'andavano velando. E quella notte il ragazzo lo vegliò fin che vide biancheggiare alle finestre il primo barlume di giorno e comparire la suora. La suora s'avvicinò al letto, diede un'occhiata al malato e andò via a rapidi passi. Pochi momenti dopo ricomparve col medico assistente e con un infermiere, che portava una lanterna.

«È all'ultimo momento» disse il medico.

Il ragazzo afferrò la mano del malato. Questi aprì gli occhi, lo fissò e li richiuse.

In quel punto parve al ragazzo di sentirsi stringere la mano. «M'ha stretta la mano!» esclamò.

Il medico rimase un momento chino sul malato, poi s'alzò. La suora staccò un crocifisso dalla parete.

«È morto!» gridò il ragazzo.

«Va', figliuolo» disse il medico. «La tua santa opera è compiuta. Va' e abbi fortuna, ché la meriti. Dio ti proteggerà. Addio.»

La suora, che s'era allontanata un momento, tornò con un mazzettino di viole, tolte da un bicchiere sulla finestra, e lo porse al ragazzo, dicendo: «Non ho altro da darti. Tieni questo per memoria dell'ospedale».

«Grazie» rispose il ragazzo, pigliando il mazzetto con una mano e asciugandosi gli occhi con l'altra; «ma ho tanta strada da fare a piedi... lo sciuperei.» E sciolto il mazzolino sparpagliò le viole, dicendo: «Le lascio per ricordo al mio povero morto. Grazie, sorella. Grazie, signor dottore». Poi rivolgendosi al morto: «Addio...». E mentre cercava un nome da dargli, gli rivenne dal cuore alle labbra il dolce nome che gli aveva dato per cinque giorni: «Addio, povero Tata!»

Detto questo, si mise sotto il braccio il suo involtino di panni, e a lenti passi, rotto dalla stanchezza se n'andò. L'alba spuntava.

Precossi venne ieri sera a rammentarmi che andassi a vedere la sua officina, che è sotto nella strada, e questa mattina, uscendo con mio padre, mi ci feci condurre un momento.

Mentre noi ci avvicinavamo all'officina, ne usciva di corsa Garoffi, con un pacco in mano, facendo svolazzare il suo gran mantello, che copre le mercanzie. Ah! ora lo so dove va a raspare la limatura di ferro, che vende per dei giornali vecchi, quel trafficone di Garoffi! Affacciandoci alla porta vedemmo Precossi, seduto sur una torricella di mattoni, che studiava la lezione, col libro sulle ginocchia. S'alzò subito e ci fece entrare: era uno stanzone pien di polvere di carbone, colle pareti tutte irte di martelli, di tenaglie, di spranghe, di ferracci d'ogni forma; e in un angolo ardeva il fuoco d'un fornello, in cui soffiava un mantice, tirato da un ragazzo. Precossi padre era vicino all'incudine, e un garzone teneva una spranga di ferro nel fuoco. «Ah! eccolo qui» disse il fabbro appena ci vide, levandosi la berretta «il bravo ragazzo che regala i treni delle strade ferrate! È venuto a vedere un po' a lavorare, non è vero? Eccolo servito sul momento.» E dicendo questo sorrideva, non aveva più quella faccia torva, quegli occhi biechi delle altre volte. Il garzone gli porse una lunga spranga di ferro arroventata da un capo, e il fabbro l'appoggiò sull'incudine. Faceva una di quelle spranghe a voluta per le ringhiere a gabbia dei terrazzini. Alzò un grosso martello e cominciò a picchiare, spingendo la parte rovente ora di qua ora di là, tra una punta dell'incudine e il mezzo e rigirandola in vari modi; ed era una meraviglia a vedere come sotto ai colpi rapidi e precisi del martello il ferro s'incurvava, s'attorceva, pigliava via via la forma graziosa della foglia arricciata d'un fiore, come un cannello di pasta ch'egli avesse modellato con le mani. E intanto il suo figliuolo ci guardava, con una cert'aria altera, come per dire: «Vedete come lavora mio padre!» «Ha visto come si fa, il signorino?» mi domandò il fabbro, quand'ebbe finito, mettendomi davanti la spranga, che pareva il pastorale d'un vescovo. Poi la mise in disparte e ne ficcò un'altra, nel fuoco. «Ben fatto davvero» gli disse mio padre. E soggiunse: «Dunque... si lavora, eh? La buona voglia è tornata». «È tornata, sì» rispose l'operaio asciugandosi il sudore, e arrossendo un poco. «E sa chi me l'ha fatta tornare?» Mio padre finse di non capire. «Quel bravo ragazzo» disse il fabbro, accennando il figliuolo col dito «quel bravo figliuolo là, che studiava e faceva onore a suo padre mentre suo padre... faceva baldoria e lo trattava come una bestia. Quando ho visto quella medaglia... Ah! il piccinetto mio, alto come un soldo di cacio, vieni un po' qua che ti guardi bene nel muso!» Il ragazzo corse subito, il fabbro lo prese e lo mise diritto sull'incudine, tenendolo sotto le ascelle, e gli disse: «Pulite un poco il frontispizio a questo bestione di babbo». E allora Precossi coprì di baci il viso nero di suo padre fin che fu anche lui tutto nero. «Così va bene» disse il fabbro, e lo rimise in terra. «Così va bene davvero, Precossi!» esclamò mio padre, contento. E detto a rivederci al fabbro e al figliuolo, mi condusse fuori.

Mentre uscivo, Precossino mi disse: «Scusami» e mi cacciò in tasca un pacchetto di chiodi. Io l'invitai a venir a vedere il carnevale da casa mia. «Tu gli hai regalato il tuo treno di strada ferrata» mi disse mio padre per la strada; «ma se fosse stato d'oro e pieno di perle, sarebbe stato ancora un piccolo regalo per quel santo figliuolo che ha rifatto il cuore a suo padre.»

IL PICCOLO PAGLIACCIO   *20, lunedì*

Tutta la città è in ribollimento per il carnevale che è sul finire; in ogni piazza si rizzan baracche di saltimbanchi e giostre; e noi abbiamo sotto le finestre un circo di tela, dove dà spettacolo una piccola compagnia veneziana, con cinque cavalli. Il circo è nel mezzo della piazza; e in un angolo ci son tre carrozzoni grandi, dove i saltimbanchi dormono e si travestono; tre casette con le ruote, coi loro finestrini e un caminetto ciascuna, che fuma sempre; e tra finestrino e finestrino sono stese delle fasce da bambini. C'è una donna che allatta un putto, fa da mangiare e balla sulla corda. Povera gente! Si dice *saltimbanco* come un'ingiuria; eppure si guadagnano il pane onestamente, divertendo tutti; e come faticano! Tutto il giorno corrono tra il circo e i carrozzoni, in maglia, con questi freddi; mangian due bocconi a scappa e fuggi, in piedi, tra una rappresentazione e l'altra; e a volte, quando hanno già il circo affollato, si leva un vento che strappa le tele e spegne i lumi, e addio spettacolo! debbon rendere i denari e lavorar tutta la sera a rimetter su la baracca. Ci hanno due ragazzi che lavorano; e mio padre riconobbe il più piccolo mentre attraversava la piazza: è il figliuolo del padrone, lo stesso che vedemmo fare i giuochi a cavallo l'anno passato, in un circo di piazza Vittorio Emanuele. È cresciuto, avrà otto anni, è un bel ragazzo, un bel visetto rotondo e bruno di monello, con tanti riccioli neri che gli scappan fuori dal cappello a cono.È vestito da pagliaccio, ficcato dentro a una specie di saccone con le maniche, bianco ricamato di nero, e ha le scarpette di tela. È un diavolo. Piace a tutti. Fa di tutto. Lo vediamo ravvolto in uno scialle, la mattina presto, che porta il latte alla sua casetta di legno; poi va a prendere i cavalli alla rimessa di via Bertola; tiene in braccio il bimbo piccolo; trasporta cerchi, cavalletti, sbarre, corde; pulisce i carrozzoni, accende il fuoco, e nei momenti di riposo è sempre appiccicato a sua madre. Mio padre lo guarda sempre dalla finestra, e non fa che parlar di lui e dei suoi, che han l'aria di buona gente, e di voler bene ai figliuoli. Una sera ci siamo andati, al circo; faceva freddo, non c'era quasi nessuno; ma tanto il pagliaccino si dava un gran moto per tener allegra quella po' di gente: faceva dei salti mortali, s'attaccava alla coda dei cavalli, camminava con le gambe per aria, tutto solo, e cantava, sempre sorridente, col suo visetto bello e bruno; e suo padre che aveva un vestito rosso e i calzoni bianchi, con gli stivali alti e la frusta in mano, lo guardava; ma era triste. Mio padre n'ebbe compassione, e ne parlò il dì dopo col pittore Delis, che ci venne a trovare. Quella povera gente s'ammazza a lavorare e fa così cattivi affari! Quel ragazzino gli piaceva tanto! Che cosa si poteva fare per loro? Il pittore ebbe una idea. «Scrivi un bell'articolo sulla *Gazzetta*» gli disse «tu che sai scrivere: tu racconti i miracoli del piccolo pagliaccio e io faccio il suo ritratto; la *Gazzetta* la leggon tutti, e almeno per una volta accorrerà gente.» E così fecero. Mio padre scrisse un articolo, bello e pieno di scherzi, che diceva tutto quello che noi vediamo dalla finestra, e metteva voglia di conoscere e di carezzare il piccolo artista; e il pittore schizzò un ritrattino somigliante e grazioso, che fu pubblicato sabato sera. Ed ecco, alla rappresentazione di domenica una gran folla che accorre al circo. Era annunziato: *Rappresentazione a beneficio del pagliaccino*; del pagliaccino, com'era chiamato nella *Gazzetta*. Mio padre mi condusse nei primi posti. Accanto all'entrata avevano affisso la *Gazzetta*. Il circo era stipato; molti spettatori avevano la *Gazzetta* in mano, e la mostravano al pagliaccino, che rideva e correva or dall'uno or dall'altro, tutto felice. Anche il padrone era contento. Figurarsi! Nessun giornale gli aveva mai fatto tanto onore, e la cassetta dei soldi era piena. Mio padre sedette accanto a me. Tra gli spettatori trovammo delle persone di conoscenza. C'era vicino all'entrata dei cavalli, in piedi, il maestro di ginnastica, quello che è stato con Garibaldi; e in faccia a noi, nei secondi posti, il muratorino, col suo visetto tondo, seduto accanto a quel gigante di suo padre; e appena mi vide, mi fece il muso di lepre. Un po' più in là vidi Garoffi che contava gli spettatori, calcolando sulle dita quanto potesse aver incassato la Compagnia. C'era anche nelle seggiole dei primi posti, poco lontano da noi, il povero Robetti, quello che salvò il bimbo dall'omnibus, con le sue stampelle fra le ginocchia, stretto al fianco di suo padre, capitano d'artiglieria, che gli teneva una mano sulla spalla. La rappresentazione cominciò. Il pagliaccino fece meraviglie sul cavallo, sul trapezio e sulla corda, e ogni volta che saltava giù tutti gli battevano le mani e molti gli tiravano i riccioli. Poi fecero gli esercizi vari altri, funamboli, giocolieri e cavallerizzi, vestiti di cenci scintillanti d'argento. Ma quando non c'era il ragazzo pareva che la gente si seccasse. A un certo punto vidi il maestro di ginnastica, fermo sull'entrata dei cavalli, che parlò nell'orecchio al padrone del circo, e questi subito girò lo sguardo sugli spettatori, come se cercasse qualcuno. Il suo sguardo si fermò su di noi. Mio padre se n'accorse, capì che il maestro aveva detto ch'era lui l'autore dell'articolo, e per non essere ringraziato se ne scappò via, dicendomi: «Resta, Enrico: io t'aspetto fuori». Il pagliaccino, dopo aver scambiato qualche parola col suo babbo, fece ancora un esercizio: ritto sul cavallo che galoppava, si travestì quattro volte, da pellegrino, da marinaio, da soldato, da acrobata, e ogni volta che mi passava vicino mi guardava. Poi, quando scese, cominciò a fare il giro col cappello da pagliaccio tra le mani, e tutti vi gettavan dentro soldi e confetti. Io tenni pronti due soldi; ma quando fu in faccia a me, invece di porgere il cappello, lo tirò indietro, mi guardò e passò avanti. Rimasi mortificato. Perché mi aveva fatto quello sgarbo? La rappresentazione terminò, il padrone ringraziò il pubblico, e tutta la gente s'alzò, affollandosi verso l'uscita. Io ero confuso tra la folla, e stavo già per uscire, quando mi sentii toccare una mano. Mi voltai: era il pagliaccino, col suo bel visetto bruno e i suoi riccioli neri, che mi sorrideva: aveva le mani piene di confetti. Allora capii. «*Voresistu*» mi disse «*agradir sti confeti del pagiazzeto?*» Io accennai di sì, e ne presi tre o quattro. «*Alora*» soggiunse «*ciapa anca un baso.*» «Dammene due» risposi, e gli porsi il viso. Egli si pulì con la manica la faccia infarinata, mi pose un braccio intorno al collo, e mi stampò due baci sulle guance, dicendomi: «*Tò, e portighine uno a to pare*».

L'ULTIMO GIORNO DI CARNEVALE   *21, martedì*

Che triste scena vedemmo oggi al corso delle maschere! Finì bene; ma poteva seguire una grande disgrazia. In piazza San Carlo, tutta decorata di festoni gialli, rossi e bianchi, s'accalcava una grande moltitudine; giravan maschere d'ogni colore; passavano carri dorati e imbandierati, della forma di padiglioni, di teatrini e di barche, pieni d'arlecchini e di guerrieri, di cuochi, di marinai e di pastorelle; era una gran confusione da non saper dove guardare; un frastuono di trombette, di corni e di piatti turchi che lacerava le orecchie; e le maschere dei carri trincavano e cantavano, apostrofando la gente a piedi e la gente alle finestre, che rispondevano a squarciagola, e si tiravano a furia arance e confetti; e al di sopra delle carrozze e della calca, fin dove arrivava l'occhio, si vedevano sventolar bandierine, scintillar caschi, tremolar pennacchi, agitarsi testoni di cartapesta, gigantesche cuffie, tube enormi, armi stravaganti, tamburelli, cròtali, berrettini rossi e bottiglie: parevan tutti pazzi. Quando la nostra carrozza entrò nella piazza, andava dinanzi a noi un carro magnifico, tirato da quattro cavalli coperti di gualdrappe ricamate d'oro, e tutto inghirlandato di rose finte, sul quale c'erano quattordici o quindici signori, mascherati da gentiluomini della corte di Francia, tutti luccicanti di seta, col parruccone bianco, un cappello piumato sotto il braccio e lo spadino, e un arruffio di nastri e di trine sul petto: bellissimi. Cantavano tutti insieme una canzonetta francese, e gettavan dolci alla gente, e la gente batteva le mani e gridava. Quando a un tratto sulla nostra sinistra vedemmo un uomo sollevare sopra le teste della folla una bambina di cinque o sei anni, una poverella che piangeva disperatamente agitando le braccia, come presa dalle convulsioni. L'uomo si fece largo verso il carro dei signori, uno di questi si chinò, e quell'altro disse forte: «Prenda questa bimba, ha smarrito sua madre nella folla, la tenga in braccio; la madre non può essere lontana, e la vedrà; non c'è altra maniera». Il signore prese la bimba in braccio; tutti gli altri cessarono di cantare; la bimba urlava e si dibatteva; il signore si tolse la maschera; il carro continuò ad andare lentamente. In quel mentre, come ci fu detto poi, all'estremità opposta della piazza, una povera donna mezzo impazzita rompeva la calca a gomitate e a spintoni, urlando: «Maria! Maria! Maria! Ho perduto la mia figliuola! Me l'hanno rubata! Me l'hanno soffocata la mia bambina!» E da un quarto d'ora smaniava, si disperava a quel modo, andando un po' di qua e un po' di là, oppressa dalla folla che stentava ad aprirle il passo. Il signore del carro, intanto, si teneva la bambina stretta contro i nastri e le trine del petto, girando lo sguardo per la piazza, e cercando di quietare la povera creatura, che si copriva il viso con le mani, non sapendo dove fosse, e singhiozzava da schiantare il cuore. Il signore era commosso, si vedeva che quelle grida gli andavano all'anima; tutti gli altri offrivano alla bambina arance e confetti: ma quella respingeva tutto, sempre spaventata e convulsa. «Cercate la madre!» gridava il signore alla folla «cercate la madre!» E tutti si voltavano a destra e a sinistra; ma la madre non si trovava. Finalmente, a pochi passi dall'imboccatura di via Roma, si vide una donna slanciarsi verso il carro... Ah! mai più la dimenticherò! Non pareva più una creatura umana, aveva i capelli sciolti, la faccia sformata, le vesti lacere; si slanciò avanti mettendo un rantolo che non si capì se fosse di gioia, d'angoscia o di rabbia, e avventò le mani come due artigli per afferrare la figliuola. Il carro si fermò. «Eccola qui» disse il signore porgendo la bimba, dopo averla baciata, e la mise tra le braccia di sua madre, che se la strinse al seno come una furia... Ma una delle manine restò un minuto secondo tra le mani del signore, e questi strappatosi dalla destra un anello d'oro con un grosso diamante, e infilatolo con rapido movimento in un dito della piccina: «Prendi» le disse «sarà la tua dote di sposa.»

La madre restò lì come incantanta, la folla proruppe in applausi, il signore si rimise la maschera, e i suoi compagni ripresero il canto, e il carro ripartì lentamente in mezzo a una tempesta di battimani e d'evviva.

I RAGAZZI CIECHI   *23, giovedì*

Il maestro è molto malato e mandarono in vece sua quello della quarta, che è stato maestro nell'Istituto dei ciechi; il più vecchio di tutti, così bianco che par che abbia in capo una parrucca di cotone, e parla in un certo modo, come se cantasse una canzone malinconica; ma bene, e sa molto. Appena entrato nella scuola, vedendo un ragazzo con un occhio bendato s'avvicinò al banco e gli domandò cos'aveva. «Bada agli occhi, ragazzo» gli disse. E allora Derossi gli domandò: «È vero, signor maestro, che è stato maestro dei ciechi?» «Sì, per vari anni» rispose. E Derossi disse a mezza voce: «Ci dica qualche cosa».

Il maestro s'andò a sedere a tavolino.

Coretti disse forte: «L'Istituto dei ciechi è in via Nizza».

«Voi dite ciechi, ciechi» disse il maestro «così come direste malati e poveri o che so io. Ma capite bene il significato di questa parola? Pensateci un poco. Ciechi! Non veder nulla, mai! Non distinguere il giorno dalla notte, non veder né il cielo né il sole né i propri parenti, nulla di tutto quello che s'ha intorno e che si tocca; essere immersi in una oscurità perpetua, e come sepolti nelle viscere della terra! Provate un poco a chiudere gli occhi e a pensare di dover rimanere sempre così: subito vi prende un affanno, un terrore, vi pare che vi sarebbe impossibile resistere, che vi mettereste a gridare, che impazzireste o morireste. Eppure... poveri ragazzi, quando s'entra per la prima volta nell'Istituto dei ciechi, durante la ricreazione, a sentirli suonar violini e flauti da tutte le parti, a parlar forte e ridere, salendo e scendendo le scale a passi lesti, e girando liberamente per i corridoi e pei dormitori, non si direbbe mai che son quegli sventurati che sono. Bisogna osservarli bene. C'è dei giovani di sedici o diciott'anni, robusti e allegri, che portano la cecità con una certa disinvoltura, con una certa baldanza quasi: ma si capisce dall'espressione risentita e fiera dei visi, che debbono aver sofferto tremendamente prima di rassegnarsi a quella sventura. Ce n'è altri, dai visi pallidi e dolci, in cui si vede una grande rassegnazione; ma triste, e si capisce che qualche volta, in segreto, debbono piangere ancora. Ah! figliuoli miei. Pensate che alcuni di essi hanno perduto la vista in pochi giorni, che altri l'han perduta dopo anni di martirio, e molte operazioni chirurgiche terribili, e che molti sono così, nati in una notte che non ebbe mai alba per loro, entrati nel mondo come in una tomba immensa, e che non sanno come sia il volto umano! Immaginate quanto debbono aver sofferto e quanto debbono soffrire quando pensano così, confusamente, alla differenza tremenda che passa fra loro e quelli che ci vedono, e domandano a se medesimi: "Perché questa differenza se non abbiamo alcuna colpa?" Io che sono stato vari anni fra loro, quando mi ricordo quella classe, tutti quegli sguardi suggellati per sempre, tutte quelle pupille senza sguardo e senza vita, e poi guardo voi altri... mi pare impossibile che non siate tutti felici. Pensate: ci sono circa ventiseimila ciechi in Italia. Ventiseimila persone che non vedono luce, capite; un esercito che c'impiegherebbe quattro ore a sfilare sotto le nostre finestre!»

Il maestro tacque; non si sentiva un alito nella scuola. Derossi domandò se era vero che i ciechi hanno il tatto più fino di noi.

Il maestro disse: «È vero. Tutti gli altri sensi si raffinano in loro, appunto perché, dovendo supplire tra tutti a quello della vista, sono più e meglio esercitati di quello che non siano da chi ci vede. La mattina, nei dormitori, l'uno domanda all'altro: "C'è il sole?" e chi è più lesto scappa subito nel cortile ad agitar le mani per aria, per sentire se c'è il tepore del sole, e corre a dar la buona notizia: "C'è il sole!" Dalla voce d'una persona si fanno un'idea della statura; noi giudichiamo l'animo d'un uomo dall'occhio, essi dalla voce: ricordano le intonazioni e gli accenti per anni. S'accorgono se in una stanza c'è più di una persona, anche se una sola parla, e le altre restano immobili. Al tatto s'accorgono se il cucchiaio è poco o molto pulito. Le bimbe distinguono la lana tinta da quella di color naturale. Passando a due a due per le strade, riconoscono quasi tutte le botteghe all'odore, anche quelle in cui noi non sentiamo odori. Tirano la trottola, e a sentire il ronzio che fa girando, vanno diritti a pigliarla senza sbagliare. Fanno correre il cerchio, giocano ai birilli, saltano con la funicella, fabbricano casette coi sassi, colgono le viole come se le vedessero, fanno stuoie e canestrini, intrecciando paglia di vari colori, speditamente e bene; tanto hanno il tatto esercitato! Il tatto è la loro vista; è uno dei più grandi piaceri per loro quello di toccare, di stringere, d'indovinare la forma delle cose tastandole. È commovente vederli, quando li conducono al museo industriale, dove li lascian toccare quello che vogliono, veder con che festa si gettano sui corpi geometrici, sui modellini di case, sugli strumenti, con che gioia, palpano, stropicciano, rivoltano fra le mani tutte le cose, per vedere come sono fatte. Essi dicono *vedere!*»

Garoffi interruppe il maestro per domandargli se era vero che i ragazzi imparano a far di conto meglio degli altri.

Il maestro rispose: «È vero. Imparano a far di conto e a leggere. Hanno libri fatti apposta, coi caratteri rilevati; ci passan le dita sopra, riconoscon le lettere, e dicon le parole; leggono corrente. E bisogna vedere, poveretti, come arrossiscono quando commettono uno sbaglio. E scrivono pure, senza inchiostro. Scrivono su una carta spessa e dura con un punteruolo di metallo che fa tanti punticini incavati e aggruppati secondo un alfabeto speciale; i quali punticini riescono in rilievo sul rovescio della carta per modo che voltando il foglio e strisciando le dita su quei rilievi, essi possono leggere quello che hanno scritto, ed anche la scrittura d'altri; e così fanno delle composizioni, e si scrivono delle lettere fra di loro. Nella stessa maniera scrivono i numeri e fanno i calcoli. E calcolano a mente, con una facilità incredibile, non essendo divagati dalla vista delle cose, come siamo noi. E se vedeste come sono appassionati per sentir leggere, come stanno attenti, come ricordano tutto, come discutono fra loro, anche i piccoli, di cose di storia e di lingua, seduti quattro o cinque sulla stessa panca, senza voltarsi l'un verso l'altro, e conversando il primo col terzo, il secondo col quarto, ad alta voce e tutti insieme, senza perdere una parola, da tanto che han l'orecchio acuto e pronto! E danno più importanza di voi altri agli esami, ve lo assicuro, e s'affezionano di più ai loro maestri. Riconoscono il maestro al passo e all'odore; s'accorgono se è di buono o cattivo umore, se sta bene o male, nient'altro che dal suono d'una sua parola; vogliono che il maestro li tocchi, quando li incoraggia e li loda, e gli palpan le mani e le braccia per esprimergli la loro gratitudine. E si voglion bene anche fra loro, sono buoni compagni. Nel tempo della ricreazione son quasi sempre insieme quei soliti. Nella sezione delle ragazze, per esempio, formano tanti gruppi, secondo lo strumento che suonano, le violiniste, le pianiste, le suonatrici di flauto, e non si scompagnano mai. Quando hanno posto affetto a uno, è difficile che se ne stacchino. Trovano un gran conforto nell'amicizia. Si giudicano rettamente, fra loro. Hanno un concetto chiaro e profondo del bene e del male. Nessuno s'esalta come loro al racconto di un'azione generosa o d'un fatto grande.»

Votini domandò se suonano bene.

«Amano la musica ardentemente» rispose il maestro. «È la loro gioia, è la loro vita la musica. Dei ciechi bambini, appena entrati nell'Istituto, son capaci di star tre ore immobili in piedi a sentir sonare. Imparano facilmente, suonano con passione. Quando il maestro dice a uno che non ha disposizione per la musica, quegli ne prova un grande dolore, ma si mette a studiare disperatamente. Ah! se udiste la musica là dentro, se li vedeste quando suonano con la fronte alta, col sorriso sulle labbra, accesi nel viso, tremanti dalla commozione, estatici quasi ad ascoltar quell'armonia che rispandono nell'oscurità infinita che li circonda, come sentireste che è una consolazione divina la musica! E giubilano, brillano di felicità quando un maestro dice loro: "Tu diventerai un artista". Per essi il primo nella musica, quello che riesce meglio di tutti al pianoforte o al violino, è come un re; lo amano, lo venerano. Se nasce un litigio fra due di loro, vanno da lui; se due amici si guastano, è lui che li riconcilia. I più piccini, a cui egli insegna a sonare, lo tengono come un padre. Prima d'andare a dormire, vanno tutti a dargli la buonanotte. E parlano continuamente di musica. Sono già a letto, la sera tardi, quasi tutti stanchi dallo studio e dal lavoro, e mezzo insonniti; e ancora discorrono a bassa voce di opere, di maestri, di strumenti, d'orchestre. Ed è un castigo così grande per essi l'esser privati della lettura o della lezione di musica, ne soffrono tanto dolore, che non s'ha quasi mai il coraggio di castigarli in quel modo. Quello che la luce è per i nostri occhi, la musica è per il loro cuore.»

Derossi domandò se non si poteva andarli a vedere.

«Si può» rispose il maestro; «ma voi, ragazzi, non ci dovete andare per ora. Ci andrete più tardi, quando sarete in grado di capire tutta la grandezza di quella sventura, e di sentire tutta la pietà che essa merita. È uno spettacolo triste, figliuoli. Voi vedete là qualche volta dei ragazzi seduti di contro a una finestra spalancata a godere l'aria fresca, col viso immobile, che par che guardino la grande pianura verde e le belle montagne azzurre che vedete voi...; e a pensare che non vedon nulla, che non vedranno mai nulla di tutta quella immensa bellezza, vi si stringe l'anima come se fossero diventati ciechi in quel punto. E ancora i ciechi nati, che non avendo mai visto il mondo, non rimpiangono nulla perché non hanno l'immagine d'alcuna cosa, fanno meno compassione. Ma c'è dei ragazzi ciechi da pochi mesi, che si ricordano ancora di tutto, che comprendono bene tutto quello che han perduto, e questi hanno di più il dolore di sentirsi oscurare nella mente, un poco ogni giorno, le immagini più care, di sentirsi come morire nella memoria le persone più amate. Uno di questi ragazzi mi diceva un giorno con tristezza inesprimibile: "Vorrei ancora aver la vista d'una volta, appena un momento, per rivedere il viso della mamma, che non lo ricordo più!" E quando la mamma va a trovarli, le mettono le mani sul viso, la toccano bene dalla fronte al mento alle orecchie, per sentir com'è fatta, e quasi non si persuadono di non poterla vedere, e la chiamano per nome molte volte come per pregarla che si lasci, che si faccia vedere una volta. Quanti escono di là piangendo, anche uomini di cuor duro! E quando s'esce, ci pare una eccezione la nostra, un privilegio quasi non meritato di veder la gente, le case, il cielo. Oh, non c'è nessuno di voi, ne son certo, che uscendo di là non sarebbe disposto a privarsi d'un po' della propria vista per darne un barlume almeno a tutti quei poveri fanciulli, per i quali il sole non ha luce e la madre non ha viso!»

IL MAESTRO MALATO   *25, sabato*

Ieri sera, uscendo dalla scuola, andai a visitare il mio maestro malato. Dal troppo lavorare s'è ammalato. Cinque ore di lezione al giorno, poi un'ora di ginnastica, poi altre due ore di scuola serale, che vuol dire dormir poco, mangiare di scappata e sfiatarsi dalla mattina alla sera; s'è rovinata la salute. Così dice mia madre. Mia madre m'aspettò sotto il portone, io salii solo, e incontrai per le scale il maestro dalla barbaccia nera – Coatti – quello che spaventa tutti e non punisce mai nessuno; egli mi guardò con gli occhi larghi e fece la voce del leone, per celia, ma senza ridere. Io ridevo ancora tirando il campanello, al quarto piano; ma rimasi male subito quando la serva mi fece entrare in una povera camera, mezz'oscura, dove era coricato il mio maestro. Era un piccolo letto di ferro; il maestro aveva la barba lunga. Si mise una mano alla fronte, per vederci meglio, ed esclamò con la sua voce affettuosa: «Oh, Enrico!» Io m'avvicinai al letto, egli mi pose una mano sulla spalla, e disse: «Bravo, figliuolo. Hai fatto bene a venir a trovare il tuo povero maestro. Son ridotto a mal partito, come vedi, caro il mio Enrico. E come va la scuola? Come vanno i compagni? Tutto bene, eh? anche senza di me. Ne fate di meno benissimo, è vero, del vostro vecchio maestro?» Io volevo dir di no; egli m'interruppe: «Via, via, lo so che non mi volete male». E mise un sospiro. Io guardavo certe fotografie attaccate alla parete. «Vedi?» egli mi disse. «Son tutti ragazzi che m'han dato i loro ritratti, da più di vent'anni in qua. Dei buoni ragazzi. Sono le mie memorie. Quando morirò, l'ultima occhiata la darò lì, a tutti quei monelli fra cui ho passato la vita. Mi darai il ritratto tu pure, non è vero, quando avrai finito le elementari?» Poi prese un'arancia sul tavolino da notte e me la mise in mano. «Non ho altro da darti» disse «è un regalo da malato.» Io lo guardavo, e avevo il cuor triste, non so perché. «Bada eh...» riprese a dire «io spero di cavarmela; ma se non guarissi più... vedi di fortificarti nell'aritmetica, che è il tuo debole; fa' uno sforzo! non si tratta che d'un primo sforzo perché alle volte non è mancanza d'attitudine, è un preconcetto, o come chi dicesse una fissazione.» Ma intanto respirava forte, si vedeva che soffriva. «Ho una febbraccia» sospirò «son mezz'andato. Mi raccomando, dunque. Battere sull'aritmetica, sui problemi. Non si riesce alla prima? Si riposa un po' e poi si ritenta. Non si riesce ancora? Un altro po' di riposo e poi daccapo. E avanti, ma tranquillamente, senza affannarsi, senza montarsi la testa. Va'. Saluta la mamma. E non rifar più le scale, ci rivedremo alla scuola. E se non ci rivedremo, ricordati qualche volta del tuo maestro di terza, che t'ha voluto bene.» A quelle parole mi venne da piangere. «China la testa» egli mi disse. Io chinai la testa sul capezzale; egli mi baciò sui capelli. Poi mi disse: «Va'» e voltò il viso verso il muro. E io volai giù per le scale perché avevo bisogno d'abbracciar mia madre.

LA STRADA   *25, sabato*

Io t'ho osservato dalla finestra, questa sera, quando tornavi da casa del maestro: tu hai urtato una donna. Bada meglio a come cammini per la strada. Anche lì ci sono dei doveri. Se misuri i tuoi passi e i tuoi gesti in una casa privata, perché non dovresti far lo stesso nella strada, che è la casa di tutti? Ricordati, Enrico. Tutte le volte che incontri un vecchio cadente, un povero, una donna con un bimbo in braccio, uno storpio con le stampelle, un uomo curvo sotto un carico, una famiglia vestita a lutto, cedile il passo con rispetto: noi dobbiamo rispettare la vecchiaia, la miseria, l'amor materno, l'infermità, la fatica, la morte.

Ogni volta che vedi una persona a cui arriva addosso una carrozza, tirala via, se è un fanciullo, avvertila, se è un uomo; domanda sempre che cos'ha al bambino solo che piange, raccogli il bastone al vecchio che l'ha lasciato cadere. Se due

La rappresentazione cominciò. Il pagliaccino fece meraviglie sul cavallo, sul trapezio e sulla corda, e ogni volta che saltava giù tutti gli battevano le mani e molti gli tiravano i riccioli.

p. 82

fanciulli rissano, dividili; se son due uomini, allontanati, non assistere allo spet-
tacolo della violenza brutale, che offende e indurisce il cuore. E quando passa un
uomo legato fra due guardie, non aggiungere la tua alla curiosità crudele della
folla: egli può essere un innocente. Cessa di parlar col tuo compagno e di sorride-
re quando incontri una lettiga d'ospedale, che porta forse un moribondo, o un
convoglio mortuario, ché ne potrebbe uscir uno domani di casa tua. Guarda con
riverenza tutti quei ragazzi degli istituti che passano a due a due: i ciechi, i muti, i
rachitici, gli orfani, i fanciulli abbandonati; pensa che è la sventura e la carità
umana che passa. Fingi sempre di non vedere chi ha una deformità ripugnante o
ridicola. Spegni sempre ogni fiammifero acceso che tu trovi sui tuoi passi, che
potrebbe costar la vita a qualcuno. Rispondi sempre con gentilezza al passeggero
che ti domanda la via. L'educazione d'un popolo si giudica innanzi tutto dal
contegno ch'egli tien per la strada. Dove troverai la villania per le strade, troverai
la villania nelle case. E studiale, le strade; studia la città dove vivi; se domani tu
ne fossi sbalestrato lontano, saresti lieto di averla presente bene alla memoria, di
poterla ripercorrere tutta col pensiero – la tua città, la tua piccola patria, quella
che è stata per tanti anni il tuo mondo – dove hai fatto i primi passi al fianco di
tua madre, provato le prime commozioni, aperto la mente alle prime idee, trovato
i primi amici. Essa è stata una madre per te: t'ha istruito, dilettato, protetto.
Studiala nelle sue strade e nella sua gente, ed amala, e quando la senti ingiuriare,
difendila.

Tuo padre

LE SCUOLE SERALI   *2, giovedì*

Mio padre mi condusse ieri a vedere le scuole serali nella nostra sezione Baretti, che eran già tutte illuminate, e gli operai cominciavano ad entrare. Arrivando, trovammo il Direttore e i maestri in gran collera perché poco prima era stato rotto da una sassata il vetro d'una finestra: il bidello, saltato fuori, aveva acciuffato un ragazzo che passava; ma allora s'era presentato Stardi, che sta di casa in faccia alla scuola, e aveva detto: «Non è costui: ho visto coi miei occhi; è Franti che ha tirato; e m'ha detto: "Guai se tu parli!" Ma io non ho paura». E il Direttore disse che Franti sarà scacciato per sempre. Intanto badava agli operai che entravano a due a tre insieme, e n'eran già entrati più di duecento. Non avevo mai visto come è bella una scuola serale! C'eran dei ragazzi da dodici anni in su, e degli uomini con la barba, che tornavano dal lavoro, portando libri e quaderni; c'eran dei falegnami, dei fochisti con la faccia nera, dei muratori con le mani bianche di calcina, dei garzoni fornai coi capelli infarinati, e si sentiva odor di vernici, di cuoiami, di pece, d'olio, odori di tutti i mestieri. Entrò anche una squadra d'operai d'artiglieria, vestiti da soldati, condotti da un caporale. S'infilarono tutti lesti nei banchi, levavan l'assicella di sotto, dove noi mettiamo i piedi, e subito chinavan la testa sul lavoro. Alcuni andavan dai maestri a chiedere spiegazioni coi quaderni aperti. Vidi quel maestro giovane e ben vestito "l'avvocatino" che aveva tre o quattro operai intorno al tavolino, e faceva delle correzioni con la penna; e anche quello zoppo, il quale rideva con un tintore che gli aveva portato un quaderno tutto conciato di tintura rossa e turchina. C'era pure il mio maestro, guarito, che domani tornerà a scuola. Le porte delle classi erano aperte. Rimasi meravigliato, quando cominciarono le lezioni, a vedere come tutti stavano attenti, con gli occhi fissi. Eppure la più parte, diceva il Direttore, per non arrivar troppo tardi, non erano nemmeno passati a casa a mangiare un boccone di cena, e avevano fame. I piccoli, però, dopo mezz'ora di scuola cascavan dal sonno; qualcuno anche s'addormentava col capo sul banco; e il maestro lo svegliava, stuzzicandogli un orecchio con la penna. Ma i grandi no, stavano svegli con la bocca aperta, a sentir la lezione, senza batter palpebra; e mi faceva specie veder nei nostri banchi tutti quei barboni. Salimmo anche al piano di sopra, e io corsi alla porta della mia classe, e vidi al mio posto un uomo con due grandi baffi e una mano fasciata, che forse s'era fatto male attorno a una macchina; eppure s'ingegnava di scrivere, adagio adagio. Ma quel che mi piacque di più fu di vedere al posto del muratorino, proprio nello stesso banco e nello stesso cantuccio, suo padre, quel muratore grande come un gigante, che se ne stava là stretto aggomitolato, col mento sui pugni e gli occhi sul libro, attento che non rifiatava. E non fu mica un caso, è lui proprio che la prima sera che venne alla scuola disse al Direttore: «Signor Direttore, mi faccia il piacere di mettermi al posto del mio muso di lepre» perché sempre chiama il suo figliuolo a quel modo... Mio padre mi trattenne là fino alla fine, e vedemmo nella strada molte donne coi bambini al collo che aspettavano i mariti, e all'uscita facevano il cambio: gli operai pigliavano in braccio i bambini, le donne si facevano dare i libri e i quaderni, e andavano a casa così. La strada fu per qualche momento piena di gente e di rumore. Poi tutto tacque e non vedemmo più che la figura lunga e stanca del Direttore che s'allontanava.

LA LOTTA   *5, domenica*

Era da aspettarsela: Franti, cacciato dal Direttore, volle vendicarsi, e aspettò Stardi a una cantonata, dopo l'uscita della scuola, quand'egli passa con sua sorella, che va a prendere ogni giorno a un Istituto di via Dora Grossa. Mia sorella Silvia, uscendo dalla sua Sezione, vide tutto e tornò a casa piena di spavento. Ecco quello che accadde. Franti, col suo berretto di tela cerata schiacciato sur un orecchio, corse in punta di piedi dietro di Stardi e, per provocarlo, diede una strappata alla treccia di sua sorella, una strappata così forte che quasi la gittò in terra riversa. La ragazzina mise un grido, suo fratello si voltò. Franti, che è molto più alto e più forte di Stardi, pensava: "O non fiaterà, o gli darò le croste". Ma Stardi non stette a pensare, e così piccolo e tozzo com'è si lanciò d'un salto su quel grandiglione, e cominciò a mescergli fior di pugni. Non ce ne poteva però, e ne toccava più di quel che ne desse. Nella strada non c'eran che ragazze, nessuno poteva separarli. Franti lo buttò a terra; ma quegli su subito, e addosso daccapo, e Franti picchia come sur un uscio: in un momento gli strappò mezz'orecchia, gli ammaccò un occhio, gli fece uscir sangue dal naso. Ma Stardi duro; ruggiva: «M'ammazzerai, ma te la farò pagare». E Franti giù, calci e ceffoni, e Stardi sotto, a capate e pedate. Una donna gridò dalla finestra: «Bravo il piccolo!» Altre dicevano: «È un ragazzo che difende sua sorella. Coraggio! Dagliele sode». E gridavano a Franti: «Prepotente, vigliaccone». Ma Franti pure s'era inferocito, fece gambetta, Stardi cadde, ed egli addosso: «Arrenditi!» «No!» «Arrenditi!» «No.» E d'un guizzo Stardi si rimise in piedi, avvinghiò Franti alla vita, e con uno sforzo furioso lo stamazzò sul selciato e gli cascò con un ginocchio sul petto. «Ah! l'infame che ha il coltello!» gridò un uomo accorrendo per disarmare Franti. Ma già Stardi, fuori di sé, gli aveva afferrato il braccio con due mani e dato al pugno un tal morso, che il coltello gli era cascato, e la mano sanguinava. Altri

intanto erano accorsi, li divisero, li rialzarono; Franti se la dette a gambe mal-
concio; e Stardi rimase là, graffiato in viso, con l'occhio pesto – ma vincitore –
accanto alla sorella che piangeva, mentre alcune ragazze raccoglievano i libri e
i quaderni sparpargliati per strada. «Bravo il piccolo» dicevano intorno «che
ha difeso sua sorella!» Ma Stardi, che si dava più pensiero del suo zaino che
della sua vittoria, si mise subito a esaminare uno per uno i libri e i quaderni, se
non c'era nulla di mancante e di guasto, li ripulì con la manica, guardò il
pennino, rimise a posto ogni cosa, e poi tranquillo e serio come sempre, disse a
sua sorella: «Andiamo presto, che ci ho un problema di quattro operazioni».

I PARENTI DEI RAGAZZI   *6, lunedì*

Questa mattina c'era il grosso Stardi padre ad aspettare il figliuolo, per paura
che incontrasse Franti un'altra volta; ma Franti dicono che non verrà più perché lo metteranno all'ergastolo. C'eran molti parenti questa mattina. C'era tra
gli altri il rivenditore di legna, il padre di Coretti, tutto il ritratto del suo
figliuolo, svelto, allegro, coi suoi baffetti aguzzi e un nastrino di due colori
all'occhiello della giacchetta. Io li conosco già quasi tutti i parenti dei ragazzi, a
vederli sempre lì. C'è una nonna curva, con la cuffia bianca, che, piova o
nevichi o tempesti, viene quattro volte al giorno ad accompagnare e a prendere
un suo nipotino di prima superiore, e gli leva il cappotto, glielo infila, gli
accomoda la cravatta, lo spolvera, lo riliscia, gli guarda i quaderni: si capisce
che non ha altro pensiero, che non vede nulla di più bello al mondo. Anche
viene spesso il capitano d'artiglieria, padre di Robetti, quello delle stampelle,
che salvò un bimbo dall'omnibus; e siccome tutti i compagni del suo figliuolo,
passandogli davanti, gli fanno una carezza, egli a tutti rende la carezza o il
saluto, non c'è caso che ne scordi uno, su tutti si china, e quanto più son poveri
e vestiti male, e più pare contento e li ringrazia. Alle volte, pure, si vedono
delle cose tristi: un signore che non veniva più da un mese perché gli era morto
il figliuolo, e mandava a prender l'altro dalla fantesca, tornando ieri per la
prima volta, e rivedendo la classe, i compagni del suo piccino morto, andò in
un canto e ruppe in singhiozzi con tutt'e due le mani sul viso, e il Direttore lo
pigliò per un braccio e lo condusse nel suo ufficio. Ci son dei padri e delle
madri che conoscono per nome tutti i compagni dei loro figliuoli. Ci son delle
ragazze della scuola vicina, degli scolari del ginnasio che vengono ad aspettare
i fratelli. C'è un signore vecchio, che era colonnello, e che quando un ragazzo
lascia cascare un quaderno o una penna in mezzo alla strada, gliela raccoglie. Si
vedono anche delle signore ben vestite che discorrono delle cose della scuola
con le altre, che hanno il fazzoletto al capo e la cesta al braccio, e dicono: «Ah,
è stato terribile questa volta il problema! C'era una lezione di grammatica che
non finiva più questa mattina!» E quando c'è un malato in una classe, tutte lo
sanno; quando un malato sta meglio, tutte si rallegrano. E appunto questa
mattina c'erano otto o dieci, signore e operaie, che stavano attorno alla madre
di Crossi, l'erbivendola, a domandarle notizie d'un povero bimbo della classe

di mio fratello, che sta di casa nel suo cortile, ed è in pericolo di vita. Pare che li faccia tutti eguali e tutti amici la scuola.

IL NUMERO 78   *8, mercoledì*

Vidi una scena commovente ieri sera. Eran vari giorni che l'erbivendola, ogni volta che passava accanto a Derossi, lo guardava con una espressione di grande affetto; perché Derossi, dopo che ha fatto quella scoperta del calamaio e del prigioniero numero 78, ha preso a benvolere il suo figliuolo Crossi, quello dai capelli rossi e dal braccio morto, e l'aiuta a fare il lavoro di scuola, gli suggerisce le risposte, gli dà carta, pennini, lapis: insomma, gli fa come un fratello, quasi per compensarlo di quella disgrazia di suo padre, che gli è toccata e ch'egli non sa. Eran vari giorni che l'erbivendola guardava Derossi, e pareva gli volesse lasciar gli occhi addosso, perché è una buona donna che vive tutta per il suo ragazzo; e Derossi che glie l'aiuta e gli fa far bella figura, Derossi che è un signore e il primo della scuola, le pare un re, un santo a lei. Lo guardava sempre e pareva che volesse dirgli qualcosa, e si vergognasse. Ma ieri mattina, finalmente, si fece coraggio e lo fermò davanti a un portone e gli disse: «Scusi tanto lei, signorino, che è così buono, che vuol tanto bene al mio figliuolo, mi faccia la grazia d'accettare questo piccolo ricordo d'una povera mamma» e tirò fuori dalla cesta degli erbaggi una scatoletta di cartoncino bianco e dorato. Derossi arrossì tutto, e rifiutò dicendo risolutamente: «La dia al suo figliuolo; io non accetto nulla». La donna rimase mortificata e domandò scusa, balbettando: «Non pensavo mica d'offenderlo... non sono che caramelle». Ma Derossi ridisse di no, scrollando il capo. E allora, timidamente, essa levò dalla cesta un mazzo di ravanelli, e disse: «Accetti almeno questi, che son freschi, da portarli alla sua mamma». Derossi sorrise, e rispose: «No, grazie, non voglio nulla; farò sempre quello che posso per Crossi, ma non posso accettar nulla; grazie lo stesso». «Ma non è mica offeso?» domandò la donna, ansiosamente. Derossi le disse no, no, sorridendo, e se n'andò mentre essa esclamava tutta contenta: «O che buon ragazzo! Non ho mai visto un bravo e bel ragazzo così!» E pareva finita. Ma eccoti la sera alle quattro, che invece della mamma di Crossi, s'avvicinava il padre, con quel viso smorto e malinconico. Fermò Derossi, e dal modo che lo guardò capii subito ch'egli sospettava che Derossi conoscesse il suo segreto; lo guardò fisso e gli disse con voce triste ed affettuosa: «Lei vuole bene al mio figliuolo... Perché gli vuole così bene?» Derossi si fece color di fuoco nel viso. Egli avrebbe voluto rispondere: "Gli voglio bene perché è stato disgraziato; perché anche voi, suo padre, siete stato più disgraziato che colpevole, e avete espiato nobilmente il vostro delitto, e siete un uomo di cuore". Ma gli mancò l'animo di dirlo perché, in fondo, egli provava ancora timore, e quasi ribrezzo davanti a quell'uomo che aveva sparso il sangue d'un altro, ed era stato sei anni in prigione. Ma quegli indovinò tutto, e abbassando la voce, disse nell'orecchio a Derossi, quasi tremando: «Vuoi bene al figliuolo; ma non vuoi mica male... non disprezzi mica il padre, non è vero?»

«Ah no! no! Tutto al contrario!» esclamò Derossi con uno slancio dell'animo. E allora l'uomo fece un atto impetuoso come per mettergli un braccio intorno al collo; ma non osò e invece gli prese con due dita uno dei riccioli biondi, lo allungò e lo lasciò andare; poi si mise la mano sulla bocca e si baciò la palma guardando Derossi con gli occhi umidi, come per dirgli che quel bacio era per lui. Poi riprese il figliuolo per mano e se n'andò a passi lesti.

UN PICCOLO MORTO   *13, lunedì*

Il bimbo che sta nel cortile dell'erbivendola, quello della prima superiore, compagno di mio fratello, è morto. La maestra Delcati venne sabato sera, tutta afflitta, a dar la notizia al maestro, e subito Garrone e Coretti si offersero di aiutare a portar la cassa. Era un bravo ragazzino, aveva guadagnato la medaglia la settimana scorsa; voleva bene a mio fratello, e gli aveva regalato un salvadanaio rotto; mia madre lo carezzava sempre, quando lo incontrava. Portava un berretto con due strisce di panno rosso. Suo padre è facchino alla strada ferrata. Ieri sera, domenica, alle quattro e mezzo siamo andati a casa sua per far l'accompagnamento alla chiesa. Stanno al pian terreno. Nel cortile c'eran già molti ragazzi della prima superiore, con le loro madri, e con le candele; cinque o sei maestre, alcuni vicini. La maestra della penna rossa e la Delcati erano entrate dentro, e le vedevamo da una finestra aperta, che piangevano; si sentiva la mamma del bimbo che singhiozzava forte. Due signore, madri di due compagne di scuola del morto, avevano portato due ghirlande di fiori. Alle cinque in punto ci mettemmo in cammino. Andava innanzi un ragazzo che portava la croce, poi un prete, poi la cassa, una cassa piccola, povero bimbo, coperta d'un panno nero, e c'erano strette intorno le ghirlande di fiori delle due signore. Al panno nero, da una parte, ci avevano attaccato la medaglia, e tre menzioni onorevoli, che il ragazzino s'era guadagnato lungo l'anno. Portavan la cassa Garrone, Coretti e due ragazzi del cortile. Dietro la cassa veniva prima la Delcati, che piangeva come se il morticino fosse suo; dietro di lei le altre maestre; dietro alle maestre, i ragazzi, alcuni fra i quali molto piccoli, che avevano dei mazzetti di viole in una mano, e guardavano il feretro, stupiti, dando l'altra mano alle mamme che portavan le candele per loro. Sentii uno che diceva: «E adesso non verrà più alla scuola?» Quando la cassa uscì dal cortile, si sentì un grido disperato dalla finestra: era la mamma del bimbo; ma subito la fecero rientrare nelle stanze. Arrivati nella strada, incontrammo i ragazzi d'un collegio, che passavano in doppia fila e, visto il feretro con la medaglia e le maestre, si levarono tutti il berretto. Povero piccino, egli se n'andò a dormire per sempre con la sua medaglia. Non lo vedremo mai più il suo berrettino rosso. Stava bene; in quattro giorni morì. L'ultimo giorno si sforzò ancora di levarsi per fare il suo lavorino di nomenclatura, e volle tener la sua medaglia sul letto, per paura che gliela pigliassero. Nessuno te la piglierà più, povero ragazzo! Addio, addio. Ci ricorderemo sempre di te alla sezione Baretti. Dormi in pace, bambino.

LA VIGILIA DEL 14 MARZO

Oggi è stata una giornata più allegra di ieri. Tredici marzo! Vigilia della distribuzione dei premi al teatro Vittorio Emanuele, la festa grande e bella di tutti gli anni. Ma questa volta non sono più presi a caso i ragazzi che debbono andar sul palcoscenico a presentar gli attestati dei premi ai signori che li distribuiscono. Il Direttore venne questa mattina al *finis*, e disse: «Ragazzi, una bella notizia». Poi chiamò: «Coraci!» il calabrese. Il calabrese s'alzò. «Vuoi essere uno di quelli che portano gli attestati dei premi alle Autorità, domani al teatro?» Il calabrese rispose di sì. «Sta bene» disse il Direttore; «così ci sarà anche un rappresentante della Calabria. E sarà una bella cosa. Il municipio, quest'anno, ha voluto che i dieci o dodici ragazzi che porgono i premi siano ragazzi di tutte le parti d'Italia, presi nelle varie sezioni delle scuole pubbliche. Abbiamo venti sezioni con cinque succursali: settemila alunni: in un numero così grande non si stentò a trovare un ragazzo per ciascuna regione italiana. Si trovarono nella sezione Torquato Tasso due rappresentanti delle isole: un sardo e un siciliano; la scuola Boncompagni diede un piccolo fiorentino, figliuolo d'uno scultore in legno; c'è un romano nativo di Roma, nella sezione Tommaseo; veneti, lombardi, romagnoli se ne trovano parecchi; un napoletano ce lo dà la sezione Monviso, figliuolo d'un ufficiale; noi diamo un genovese e un calabrese: te, Coraci. Col piemontese, saranno dodici. È bello, non vi pare? Saranno i vostri fratelli di tutte le parti d'Italia che vi daranno i premi. Badate: compariranno sul palcoscenico tutti e dodici insieme. Accoglieteli con un grande applauso. Sono ragazzi: ma rappresentano il paese come se fossero uomini: una piccola bandiera tricolore è simbolo dell'Italia altrettanto che una grande bandiera, non è vero? Applauditeli calorosamente, dunque. Fate vedere che anche i vostri piccoli cuori s'accendono, che anche le vostre anime di dieci anni s'esaltano dinanzi alla santa immagine della patria.» Ciò detto, se n'andò e il maestro disse sorridendo: «Dunque, Coraci, tu sei il deputato della Calabria». E allora tutti batterono le mani, ridendo, e quando fummo nella strada, circondarono Coraci, lo presero per le gambe, lo levaron su, e cominciarono a portarlo in trionfo, gridando: «Viva il deputato della Calabria!» così per chiasso, s'intende, ma non mica per ischerno, tutt'altro, anzi, per fargli festa, di cuore, ché è un ragazzo che piace a tutti; ed egli sorrideva. E lo portaron così fino alla cantonata dove s'imbatterono in un signore con la barba nera, che si mise a ridere. Il calabrese disse: «È mio padre». E allora i ragazzi gli misero il figliuolo tra le braccia e scapparono da tutte le parti.

LA DISTRIBUZIONE DEI PREMI   *14, martedì*

Verso le due il teatro grandissimo era affollato; platea, galleria, palchetti, palcoscenico, tutto pieno gremito, migliaia di visi, ragazzi, signore, maestri, operai, donne del popolo, bambini; era un agitarsi di teste e di mani, un tremolìo di penne, di nastri e di riccioli, un mormorìo fitto e festoso, che metteva allegrezza. Il teatro era tutto addobbato a festoni di panno rosso, bianco e verde. Nella platea avevan fatto due scalette: una a destra, per la quale i premiati dovevan salire sul palcoscenico, l'altra a sinistra, per cui dovevan discendere, dopo aver ricevuto il premio. Sul davanti del palco c'era una fila di seggioloni rossi, e dalla spalliera di quel di mezzo pendeva una coroncina d'alloro; in fondo al palco, un trofeo di bandiere; da una parte un tavolino verde, con su tutti gli attestati di premio legati coi nastrini tricolori. La banda musicale stava in platea sotto il palco; i maestri e le maestre riempivano tutta una metà della prima galleria, che era stata riservata a loro; i banchi e le corsìe della platea eran stipati di centinaia di ragazzi, che dovevan cantare, e avevan la musica scritta tra le mani. In fondo e tutto intorno si vedevan andare maestri e maestre che mettevano in fila i premiandi e c'era pieno di parenti che davan loro l'ultima ravviata ai capelli e l'ultimo tocco alle cravattine.

Appena entrato coi miei nel palchetto, vidi in un palchetto di fronte la maestrina della penna rossa, che rideva, con le sue belle pozzette alla guance, e con lei la maestra di mio fratello, e la "monachina" tutta vestita di nero, e la mia buona maestra di prima superiore; ma era così pallida, poveretta, e tossiva così forte, che si sentiva da una parte all'altra del teatro. In platea trovai subito quel caro faccione di Garrone e il piccolo capo biondo di Nelli, che stava stretto contro la sua spalla. Un po' più in là vidi Garoffi, col suo naso a becco di civetta, che si dava un gran moto per raccogliere elenchi stampati dei premiandi, e n'aveva già un grosso fascio, per farne qualche suo traffico... che sapremo domani. Vicino alla porta c'era il venditor di legna con sua moglie, vestiti a festa, insieme al loro ragazzo, che ha un terzo premio di seconda; io rimasi stupito a non vedergli più il berretto di pelo di gatto e la maglia color cioccolata: questa volta era vestito come un signorino. In una galleria vidi per un momento Votini, con un gran colletto di trina, poi disparve. C'era in un palchetto del proscenio, pieno di gente, il capitano d'artiglieria, il padre di Robetti, quello delle stampelle, che salvò un bambino dall'omnibus.

Allo scoccar delle due la banda sonò, e salirono nello stesso tempo, per la scaletta di destra il sindaco, il prefetto, l'assessore, il provveditore, e molti altri signori, tutti vestiti di nero, che s'andarono a sedere sui seggioloni rossi sul davanti del palcoscenico. La banda cessò di suonare. S'avanzò il direttore delle scuole di canto con una bacchetta in mano. A un suo cenno tutti i ragazzi della platea s'alzarono in piedi: a un altro cenno cominciarono a cantare. Erano settecento che cantavano una canzone bellissima, settecento voci di ragazzi che cantavano insieme, com'è bello! Tutti ascoltavano immobili: era un canto dolce, limpido, lento, che pareva un canto di chiesa. Quando tacquero, tutti applaudirono: poi tutti zitti. La distribuzione dei premi stava per cominciare. Già s'era fatto innanzi sul palco il mio piccolo maestro di seconda, col suo capo rosso e i suoi occhi vispi, che doveva leggere i nomi dei premiandi. S'aspettava che entrassero i dodici ragazzi per porgere gli attestati. I giornali l'avevan già detto che sarebbero stati ragazzi di tutte le provincie d'Italia. Tutti lo sapevano e li aspettavano, guardando curiosamente dalla parte donde dovevano entrare, anche il sindaco, e gli altri signori, e il teatro intero taceva.

Tutt'a un tratto arrivarono di corsa fin sul proscenio e rimasero schierati lì, tutti e dodici, sorridenti. Tutto il teatro, tremila persone saltarono su, d'un colpo, prorompendo in un applauso che parve uno scoppio di tuono. I ragazzi restarono un momento come sconcertati. «Ecco l'Italia!» disse una voce sul palco. Riconobbi subito Coraci, il calabrese, vestito di nero, come sempre. Un signore del municipio, ch'era con noi, e li conosceva tutti, li indicava a mia madre: «Quel piccolo biondo è il rappresentante di Venezia. Il romano è quello alto e ricciuto». Ce n'eran due o tre vestiti da signori, gli altri eran figliuoli di operai, ma tutti messi bene e puliti. Il fiorentino, che era il più piccolo, aveva una sciarpa azzurra intorno alla vita. Passarono tutti davanti al Sindaco, che li baciò in fronte uno per uno, mentre un signore accanto a lui diceva piano e sorridendo i nomi delle città. «Firenze, Napoli, Bologna, Palermo...» e a ognuno che passava tutto il teatro batteva le mani. Poi corsero tutti al tavolino verde a pigliare gli attestati, il maestro cominciò a leggere l'elenco dicendo le sezioni, le classi e i nomi, e i premiandi principiarono a salire e a sfilare.

Erano appena saliti i primi, quando si sentì dietro alla scena una musica leggiera leggiera di violini, che non cessò per tutta la durata dello sfilamento: un'aria gentile e sempre eguale, che pareva un mormorìo di tutte le voci sommesse, le voci di tutte le madri e di tutti i maestri e le maestre, che tutti insieme dessero dei consigli e pregassero e facessero dei rimproveri amorevoli. E intanto i premiandi passavano l'un dopo l'altro davanti a quei signori seduti, che porgevano gli attestati, e a ciascuno dicevano una parola o facevano una carezza. Dalla platea e dalle gallerie i ragazzi applaudivano ogni volta che passava uno molto piccolo, o uno che dai vestiti paresse povero, e anche quelli che avevan delle gran capigliature ricciolute o eran vestiti di rosso e di bianco. Ne passavano di quelli di prima superiore che, arrivati là, si confondevano e non sapevano più dove voltarsi, e tutto il teatro rideva. Ne passò uno alto tre palmi, con un gran nodo di nastro rosa sulla schiena, che a mala pena camminava e incespicò nel tappeto, cadde: il prefetto lo rimise in piedi, e tutti risero e batteron le mani. Un altro ruzzolò giù per la scaletta, ridiscendendo in platea; si sentirono delle grida; ma non s'era fatto male. Ne passaron d'ogni sorta, dei visi di birichini, dei visi di spaventati, di quelli rossi in viso come ciliegie, dei piccini buffi, che ridevan in faccia a tutti quanti; e appena ridiscesi in platea, erano acchiappati dai babbi e dalle mamme che se li portavano via. Quando venne la volta della nostra sezione, allora sì che mi divertii! Passarono molti che conoscevo. Passò Coretti, vestito di nuovo da capo a piedi, col suo bel sorriso allegro, che mostrava tutti i denti bianchi: eppure chi sa quanti miriagrammi di legna aveva già portati la mattina! Il sindaco nel dargli l'attestato, gli domandò che cosa era un segno rosso che aveva sulla fronte, e intanto gli teneva una mano sopra una spalla: io cercai in platea suo padre e sua madre, e vidi che ridevano, coprendosi la bocca con una mano. Poi passò Derossi, tutto vestito di turchino, coi bottoni luccicanti, con tutti quei riccioli d'oro, svelto, disinvolto, con la fronte alta, così bello, così simpatico, che gli avrei mandato un bacio, e tutti quei signori gli vollero parlare e stringer le mani. Poi il maestro gridò: «Guido Robetti» e si vide venire innanzi il figliuolo del capitano d'artiglieria, con le stampelle. Centinaia di ragazzi sapevano il fatto, la voce si sparse in un attimo, scoppiò una salva d'applausi e di grida che fece tremare il teatro, gli uomini s'alzarono in piedi, le signore si misero a sventolare i fazzoletti, e il povero ragazzo si fermò in mezzo al palcoscenico, sbalordito e tremante... Il sindaco lo tirò a sé, gli diede il premio e un bacio, e staccata dalla spalliera del seggiolone la coroncina che v'era appesa, gliela infilò nella traversina d'una stampella... Poi lo accompagnò fino al palchetto del proscenio, dov'era il capitano suo padre, e questi lo sollevò di peso e lo mise dentro, in mezzo a un gridío di *bravo* e d'*evviva*. E intanto continuava quella musica leggiera e gentile di violini, e i ragazzi seguitavano a passare: quelli della Sezione Consolata, quasi tutti figli di mercatini; quelli della Sezione di Vanchiglia, figliuoli d'operai; quelli della Sezione Boncompagni, di cui molti son figliuoli di contadini; quelli della scuola Rayneri, che fu l'ultima. Appena finito, i settecento ragazzi della platea cantarono un'altra canzone bellissima; poi parlò il sindaco e dopo di lui l'assessore, che terminò il suo discorso dicendo ai ragazzi: «... Ma non uscite di qui senza mandare un saluto a quelli che faticano tanto per voi, che hanno consacrate a voi tutte le forze della loro intelligenza e del loro cuore, che vivono e muoiono per voi». E segnò la galleria dei maestri. E allora dalle gallerie, dai palchi, dalla platea tutti i ragazzi s'alzarono e tesero le braccia gridando verso le maestre e i maestri, i quali risposero agitando le mani, i cappelli, i fazzoletti, tutti ritti in piedi e commossi. Dopo di che la banda suonò ancora una volta e il pubblico mandò un ultimo saluto fragoroso ai dodici ragazzi di tutte le provincie d'Italia, che si presentarono al proscenio schierati, con le mani intrecciate, sotto una pioggia di mazzetti di fiori.

LITIGIO   *20, lunedì*

Eppure, no, non fu per invidia ch'egli abbia avuto il premio ed io no, che mi bisticciai con Coretti questa mattina. Non fu per invidia. Ma ebbi torto. Il maestro l'aveva messo accanto a me, io scrivevo sul mio quaderno di calligrafia; egli mi urtò col gomito e mi fece fare uno sgorbio e macchiare anche il racconto mensile, *Sangue romagnolo*, che dovevo copiare per il muratorino che è malato. Io m'arrabbiai e gli dissi una parolaccia. Egli mi rispose sorridendo: «Non l'ho fatto apposta». Avrei dovuto credergli perché lo conosco; ma mi spiacque che sorridesse, e pensai: "Oh, adesso che ha avuto il premio, sarà montato in superbia!" e poco dopo, per vendicarmi, gli diedi un urtone che gli fece sciupare la pagina. Allora, tutto rosso dalla rabbia: «Tu sì che l'hai fatto apposta!» mi disse, e alzò la mano; il maestro vide, la ritirò. Ma aggiunse: «T'aspetto fuori!» Io rimasi male, la rabbia mi sbollì, mi pentii. No, Coretti non poteva averlo fatto apposta. "È buono" pensai. Mi ricordai di quando l'avevo visto in casa sua, come lavorava, come assisteva sua madre malata, e poi che festa gli avevo fatta in casa mia, e come era piaciuto a mio padre. Quanto avrei dato per non avergli detto quella parola, per non avergli fatto quella villania. E pensavo al consiglio che m'avrebbe dato mio padre. "Hai torto?" "Sì". "E allora domandagli scusa." Ma questo io non osavo farlo, avevo vergogna d'umiliarmi. Lo guardavo di sott'occhio, vedevo la sua maglia scucita sulla spalla, forse perché aveva portato troppe legna, e sentivo che gli volevo bene, e mi dicevo: "Coraggio" ma la parola "scusami" mi restava in gola. Egli mi guardava di traverso di tanto in tanto, e mi pareva più addolorato che arrabbiato. Ma allora anch'io lo guardavo bieco, per mostrargli che non avevo paura. Egli mi ripeté: «Ci rivedremo fuori!» Ed io: «Ci rivedremo fuori!» Ma pensavo a quello che mio padre mi aveva detto una volta: "Se hai torto, difenditi; ma non battere!" Ed io dicevo tra me: "Mi difenderò; ma non batterò". Ma ero scontento, triste, non sentivo più il maestro, arrivò il momento d'uscire. Quando fui solo nella strada, vidi ch'egli mi seguitava. Mi fermai, e lo aspettai con la riga in mano. Egli s'avvicinò, io alzai la riga. «No, Enrico» disse egli, col suo buon sorriso, facendo in là la riga con la mano «torniamo amici come prima.» Io rimasi stupito un momento, e poi sentii come una mano che mi desse uno spintone nelle spalle, e mi trovai tra le sue braccia. Egli mi baciò e disse: «Mai più baruffe tra noi, non è vero?» «Mai più! Mai più!» risposi. E ci separammo contenti. Ma quando arrivai a casa e raccontai tutto a mio padre, credendo di fargli piacere, egli si rabbruscò e disse: «Dovevi esser tu il primo a tendergli la mano, poiché avevi torto». Poi soggiunse: «Non dovevi alzar la riga sopra un compagno migliore di te, sopra il figliuolo di un soldato!» E strappatami la riga di mano, la fece in due pezzi e la sbatté nel muro.

MIA SORELLA   *24, venerdì*

Perché, Enrico, dopo che nostro padre t'aveva già rimproverato d'esserti portato male con Coretti, hai fatto ancora quello sgarbo a me? Tu non immagini la pena che n'ho provata. Non sai che quand'eri bambino ti stavo per ore ed ore accanto alla culla, invece di divertirmi con le compagne, e che quand'eri malato scendevo dal letto ogni notte per sentire se ti bruciava la fronte? Non lo sai, tu che offendi tua sorella, che se una sventura tremenda ci colpisse, ti farei da madre e ti vorrei bene come un figliuolo? Non sai che quando nostro padre e nostra madre non ci saranno più, io sarò la tua migliore amica, la sola con cui potrai parlare dei nostri morti e della tua infanzia, e che se ci fosse bisogno lavorerei per te, Enrico, per guadagnarti il pane e per farti studiare, e che ti amerò anche quando sarai grande, che ti seguirò col mio pensiero quando andrai lontano, sempre, perché siamo cresciuti insieme e abbiamo lo stesso sangue? Oh, Enrico, stanne pur sicuro, quando sarai un uomo, se t'accadrà una disgrazia, se sarai solo, sta' pur sicuro che mi cercherai, che verrai da me a dirmi: "Silvia, sorella, lasciami stare con te, parliamo di quando eravamo felici, ti ricordi? Parliamo di nostra madre, della nostra casa, di quei bei giorni tanto lontani". Oh, Enrico, tu troverai sempre tua sorella con le braccia aperte. Sì, caro Enrico, e perdonami anche il rimprovero che ti faccio ora. Io non mi ricorderò di alcun torto tuo, e se tu mi dessi altri dispiaceri, che m'importa? Tu sarai sempre mio fratello, lo stesso, io non mi ricorderò mai d'altro che d'averti tenuto in braccio bambino, d'aver amato padre e madre con te, d'averti visto crescere, di essere stata per tanti anni la tua fida compagna. Ma tu scrivimi una buona parola sopra questo quaderno e io ripasserò a leggerla prima di sera. Intanto, per mostrarti che non sono in collera con te, vedendo che eri stanco, ho copiato per te il racconto mensile Sangue romagnolo, *che tu dovevi copiare per il muratorino malato: cercalo nel cassetto di sinistra del tuo tavolino: l'ho scritto questa notte mentre dormivi. Scrivimi una buona parola, Enrico, te ne prego.*

Tua sorella Silvia

Non sono degno di baciarti le mani.

Enrico

Sangue romagnolo

Quella sera la casa di Ferruccio era più quieta del solito. Il padre, che teneva una piccola bottega di merciaiolo, era andato a Forlì a far delle compere, e sua moglie l'aveva accompagnato con Luigina, una bimba, per portarla da un medico, che doveva operarle un occhio malato; e non dovevano ritornare che la mattina dopo. Mancava poco alla mezzanotte. La donna che veniva a far dei servizi di giorno se n'era andata all'imbrunire. In casa non rimaneva che la nonna, paralitica delle gambe e Ferruccio, un ragazzo di tredici anni. Era una casetta col piano terreno, posta sullo stradone, a un tiro di fucile da un villaggio, poco lontano da Forlì, città di Romagna; e non aveva accanto che una casa disabitata, rovinata due mesi innanzi da un incendio, sulla quale si vedeva ancora l'insegna d'osteria. Dietro la casetta c'era un piccolo orto circondato da una siepe, sul quale dava una porticina rustica; la porta della bottega, che serviva anche da porta di casa, s'apriva sullo stradone. Tutt'intorno si stendeva la campagna solitaria, vasti campi lavorati, piantati di gelsi.

Mancava poco alla mezzanotte, pioveva, tirava vento. Ferruccio e la nonna, ancora levati, stavano nella stanza da mangiare, tra la quale e l'orto c'era uno stanzino ingombro di mobili vecchi. Ferruccio non era rientrato in casa che alle undici, dopo una scappata di molte ore, e la nonna l'aveva aspettato a occhi aperti, piena d'ansietà, inchiodata sopra un largo seggiolone a bracciuoli, sul quale soleva passar tutta la giornata, e spesso anche l'intera notte, poiché una oppressione di respiro non la lasciava star coricata.

Pioveva e il vento sbatteva la pioggia contro le vetrate: la notte era oscurissima. Ferruccio era rientrato stanco, infangato, con la giacchetta lacera, e col livido d'una sassata sulla fronte; aveva fatto la sassaiola coi compagni, eran venuti alle mani, secondo il solito; e per giunta aveva giocato e perduto tutti i suoi soldi; e lasciato il berretto in un fosso.

Benché la cucina non fosse rischiarata che da una piccola lucerna a olio, posta sull'angolo d'un tavolo, accanto al seggiolone, pure la povera nonna aveva visto subito in che stato miserando si trovava il nipote, e in parte aveva indovinato, in parte gli aveva fatto confessare le sue scapestrerie.

Essa amava con tutta l'anima quel ragazzo. Quando seppe ogni cosa, si mise a piangere.

«Ah! no» disse poi, dopo un lungo silenzio; «tu non hai cuore per la tua povera nonna. Non hai cuore a profittare in codesto modo dell'assenza di tuo padre e di tua madre per darmi dei dolori. Tutto il giorno m'hai lasciata sola! Non hai avuto un po' di compassione. Bada, Ferruccio! Tu ti metti per una cattiva strada che ti condurrà a una triste fine. Ne ho visti degli altri cominciar come te e andar a finir male. Si comincia a scappar di casa, ad attaccar lite cogli altri ragazzi, a perdere i soldi, poi, a poco a poco, dalle sassate si passa alle coltellate, dal gioco agli altri vizi, e dai vizi... al furto.»

Ferruccio stava ad ascoltare, ritto a tre passi di distanza, appoggiato a una dispensa, col mento sul petto, con le sopracciglia aggrottate, ancora tutto caldo dell'ira della rissa. Aveva una ciocca di bei capelli castani a traverso alla fronte e gli occhi azzurri immobili.

«Dal gioco al furto» ripeté la nonna, continuando a piangere. «Pensaci, Ferruccio. Pensa a quel malanno qui del paese, a quel Vito Mozzoni, che ora è in città a fare il vagabondo: che a ventiquattr'anni è stato due volte in prigione, e ha fatto morir di crepacuore quella povera donna di sua madre, che io conoscevo, e suo padre è fuggito in Svizzera per disperazione. Pensa a quel tristo soggetto, che tuo padre si vergogna di rendergli il saluto, sempre in giro con dei scellerati peggio di lui, fino al giorno che cascherà in galera. Ebbene, io l'ho conosciuto da ragazzo, ha cominciato come te. Pensa che ridurrai tuo padre e tua madre a far la stessa fine dei suoi.»

Ferruccio taceva. Egli non era mica tristo di cuore, tutt'altro; la sua scapestrataggine derivava piuttosto da sovrabbondanza di vita e d'audacia che da mal animo; e suo padre l'aveva avvezzato male appunto per questo, che ritenendolo capace, in fondo, dei sentimenti più belli, ed anche, messo a una prova, d'un'azione forte e generosa, gli lasciava la briglia sul collo e aspettava che mettesse giudizio da sé. Buono era, piuttosto che tristo; ma era caparbio, e difficile molto, anche quando aveva il cuore stretto dal pentimento, a lasciarsi sfuggire dalla bocca quelle parole che ci fanno perdonare: "Sì, ho torto, non lo farò più, te lo prometto, perdonami". Aveva l'anima piena di tenerezza alle volte; ma l'orgoglio non la lasciava uscire.

«Ah, Ferruccio!» continuò la nonna, vedendolo così muto. «Non una parola di pentimento mi dici! Tu vedi in che stato mi sono ridotta, che mi potrebbero sotterrare. Non dovresti aver cuore di farmi soffrire, di far piangere la mamma della tua mamma, così vecchia, vicina al suo ultimo giorno; la tua povera nonna, che t'ha sempre voluto tanto bene; che ti cullava per notti e notti intere quando eri bimbo di pochi mesi, e che non mangiava per baloccarti, tu non lo sai! Io dicevo sempre: "Questo sarà la mia consolazione!" E ora tu mi fai morire! Io darei volentieri questo po' di vita che mi resta per vederti tornar buono, obbediente come a quei giorni... quando ti conducevo al Santuario, ti ricordi, Ferruccio, che mi empivi le tasche di sassolini e d'erbe, e io ti riportavo a casa in braccio, addormentato? Allora volevi bene alla tua povera nonna. E ora che son paralitica e avrei bisogno della tua affezione come l'aria per respirare, perché non ho più altro al mondo, povera donna mezza morta che sono, Dio mio!...»

Ferruccio stava per lanciarsi verso la nonna, vinto dalla commozione, quando gli parve di sentire un rumore leggiero, uno scricchiolìo nello stanzino accanto, quello che dava sull'orto. Ma non capì se fossero le imposte scosse dal vento, o altro.

Tese l'orecchio.

La pioggia scrosciava.

Il rumore si ripeté. La nonna lo sentì pure.

«Cos'è?» domandò la nonna dopo un momento, turbata.

«La pioggia» mormorò il ragazzo.

«Dunque, Ferruccio» disse la vecchia, asciugandosi gli occhi «me lo prometti che sarai buono, che non farai mai più piangere la tua povera nonna...»

Un nuovo rumore leggiero la interruppe.

«Ma non mi pare la pioggia!» esclamò impallidendo. «...Va' a vedere!»

Ma soggiunse subito: «No, resta qui!» e afferrò Ferruccio per la mano.

Rimasero tutti e due col respiro sospeso. Non sentivan che il rumore dell'acqua.

Poi tutti e due ebbero un brivido.

All'uno e all'altra era parso di sentire uno stropiccìo di piedi nello stanzino.

«Chi c'è?» domandò il ragazzo, raccogliendo il fiato a fatica.

Nessuno rispose.

«Chi c'è?» domandò Ferruccio, agghiacciato dalla paura.

Ma aveva appena pronunciate quelle parole, che tutt'e due gettarono un grido di terrore. Due uomini erano balzati nella stanza; l'uno afferrò il ragazzo e gli cacciò una mano sulla bocca; l'altro strinse la vecchia alla gola; il primo disse: «Zitto, se non vuoi morire!» Il secondo: «Taci!» e levò un coltello. L'uno e l'altro avevano una pezzuola scura sul viso, con due buchi davanti agli occhi.

Per un momento non si sentì altro che il respiro di tutti e quattro e lo scrosciar della pioggia; la vecchia metteva dei rantoli fitti, e aveva gli occhi fuor del capo.

Quello che teneva il ragazzo, gli disse nell'orecchio: «Dove tiene i denari tuo padre?»

Il ragazzo rispose con un fil di voce, battendo i denti: «Di là... nell'armadio».

«Vieni con me» disse l'uomo.

E lo trascinò nello stanzino, tenendolo stretto alla gola. Là c'era una lanterna cieca sul pavimento.

«Dov'è l'armadio?» domandò.

Il ragazzo, soffocato, accennò l'armadio.

Allora per esser sicuro del ragazzo, l'uomo lo gettò in ginocchio, davanti all'armadio, e serrandogli forte il collo fra le proprie gambe, in modo da poterlo strozzare se urlava, e tenendo il coltello fra i denti e la lanterna da una mano, cavò di tasca con l'altra un ferro accuminato, lo ficcò nella serratura, frugò, ruppe, spalancò i battenti, rimescolò in furia ogni cosa, s'empì le tasche, richiuse, tornò ad aprire, rifrugò; poi afferrò il ragazzo alla strozza, e lo sospinse di là, dove l'altro teneva ancora aggantata la vecchia, convulsa, col capo arrovesciato e la bocca aperta.

Costui domandò a bassa voce: «Trovato?»

Il compagno rispose: «Trovato».

E soggiunse: «Guarda all'uscio».

Quello che teneva la vecchia corse alla porta dell'orto a vedere se c'era nessuno, e disse dallo stanzino, con una voce che parve un fischio: «Vieni».

Quello che era rimasto, e che teneva ancora Ferruccio, mostrò il coltello al ragazzo e alla vecchia che riapriva gli occhi, e disse: «Non una voce, o torno indietro e vi sgozzo!»

E li fissò un momento tutti e due.

In quel punto si sentì lontano, per lo stradone, un canto di molte voci.

Il ladro voltò rapidamente il capo verso l'uscio, e in quel moto violento gli cadde la pezzuola dal viso.

La vecchia gettò un urlo: «Mozzoni!»

«Maledetta!» ruggì il ladro, riconosciuto. «Devi morire!»

E si avventò a coltello alzato contro la vecchia, che svenne sull'atto.

L'assassino menò il colpo.

Ma con un movimento rapidissimo, gettando un grido disperato, Ferruccio s'era lanciato sulla nonna, e l'aveva coperta col proprio corpo.

L'assassino fuggì urtando il tavolo e rovesciando il lume, che si spense.

E infine alzò il bicchiere, che gli ballava in mano, e disse serio serio:
« Alla sua salute, dunque, caro signor ingegnere, ai suoi figlioli, alla
memoria della sua buona madre! » « Alla vostra, mio buon maestro! »
rispose mio padre, stringendogli la mano.

p. 121

Il ragazzo scivolò lentamente di sopra alla nonna, e cadde in ginocchio, e rimase in quell'atteggiamento, con le braccia intorno alla vita di lei e il capo sul suo seno.

Qualche momento passò; era buio fitto; il canto dei contadini s'andava allontanando per la campagna. La vecchia rinvenne.

«Ferruccio!» chiamò con voce appena intelligibile, battendo i denti.

«Nonna» rispose il ragazzo.

La vecchia fece uno sforzo per parlare: ma il terrore le paralizzava la lingua.

Stette un pezzo in silenzio, tremando violentemente. Poi riuscì a domandare:

«Non ci son più?»

«No».

«Non m'hanno uccisa» mormorò la vecchia con voce soffocata.

«No... siete salva» disse Ferruccio con voce fioca. «Siete salva, cara nonna. Hanno portato via dei denari. Ma il babbo... aveva preso quasi tutto con sé.»

La nonna mise un respiro.

«Nonna» disse Ferruccio, sempre in ginocchio, stringendola alla vita «cara nonna... mi volete bene, non è vero?»

«Oh Ferruccio! povero figliuol mio!» rispose quella, mettendogli le mani sul capo: «che spavento devi aver avuto! Oh Signore Iddio misericordioso! Accendi un po' il lume... No, restiamo, al buio, ho ancora paura.»

«Nonna» riprese il ragazzo «io v'ho sempre dato dei dispiaceri...»

«No, Ferruccio, non dir queste cose; io non ci penso più, ho scordato tutto, ti voglio tanto bene!»

«V'ho sempre dato dei dispiaceri» continuò Ferruccio, a stento, con la voce tremola; «ma... vi ho sempre voluto bene. Mi perdonate?... Perdonatemi, nonna.»

«Sì, figliuolo, ti perdono con tutto il cuore. Pensa un po' se non ti perdono. Levati d'in ginocchio, bambino mio. Non ti sgriderò mai più. Sei buono, sei tanto buono! Accendiamo il lume. Facciamoci un po' di coraggio. Alzati, Ferruccio».

«Grazie, nonna» disse il ragazzo, con la voce sempre più debole. «Ora... sono contento. Vi ricorderete di me, nonna non è vero? Vi ricorderete sempre di me... del vostro Ferruccio?»

«Ferruccio mio!» esclamò la nonna, stupita e inquieta, mettendogli le mani sulle spalle e chinando il capo, come per guardarlo nel viso.

«Ricordatevi di me» mormorò ancora il ragazzo con una voce che pareva un soffio. «Date un bacio a mia madre... a mio padre... a Luigina... Addio, nonna...»

«In nome del cielo, cos'hai!» gridò la vecchia palpando affannosamente il capo del ragazzo che le si era abbandonato sulle ginocchia; e poi con quanta voce aveva in gola, disperatamente: «Ferruccio! Ferruccio! Ferruccio! Bambino mio! Amore mio! Angeli del paradiso, aiutatemi!»

Ma Ferruccio non rispose più. Il piccolo eroe, il salvatore della madre di sua madre, colpito da una coltellata nel dorso, aveva reso la bella e ardita anima a Dio.

Il povero muratorino è malato grave; il maestro ci disse d'andarlo a vedere, e combinammo d'andarci insieme Garrone, Derossi ed io. Stardi pure sarebbe venuto, ma siccome il maestro ci diede per lavoro la descrizione del *Monumento a Cavour*, egli ci disse che doveva andar a vedere il monumento per far la descrizione più esatta. Così per prova invitammo anche quel gonfionaccio di Nobis, che rispose: «No» senz'altro. Votini poi si scusò, forse aveva paura di macchiarsi il vestito di calcina. Ci andammo all'uscita delle quattro. Pioveva a catinelle. Per la strada Garrone si fermò e disse con la bocca piena di pane: «Cosa si compera?» e faceva suonare due soldi nella tasca. Mettemmo due soldi ciascuno e comperammo tre arance grosse. Salimmo alla soffitta. Davanti all'uscio Derossi si levò la medaglia e se la mise in tasca: gli domandai perché: «Non so» rispose «per non aver l'aria... mi par più delicato entrare senza medaglia.» Picchiammo, ci aperse il padre, quell'omone che pare un gigante: aveva la faccia stravolta che pareva spaventato. «Chi siete?» domandò. Garrone rispose: «Siamo compagni di scuola d'Antonio, che gli portiamo tre arance!» «Ah! povero Tonino» esclamò il muratore scotendo il capo, «ho paura che non le mangerà più le vostre arance!» e si asciugò gli occhi col rovescio della mano. Ci fece andar avanti: entrammo in una camera a tetto, dove vedemmo il muratorino che dormiva in un piccolo letto di ferro: sua madre stava abbandonata sul letto col viso nelle mani, e si voltò appena a guardarci: da una parte pendevan dei pennelli, un piccone e un crivello da calcina; sui piedi del malato era distesa la giacchetta del muratore, bianca di gesso. Il povero ragazzo era smagrito, bianco, col naso affilato, e respirava corto. Oh, caro Tonino, tanto buono e allegro, piccolo compagno mio, come mi fece pena, quanto avrei dato per rivedergli fare il muso di lepre, povero muratorino! Garrone gli mise un'arancia sul cuscino, accanto al viso: l'odore lo svegliò, la pigliò subito, ma poi la lasciò andare, e guardò fisso Garrone. «Son io» disse questi «Garrone: mi conosci?» Egli fece un sorriso che si vide appena, e levò a stento dal letto la sua mano corta e la porse a Garrone, che la prese fra le sue e vi appoggiò sopra la guancia dicendo: «Coraggio, coraggio, muratorino; tu guarirai presto e tornerai alla scuola e il maestro ti metterà vicino a me, sei contento?» Ma il muratorino non rispose. La madre scoppiò in singhiozzi. «Oh il mio povero Tonino! il mio povero Tonino! Così bravo e buono, e Dio ce lo vuol prendere!» «Chètati!» le gridò il muratore, disperato «chètati per amor di Dio, o perdo la testa!» Poi disse a noi affannosamente: «Andate, andate, ragazzi; grazie; andate; che volete far qui? Grazie; andatevene a casa». Il ragazzo aveva richiuso gli occhi e pareva morto. «Ha bisogno di qualche servizio?» domandò Garrone. «No, buon figliuolo, grazie» rispose il muratore; «andatevene a casa.» E così dicendo ci spinse sul pianerottolo e richiuse l'uscio. Ma non eravamo a metà delle scale, che lo sentimmo gridare: «Garrone! Garrone!» Risalimmo in fretta tutti e tre. «Garrone!» gridò il muratore col viso mutato, «t'ha chiamato per nome, due giorni che non parlava, t'ha chiamato due volte, vuole te, vieni subito. Ah santo Iddio, se fosse un buon segno!» «A rivederci» disse Garrone a noi «io rimango» e si slanciò in casa col padre. Derossi aveva gli occhi pieni di lacrime. Io gli dissi: «Piangi per il muratorino? Egli ha parlato, guarirà». «Lo credo» rispose Derossi «ma non pensavo a lui... Pensavo com'è buono, che anima bella è Garrone.»

IL CONTE DI CAVOUR   *29, mercoledì*

È la descrizione del monumento al conte Cavour che tu devi fare. Puoi farla. Ma chi sia stato il conte Cavour non lo puoi capire per ora. Per ora sappi questo soltanto: egli fu per molti anni il primo ministro del Piemonte; è lui che mandò l'esercito piemontese in Crimea a rialzare con la vittoria della Cernaia la nostra gloria militare caduta con la sconfitta di Novara; è lui che fece calare dalle Alpi centocinquantamila Francesi a cacciar gli Austriaci dalla Lombardia; è lui che governò l'Italia nel periodo più solenne della nostra rivoluzione, che diede in quegli anni il più potente impulso alla santa impresa dell'unificazione della patria: lui con ingegno luminoso, con la costanza invincibile, con l'operosità più che umana. Molti generali passarono ore terribili sul campo di battaglia; ma egli ne passò di più terribili nel suo gabinetto, quando l'enorme opera sua poteva rovinare di momento in momento come un fragile edifizio a un crollo di terremoto: ore, notti di lotta e d'angoscia passò, da uscirne con la ragione stravolta o con la morte nel cuore. E fu questo gigantesco e tempestoso lavoro che gli accorciò di vent'anni la vita. Eppure, divorato dalla febbre che lo doveva gettar nella fossa, egli lottava ancora disperatamente con la malattia, per far qualche cosa per il suo Paese. «È strano» diceva con dolore dal suo letto di morte, «non so più leggere, non posso più leggere.» Mentre gli cavavan sangue e la febbre aumentava, pensava alla sua patria, diceva imperiosamente: «Guaritemi, la mia mente s'oscura, ho bisogno di tutte le mie facoltà per trattare dei gravi affari». Quando era già ridotto agli estremi, e tutta la città s'agitava, e il Re stava al suo capezzale, egli diceva con affanno: «Ho molte cose da dirvi, Sire, molte cose da farvi vedere; ma son malato, non posso, non posso»; e si desolava. E sempre il pensiero febbrile rivolava allo Stato, alle nuove provincie italiane che s'eran unite a noi, alle tante cose che rimanevan da farsi. Quando lo prese il delirio: «Educate l'infanzia» esclamava fra gli aneliti, «educate l'infanzia e la gioventù... governate con la libertà». Il delirio cresceva, la morte gli era sopra, ed egli invocava con parole ardenti il generale Garibaldi, col quale aveva avuto dei dissensi, e Venezia e Roma che non erano ancora libere; aveva delle vaste visioni dell'avvenire d'Italia e d'Europa; sognava un'invasione straniera, domandava dove fossero i corpi dell'esercito e i generali, trepidava ancora per noi, per il suo popolo. Il suo grande dolore, capisci, non era di sentirsi mancare la vita, era di vedersi sfuggire la patria, che aveva ancora bisogno di lui, e per la quale aveva logorato in pochi anni le forze del suo miracoloso organismo. Morì col grido della battaglia nella gola, e la sua morte fu grande come la sua vita. Ora pensa un poco, Enrico, che cosa è il nostro lavoro, che pure ci pesa tanto, che cosa sono i nostri dolori, la nostra morte stessa, a confronto delle fatiche, degli affanni formidabili, delle agonie tremende di quegli uomini, a cui pesa un mondo sul cuore! Pensa a questo, figliuolo, quando passi davanti a quell'immagine di marmo, e dille: "Gloria!" in cuor tuo.

Tuo padre

PRIMAVERA   *1, sabato*

Primo d'aprile! Tre soli mesi ancora. Questa è stata una delle più belle mattinate dell'anno. Io ero contento, nella scuola, perché Coretti m'aveva detto di
andar dopo domani a vedere arrivare il Re, insieme con suo padre, *che lo
conosce*; e perché mia madre m'aveva promesso di condurmi lo stesso giorno a
visitar l'Asilo infantile di corso Valdocco. Anche ero contento perché il muratorino sta meglio, e perché ieri sera, passando, il maestro disse a mio padre:
«Va bene, va bene». E poi era una bella mattinata di primavera. Dalle finestre
della scuola si vedeva il cielo azzurro, gli alberi del giardino tutti coperti di
germogli, e le finestre delle case spalancate, colle cassette e i vasi già verdeggianti. Il maestro non rideva, perché non ride mai, ma era di buon umore,
tanto che non gli appariva quasi più quella ruga diritta in mezzo alla fronte; e
spiegava un problema sulla lavagna, celiando. E si vedeva che provava piacere
a respirar l'aria del giardino che veniva per le finestre aperte, piena d'un buon
odor fresco di terra e di foglie, che faceva pensare alle passeggiate in campagna. Mentre egli spiegava, si sentiva in una strada vicina un fabbro ferraio che
batteva sull'incudine, e nella casa di faccia una donna che cantava per addormentare il bambino: lontano, nella caserma della Cernaia, sonavano le trombe.
Tutti parevano contenti, persino Stardi. A un certo momento il fabbro si mise
a picchiar più forte, la donna a cantar più alto. Il maestro s'interruppe e prestò
l'orecchio. Poi disse lentamente, guardando per la finestra: «Il cielo che sorride, una madre che canta, un galantuomo che lavora, dei ragazzi che studiano:
ecco delle cose belle». Quando uscimmo dalla classe, vedemmo che anche
tutti gli altri erano allegri; tutti camminavano in fila pestando i piedi forte e
canticchiando, come alla vigilia d'una vacanza di quattro giorni; le maestre
scherzavano; quella della penna rossa saltellava dietro i suoi bimbi come una
scolaretta; i parenti dei ragazzi discorrevano fra loro ridendo, e la madre di
Crossi, l'erbaiola, ci aveva nelle ceste tanti mazzi di violette, che empivano di
profumo tutto il camerone. Io non sentii mai tanta contentezza come questa
mattina a veder mia madre che mi aspettava nella strada. E glielo dissi andandole incontro: «Sono contento: cos'è mai che mi fa così contento questa matti-

na?» E mia madre mi rispose sorridendo che era la bella stagione e la buona coscienza.

RE UMBERTO   *3, lunedì*

Alle dieci in punto mio padre vide dalla finestra Coretti, il rivenditore di legna, e il figliuolo che mi aspettavano sulla piazza, e mi disse: «Eccoli, Enrico: va' a vedere il tuo re». Io andai giù lesto come un razzo. Padre e figliuolo erano anche più vispi del solito e non mi parve mai che si somigliassero tanto l'uno all'altro come questa mattina: il padre aveva alla giacchetta la medaglia al valore in mezzo alle due commemorative, e i baffetti arricciati e aguzzi come due spilli.

Ci mettemmo subito in cammino verso la stazione della strada ferrata, dove il re doveva arrivare alle dieci e mezzo. Coretti padre fumava la pipa e si fregava le mani. «Sapete» diceva, «che non l'ho più visto dalla guerra del sessantasei? La bagatella di quindici anni e sei mesi. Prima tre anni in Francia, poi a Mondovì; e qui che l'avrei potuto vedere, non s'è dato mai il maledetto caso che mi trovassi in città quando egli veniva. Quando si dice le combinazioni!»

Egli chiamava il re: "Umberto" come un camerata. Umberto comandava la 16° divisione, Umberto aveva ventidue anni e tanti giorni, Umberto montava un cavallo così e così.

«Quindici anni!» diceva forte, allungando il passo. «Ho proprio desiderio di rivederlo. L'ho lasciato principe, lo rivedo re. E anch'io ho cambiato: son passato da soldato a rivenditor di legna.» E rideva.

Il figliuolo gli domandò: «Se vi vedesse, vi riconoscerebbe?»

Egli si mise a ridere.

«Tu sei matto» rispose. «Ci vorrebbe altro. Lui, Umberto, era uno solo; noi eravamo come le mosche. E poi sì che ci stette a guardare uno per uno.»

Sboccammo sul corso Vittorio Emanuele; c'era molta gente che s'avviava alla stazione. Passava una compagnia d'alpini, con le trombe. Passarono due carabinieri a cavallo, di galoppo. Era un sereno che smagliava.

«Sì!» esclamò Coretti padre, animandosi «mi fa proprio piacere di rivederlo, il mio vecchio generale di divisione. Ah! come sono invecchiato presto. Mi pare l'altro giorno che avevo lo zaino sulle spalle e il fucile tra le mani in mezzo a quel tramestìo, la mattina del 24 giugno, quando s'era per venire ai ferri. Umberto andava e veniva coi suoi ufficiali, mentre tonava il cannone, lontano; e tutti lo guardavano e dicevano: "Purché non ci sia una palla anche per lui!" Ero a mille miglia dal pensare che di lì a poco me lo sarei trovato tanto vicino, davanti alle lance degli ulani austriaci; ma proprio a quattro passi l'un dall'altro, figliuoli. Era una bella giornata, il cielo come uno specchio; ma un caldo! Vediamo se si può entrare.»

Eravamo arrivati alla stazione; c'era una gran folla, carrozze, guardie, carabinieri, società con bandiere. La banda d'un reggimento suonava. Coretti

111

padre tentò di entrare sotto il porticato; ma gli fu impedito. Allora pensò di cacciarsi in prima fila nella folla che faceva ala all'uscita, e aprendosi il passo coi gomiti, riuscì a spingere innanzi anche noi. Ma la folla, ondeggiando, ci sbalzava un po' di qua e un po' di là. Il venditor di legna adocchiava il primo pilastro del porticato, dove le guardie non lasciavano stare nessuno. «Venite con me» disse a un tratto, e tirandoci per le mani, attraversò in due salti lo spazio vuoto e s'andò a piantar là, con le spalle al muro.

Accorse subito un brigadiere di polizia e gli disse:

«Qui non si può stare».

«Son del quarto battaglione del '49» rispose Coretti, toccandosi la medaglia.

Il brigadiere lo guardò e disse: «Restate».

«Ma se lo dico io!» esclamò Coretti trionfante «è una parola magica quel *quarto del quarantanove*! Non ho il diritto di vederlo un po' a mio comodo il mio generale, io che son stato nel quadrato? Se l'ho visto da vicino allora, mi par giusto di vederlo da vicino adesso. E dico generale! È stato mio comandante di battaglione, per una buona mezz'ora, perché in quei momenti lo comandava lui il battaglione, mentre c'era in mezzo, e non il maggiore Ulrich, sagrestia!»

Intanto si vedeva nel salone dell'arrivo e fuori un gran rimescolìo di signori e d'ufficiali, e davanti alla porta si schieravano le carrozze, coi servitori vestiti di rosso.

Coretti domandò a suo padre se il principe Umberto aveva la sciabola in mano quand'era nel quadrato.

«Avrà ben avuto la sciabola in mano» rispose «per parare una lanciata, che poteva toccare a lui come a un altro. Ah! i demoni scatenati. Ci vennero addosso come l'ira di Dio, ci vennero. Giravano tra i gruppi, i quadrati, i cannoni che parevan mulinati da un uragano, sfondando ogni cosa. Era una confusione di cavalleggeri d'Alessandria, di lancieri di Foggia, di fanteria, di ulani, di bersaglieri, un inferno che non se ne capiva più niente. Io intesi gridare: "Altezza! Altezza!" vidi venir le lance calate, scaricammo i fucili, un nuvolo di polvere nascose tutto... Poi la polvere si diradò... La terra era coperta di cavalli e di ulani feriti a morte. Io mi voltai indietro, e vidi in mezzo a noi Umberto a cavallo, che guardava intorno, tranquillo, con l'aria di domandare: "C'è nessuno graffiato dei miei ragazzi?" e noi gridammo: "Evviva!" sulla faccia, come matti. Sacro Dio che momento!... Ecco il treno che arriva.»

La banda suonò, gli ufficiali accorsero, la folla s'alzò in punta di piedi.

«Eh, non esce mica subito» disse una guardia; «ora gli fanno un discorso.»

Coretti padre non stava più nella pelle. «Ah, quando ci penso» disse «io lo vedo sempre là. Sta bene tra i colerosi e i terremoti e che so altro: anche là è stato bravo; ma io l'ho sempre in mente come l'ho visto allora, in mezzo a noi, con quella faccia tranquilla. E son sicuro che se ne ricorda anche lui del quarto del '49, anche adesso che è re, e gli farebbe piacere di averci una volta a tavola tutti insieme, quelli che s'è visto intorno in quel momento. Adesso ci ha generali e signoroni e galloni; allora non ci aveva che dei poveri soldati. Se ci potessi un po' barattare quattro parole, a quattr'occhi! Il nostro generale di ventidue anni, il nostro principe, che era affidato alle nostre baionette... Quindici anni che non lo vedo... Il nostro Umberto, va'. Ah! questa musica mi rimescola il sangue, parola d'onore.»

Uno scoppio di grida l'interruppe, migliaia di cappelli s'alzarono in aria, quattro signori vestiti di nero salirono nella prima carrozza.

«È lui!» gridò Coretti, e rimase come incantato.

Poi disse piano: «Madonna mia, come s'è fatto grigio!» Tutti e tre ci scoprimmo il capo: la carrozza veniva innanzi lentamente, in mezzo alla folla che gridava e agitava i cappelli. Io guardai Coretti padre. Mi parve un altro: pareva diventato più alto, serio, un po' pallido, ritto appicciato contro il pilastro.

La carrozza arrivò davanti a noi, a un passo dal pilastro. «Evviva!» gridarono molte voci.

«Evviva!» gridò Coretti, dopo gli altri.

Il re lo guardò in viso e arrestò un momento lo sguardo sulle tre medaglie. Allora Coretti perdé la testa e urlò: «Quarto battaglione del quarantanove!»

Il re, che s'era voltato da un'altra parte, si rivoltò verso di noi, e fissando Coretti negli occhi, stese la mano fuor della carrozza.

Coretti fece un salto avanti e gliela strinse. La carrozza passò, la folla irruppe e ci divise, perdemmo di vista Coretti padre. Ma fu un momento. Subito lo ritrovammo, ansante, con gli occhi umidi, che chiamava per nome il suo figliuolo, tenendo la mano in alto. Il figliuolo si slanciò verso di lui, ed egli gridò: «Qua, piccino, che ho ancora calda la mano!» e gli passò la mano intorno al viso, dicendo: «Questa è una carezza del re».

E rimase lì come trasognato, con gli occhi fissi sulla carrozza lontana, sorridendo, con la pipa tra le mani, in mezzo a un gruppo di curiosi che lo guardavano. «È uno del quarto del '49» dicevano. «È un soldato che conosce il re.» «È il re che l'ha riconosciuto». «È lui che gli ha teso la mano. Ha dato una supplica al re» disse uno più forte.

«No» rispose Coretti, voltandosi bruscamente «non gli ho dato nessuna supplica io. Un'altra cosa gli darei, se me la domandasse...»

Tutti lo guardarono.

Ed egli disse semplicemente: «Il mio sangue».

L'ASILO INFANTILE   4, martedì

Mia madre, come m'aveva promesso, mi condusse ieri dopo colazione all'Asilo infantile di corso Valdocco, per raccomandare alla direttrice una sorella piccola di Precossi. Io non avevo mai visto un asilo. Quanto mi divertirono! Duecento c'erano, tra bimbi e bimbe, così piccoli, che i nostri della prima inferiore sono uomini rispetto a quelli. Arrivammo appunto che entravano in fila nel refettorio, dove erano due tavole lunghissime con tante buche rotonde, e in ogni buca una scodella nera, piena di riso e fagioli, e un cucchiaio di stagno accanto. Entrando, alcuni piantavano un melo, e restavan lì sul pavimento, fin che accorrevan le maestre a tirarli su. Molti si fermavano davanti a una scodella, credendo che fosse quello il loro posto, e ingollavan subito una cucchiaiata, quando arrivava una maestra e diceva: «Avanti!» e quelli avanti tre o quattro passi e giù un'altra cucchiaiata, e avanti ancora fin che arrivavano al proprio posto, dopo aver beccato a scrocco una mezza minestrina. Finalmente, a furia di spingere, di gridare: «Sbrigatevi! Sbrigatevi!» li misero in ordine tutti, e cominciarono la preghiera. Ma tutti quelli delle file di dentro, i quali per pregare dovevan voltare la schiena alla scodella, torcevano il capo indietro per tenerla d'occhio, che nessuno ci pescasse, e poi pregavano così, con le mani giunte e con gli occhi al cielo, ma col cuore alla pappa. Poi si misero a mangiare. Ah che ameno spettacolo! Uno mangiava con due cucchiai, l'altro s'ingozzava con le mani; molti levavano i fagiuoli uno per uno e se li ficcavano in tasca; altri invece li rivoltavano stretti stretti nel grembialino e ci picchiavan su, per far la pasta. Ce n'erano anche che non mangiavano per veder volare le mosche, e alcuni tossivano e spandevano una pioggia di riso tutto intorno. Un pollaio, pareva. Ma era grazioso. Facevano una bella figura le due file delle bambine tutte coi capelli legati sul cocuzzolo con tanti nastrini rossi, verdi, azzurri. Una maestra domandò a una fila di otto bambine: «Dove nasce il riso?» Tutt'e otto spalancarono la bocca piena di minestra, e risposero tutte insieme cantando: «Na-sce nell'ac-qua». Poi la maestra comandò: «Le mani in alto!» E allora fu bello veder scattare su tutti quei braccini, che mesi fa erano ancor nelle fasce, e agitarsi tutte quelle mani piccole, che parevan tante farfalle bianche e rosate.

Poi andarono alla ricreazione; ma prima presero tutti i loro panierini con dentro la colazione, che erano appesi ai muri. Uscirono nel giardino e si sparpagliarono, tirando fuori le loro provvigioni: pane, prugne cotte, un pezzettino di formaggio, un ovo sodo, delle pere piccole, una pugnata di ceci lessi, un'ala di pollo. In un momento tutto il giardino fu coperto di bricioline come se ci avessero sparso del becchime per uno stormo d'uccelli. Mangiavano in tutte le più strane maniere, come i conigli, i topi, i gatti, rosicchiando, leccando, succhiando. C'era un bimbo che si teneva appuntanto un grissino sul petto e lo andava ungendo con una nespola, come se lustrasse una sciabola. Delle bambine spiaccicavano nel pugno certe formaggiole molli, che colavano tra le dita, come latte, e filavan giù dentro alle maniche; ed esse non se n'accorgevano mica. Correvano e s'inseguivano con le mele e i panini attaccati ai denti, come i cani. Ne vidi tre che scavavano con un fuscello dentro a un ovo sodo credendo di scoprirvi dei tesori, e lo spandean mezzo per terra, e poi lo raccoglievano briciolo per briciolo, con grande pazienza, come se fossero perle. E a quelli che avevano qualcosa di straordinario, c'erano intorno otto o dieci col capo chino a guardar nel paniere, come avrebbero guardato la luna nel pozzo. Ci saranno stati venti intorno a un batuffoletto alto così, che aveva in mano un cartoccino di zucchero, tutti a fargli cerimonie per aver il permesso d'intingere il pane, e lui a certi lo dava, e ad altri, pregato bene, non imprestava che il dito da succhiare.

Intanto mia madre era venuta nel giardino e accarezzava ora l'uno ora l'altro. Molti le andavano intorno, anzi addosso, a chiederle un bacio, col viso in su, come se guardassero a un terzo piano, aprendo e chiudendo la bocca, come per domandare la cioccia. Uno le offerse uno spicchio d'arancia morsicata, un altro una crostina di pane, una bimba le diede una foglia; un'altra bimba le mostrò con grande serietà la punta dell'indice, dove, a guardar bene, si vedeva un gonfiettino microscopico, che s'era fatto il giorno prima toccando la fiammella della candela. Le mettevan sotto gli occhi, come grandi meraviglie, degli insetti piccolissimi, che non so come facessero a vederli e a raccoglierli, dei mezzi tappi di sughero, dei bottoncini di camicia, dei fiorellini strappati dai vasi. Un bambino con la testa fasciata, che voleva essere sentito ad ogni costo, le tartagliò non so che storia d'un capitombolo, che non se ne capì una parola; un altro volle che mia madre si chinasse, e le disse nell'orecchio: «Mio padre fa le spazzole». E in quel frattempo accadevano qua e là mille disgrazie che facevano accorrere le maestre: bambine che piangevano perché non potevano disfare un nodo del fazzoletto, altre che si disputavano a unghiate e a strilli due semi di mela, un bambino che era caduto a bocconi sopra un panchettino rovesciato, e singhiozzava su quella rovina senza potersi rialzare.

Prima d'andar via, mia madre ne prese in braccio tre o quattro, e allora accorsero da tutte le parti per farsi pigliare, coi visi tinti di torlo d'ovo e di sugo d'arancia, e chi ad afferrarle le mani, chi a prenderle un dito per vederle l'anello; l'uno a tirarle la catenella dell'orologio, l'altro a volerla acchiappare per le trecce. «Badi» dicevano le maestre «che le sciupano il vestito.» Ma a mia madre non importava nulla del vestito, e continuò a baciarli, e quelli sempre più a serrarlesi addosso, i primi con le braccia tese come se volessero arrampicarsi, i lontani cercando di farsi innanzi tra la calca, e tutti gridando: «Addio! Addio! Addio!» Infine le riuscì di scappar dal giardino. E allora corsero tutti a mettere il viso tra i ferri della cancellata, per vederla passare, e a cacciar le braccia fuori per salutarla, offrendo ancora tozzi di pane, bocconcini di nespola e croste di formaggio, e gridando tutti insieme: «Addio! Addio! Addio! Ritorna domani! Vieni un'altra volta» Mia madre, scappando, fece ancora scorrere una mano su quelle cento manine tese, come sopra una ghirlanda di rose vive, e finalmente riuscì in salvo sulla strada, tutta coperta di briciole e di macchie, sgualcita e scarmigliata, con una mano piena di fiori e gli occhi gonfi di lacrime, contenta, come se fosse uscita da una festa. E si sentiva ancora il vocìo di dentro, come un gran pispigliare d'uccelli, che dicevano: «Addio! Addio! Vieni un'altra volta, *madama*!»

ALLA GINNASTICA   *5, mercoledì*

Il tempo continuando bellissimo, ci hanno fatto passare dalla ginnastica del camerone a quella degli attrezzi, in giardino. Garrone era ieri nell'ufficio del Direttore quando venne la madre di Nelli, quella signora bionda vestita di nero, per far dispensare il figliuolo dai nuovi esercizi. Ogni parola le costava uno sforzo, e parlava tenendo una mano sul capo del suo ragazzo. «Egli non può...» disse al Direttore. Ma Nelli si mostrò addolorato di essere escluso dagli attrezzi, d'aver quell'umiliazione di più... «Vedrai, mamma» diceva «che farò come gli altri.» Sua madre lo guardava, in silenzio, con un'aria di pietà e di affetto. Poi osservò con esitazione: «Temo dei suoi compagni...». Voleva dire: "Temo che lo burlino". Ma Nelli rispose: «Non mi fa nulla... E poi, c'è Garrone. Mi basta che ci sia lui che non rida». E allora lo lasciaron venire. Il maestro, quello della ferita al collo, che è stato con Garibaldi, ci condusse subito alle sbarre verticali, che sono alte molto, e bisogna arrampicarsi fino in cima, e mettersi ritti sull'asse trasversale. Derossi e Coretti andarono su come bertucce; anche il piccolo Precossi salì svelto, benché impacciato da quel giacchettone che gli dà alle ginocchia, e per farlo ridere, mentre saliva, tutti gli ripetevano il suo intercalare: «Scusami, scusami». Stardi sbuffava, diventava rosso come un tacchino, stringeva i denti che pareva un cane arrabbiato; ma anche a costo di scoppiare sarebbe arrivato in cima, e ci arrivò infatti; e Nobis pure, e quando fu lassù prese un'impostatura da imperatore; ma Votini sdrucciolò due volte, nonostante il suo bel vestito nuovo a righette azzurre, fatto apposta per la ginnastica. Per salir più facile s'eran tutti impiastricciati le mani di pece greca, colofonia, come la chiamano; e si sa che è quel trafficone di Garoffi che la provvede a tutti, in polvere, vendendola un soldo al cartoccio e guadagnandoci un tanto. Poi toccò a Garrone, che salì masticando pane come se niente fosse, e credo che sarebbe stato capace di portar su uno di noi sulle spalle, da tanto ch'è tarchiato e forte, quel toretto. Dopo Garrone, ecco Nelli. Appena lo videro attaccarsi alla sbarra con quelle mani lunghe e sottili, molti cominciarono a ridere e a canzonare; ma Garrone incrociò le sue grosse braccia sul petto, e saettò intorno un'occhiata così espressiva, fece intender così chiaro che avrebbe allungato subito quattro briscole anche in presenza del maestro, che tutti smisero di ridere sul momento. Nelli cominciò ad arrampicarsi, stentava, poverino, faceva il viso paonazzo, respirava forte, gli colava il sudore dalla fronte. Il maestro disse: «Vieni giù». Ma egli no, si sforzava, s'ostinava: io mi aspettavo da un un momento all'altro di vederlo ruzzolar giù mezzo morto. Povero Nelli! Pensavo: se fossi stato come lui e m'avesse visto mia madre, come n'avrebbe sofferto, povera mia madre; e pensando a questo, gli volevo così bene a Nelli, avrei dato non so che perché riuscisse a salire, per poterlo sospinger io per di sotto, senza esser veduto. Intanto Garrone, Derossi, Coretti dicevano: «Su, su, Nelli, forza, ancora un tratto, coraggio!» E Nelli fece ancora uno sforzo violento, mettendo un gemito, e si trovò a due palmi dall'asse. «Bravo!» gridarono gli altri. «Coraggio! Ancora una spinta!» Ed ecco Nelli afferrato all'asse. Tutti batteron le mani. «Bravo!» disse il maestro «ma ora basta; scendi pure.» Ma Nelli volle salir fino in cima come gli altri, e dopo un po' di stento riuscì a mettere i gomiti sull'asse, poi le ginocchia, poi i piedi: infine si levò ritto, e ansando e sorridendo, ci guardò. Noi tornammo a batter le mani e allora egli guardò nella strada. Io mi voltai da quella parte, e a traverso alle piante che copron la cancellata del giardino vidi sua madre che passeggiava sul marciapiede, senza osar di guardare. Nelli discese e tutti gli fecero festa, era eccitato, roseo, gli splendevan gli occhi, non pareva più quello. Poi, all'uscita, quando sua madre gli venne incontro e gli domandò un po' inquieta, abbracciandolo: «Ebbene, povero figliuolo, com'è andata? com'è andata?» tutti i compagni risposero insieme: «Ha fatto bene! È salito come noi. È forte, sa. È lesto! Fa tale e quale come gli altri». Bisognò vederla, allora, la gioia di quella signora! Ci volle ringraziare e non poté, strinse la mano a tre o quattro, fece una carezza a Garrone, si portò via il figliuolo, e li vedemmo per un pezzo camminare in fretta, discorrendo e gestendo fra loro, tutti e due contenti, come non li aveva mai visti nessuno.

IL MAESTRO DI MIO PADRE   *11, martedì*

Che bella gita feci ieri con mio padre! Ecco come. Ieri l'altro, a desinare, leggendo il giornale, mio padre uscì tutt'a un tratto in una esclamazione di meraviglia. Poi disse: «Io che lo credevo morto da vent'anni! Sapete che è ancora vivo il mio primo maestro elementare, Vincenzo Crosetti, che ha ottantaquattro anni? Vedo qui che il Ministero gli ha dato la medaglia di benemerenza per sessant'anni d'insegnamento. Ses-san-t'an-ni, capite? E non son che due anni che ha smesso di far scuola. Povero Crosetti! Sta a un'ora di strada ferrata da qui, a Condove, nel paese della nostra antica giardiniera della villa di Chieri». E soggiunse: «Enrico, noi andremo a vederlo». E per tutta la sera non parlò più che di lui. Il nome del suo maestro elementare gli richiamava alla memoria mille cose di quand'era ragazzo, dei suoi primi compagni, della sua mamma morta. «Crosetti!» esclamava. «Aveva quarant'anni quando ero con lui. Mi par ancora di vederlo. Un ometto già un po' curvo, con gli occhi chiari, col viso sempre sbarbato. Severo, ma di buone maniere, che ci voleva bene come un padre e non ce ne perdonava una. Era venuto su da contadino, a furia di studio e di privazioni. Un galantuomo. Mia madre gli era affezionata e mio padre lo trattava come un amico. Com'è andato a finire a Condove, da Torino? Non mi riconoscerà più, certamente. Non importa, io riconoscerò lui. Quarantaquattro anni son passati! Quarantaquattro anni, Enrico; andremo a vederlo domani.»

E ieri mattina alle nove eravamo alla stazione della strada ferrata di Susa. Io avrei voluto che venisse anche Garrone; ma egli non poté perché ha la mamma malata. Era una bella giornata di primavera. Il treno correva fra i prati verdi e le siepi in fiore, e si sentiva un'aria odorosa. Mio padre era contento, e ogni tanto mi metteva un braccio intorno al collo, e mi parlava come a un amico, guardando la campagna. «Povero Crosetti!» diceva. «È lui il primo uomo che mi volle bene e mi fece del bene, dopo mio padre. Non li ho mai più dimenticati certi suoi buoni consigli, e anche certi rimproveri secchi, che mi facevan tornare a casa con la gola stretta. Aveva certe mani grosse e corte. Lo vedo ancora quando entrava nella scuola, che metteva la canna in un canto e appendeva il mantello all'attaccapanni, sempre con lo stesso gesto. E tutti i giorni il medesimo umore, sempre coscienzioso, pieno di buon volere e attento, come se ogni giorno facesse scuola per la prima volta. Lo ricordo come se lo sentissi adesso quando mi guardava: "Bottini, eh, Bottini! L'indice e il medio su quella penna!" Sarà molto cambiato, dopo quarantaquattro anni! »

Appena arrivati a Condove, andammo a cercare la nostra antica giardiniera di Chieri, che ha una botteguccia, in un vicolo.

La trovammo coi suoi ragazzi, ci fece molta festa, ci diede notizie di suo marito, che deve tornare dalla Grecia, dov'è a lavorare da tre anni, e della sua prima figliuola, che è nell'Istituto dei sordomuti a Torino. Poi c'insegnò la strada per andar dal maestro, che è conosciuto da tutti.

Uscimmo dal paese, e pigliammo per una viottola in salita fiancheggiata da siepi fiorite.

Mio padre non parlava più, pareva tutto assorto nei suoi ricordi, e ogni tanto sorrideva e poi scoteva la testa.

All'improvviso si fermò, e disse: «Eccolo. Scommetto che è lui».

Veniva giù verso di noi, per la viottola, un vecchio piccolo, con la barba bianca, con un cappello largo, appoggiandosi a un bastone: strascicava i piedi e gli tremavan le mani.

«È lui» ripeté mio padre, affrettando il passo.

Quando gli fummo vicini, ci fermammo. Il vecchio pure si fermò, e guardò mio padre. Aveva il viso ancora fresco, e gli occhi chiari e vivi.

«È lei» domandò mio padre, levandosi il cappello «il maestro Vincenzo Crosetti?»

Il vecchio pure si levò il cappello e rispose: «Son io» con una voce un po' tremola, ma piena.

«Ebbene» disse mio padre, pigliandogli la mano «permetta a un suo antico scolaro di stringerle la mano e di domandarle come sta. Io son venuto da Torino per vederla.»

Il vecchio lo guardò, stupito. Poi disse: «Mi fa troppo onore... non so... Quando, mio scolaro? Mi scusi. Il suo nome, per piacere».

Mio padre disse il suo nome, Alberto Bottini, e l'anno che era stato a scuola da lui, e dove; e soggiunse: «Lei non si ricorderà di me, è naturale. Ma io riconosco lei così bene! »

Il maestro chinò il capo e guardò in terra, pensando, e mormorò due o tre volte il nome di mio padre; il quale, intanto, lo guardava con gli occhi fissi e sorridenti.

A tratto il vecchio alzò il viso, con gli occhi spalancati, e disse lentamente: «Alberto Bottini? il figliuolo dell'ingegnere Bottini; quello che stava in piazza della Consolata? »

«Quello» rispose mio padre, tendendo le mani.

«Allora...» disse il vecchio «mi permetta, caro signore, mi permetta» e fattosi innanzi, abbracciò mio padre: la testa bianca gli arrivava appena alla spalla. Mio padre appoggiò la guancia sulla sua fronte.

«Abbia la bontà di venire con me» disse il maestro.

E senza parlare, si voltò e riprese il cammino verso casa sua. In pochi minuti arrivammo a un'aia, davanti a una piccola casa con due usci, intorno a uno dei quali c'era un po' di muro imbiancato.

Il maestro aperse il secondo e ci fece entrare in una stanza. Eran quattro pareti bianche: in un canto un letto a cavalletti con una coperta a quadretti bianchi e turchini, in un altro un tavolino con una piccola libreria; quattro seggiole e una vecchia carta geografica inchiodata a una parete; si sentiva un buon odore di mele.

Sedemmo tutti e tre. Mio padre e il maestro si guardarono per qualche momento in silenzio.

«Bottini!» esclamò poi il maestro, fissando gli occhi sul pavimento a mattoni, dove il sole faceva uno scacchiere. «Oh! mi ricordo bene. La sua signora madre era una così buona signora! Lei, il primo anno è stato per un pezzo nel primo banco a sinistra vicino alla finestra. Guarda un po' se mi ricordo. Vedo ancora la sua testa ricciuta.» Poi stette un po' pensando. «Era un ragazzo vivo, eh, molto. Il secondo anno è stato malato di crup. Mi ricordo quando lo riportarono alla scuola, dimagrato, ravvolto in uno scialle. Sono passati quarant'anni, non è vero? È stato buono tanto a ricordarsi del suo povero maestro. E ne vennero degli altri, sa, gli anni addietro, a trovarmi qui, dei miei antichi scolari: un colonnello, dei sacerdoti, vari signori.» Domandò a mio padre qual era la sua professione. Poi disse: «Mi rallegro, mi rallegro di cuore. La ringrazio. Ora poi era un pezzo che non vedevo più nessuno. E ho ben paura che lei sia l'ultimo, caro signore.»

«Che dice mai?» esclamò mio padre. «Lei sta bene, è ancora vegeto. Non deve dir questo.»

«Eh, no» rispose il maestro. «Vede questo tremito?» e gli mostrò le mani. «Questo è un cattivo segno. Mi prese tre anni fa quando facevo ancora scuola. Da principio non ci badai; credevo che sarebbe passato. Ma invece restò, e andò crescendo. Venne un giorno che non potei più scrivere. Ah! quel giorno, quella prima volta che feci uno sgorbio sul quaderno d'un mio scolaro fu un colpo al cuore per me, caro signore. Tirai bene ancora avanti per un po' di tempo; ma poi non potei più. Dopo sessant'anni d'insegnamento dovetti dare un addio alla scuola, agli scolari, al lavoro. E fu dura, sa, fu dura. L'ultima volta che feci lezione mi accompagnarono tutti a casa, mi fecero festa; ma io ero triste: capivo che la mia vita era finita. Già l'anno prima avevo perso mia moglie e il mio figliuolo unico. Non restai che con due nipoti contadini. Ora vivo di qualche centinaio di lire di pensione. Non faccio più nulla: le giornate mi par che non finiscano mai. La mia sola occupazione, vede, è di sfogliare i miei vecchi libri di scuola, delle raccolte di giornali scolastici, qualche libro che mi hanno regalato. Ecco lì» disse accennando la piccola libreria; «lì ci sono i miei ricordi, tutto il mio passato... Non mi resta altro al mondo.»

Poi in tono improvvisamente allegro: «Io le voglio fare una sorpresa, caro signor Bottini».

S'alzò e avvicinatosi al tavolino, aperse un cassetto lungo che conteneva molti piccoli pacchi, tutti legati con un cordoncino, e su ciascuno c'era scritta una data di quattro cifre. Dopo aver cercato un poco, ne aperse uno, sfogliò molte carte, tirò fuori un foglio ingiallito e lo porse a mio padre. Era un suo lavoro di scuola di quarant'anni fa! C'era scritto in testa: *Alberto Bottini, Det-*

tato, 3 aprile 1838. Mio padre riconobbe subito la sua grossa scrittura di ragazzo, e si mise a leggere sorridendo. Ma a un tratto gli si inumidirono gli occhi. Io m'alzai, domandandogli che cos'aveva.

Egli mi passò un braccio intorno alla vita e stringendomi al suo fianco mi disse: «Guarda questo foglio. Vedi? Queste sono le correzioni della mia povera madre. Essa mi rinforzava sempre gli *elle* e i *ti*. E le ultime righe son tutte sue. Aveva imparato a imitare i miei caratteri e quando io ero stanco e avevo sonno, terminava il lavoro per me. Santa madre mia!»

E baciò la pagina.

«Ecco» disse il maestro, mostrando gli altri pacchi «le mie memorie. Ogni anno io ho messo da parte un lavoro di ciascuno dei miei scolari, e son tutti qui ordinati e numerati. Alle volte li sfoglio, così, e leggo una riga qua e una là, e mi tornano in mente mille cose, mi par di rivivere nel tempo andato. Quanti ne son passati, caro signore! Io chiudo gli occhi, e vedo visi sopra visi, classi dietro classi, centinaia e centinaia di ragazzi, che chi sa quanti son già morti. Di molti mi ricordo bene. Mi ricordo bene dei più buoni e dei più cattivi, di quelli che m'han fatto passare dei momenti tristi; perché ci ho avuto anche dei serpenti, si sa in un così gran numero! Ma oramai, lei capisce, è come se fossi già nel mondo di là, e voglio bene a tutti egualmente.»

Si rimise a sedere e prese una delle mie mani fra le sue.

«E di me» domandò mio padre sorridendo «non si ricorda nessuna monelleria?»

«Di lei, signore?» rispose il vecchio, sorridendo pure. «No, per il momento. Ma questo non vuol mica dire che non ne abbia fatte. Lei però aveva giudizio, era serio per l'età sua. Mi ricordo la grande affezione che le aveva la sua signora madre... Ma è stato ben buono, ben gentile a venirmi a trovare! Come ha potuto lasciare le sue occupazioni per venire da un povero vecchio maestro?»

«Senta, signor Crosetti» rispose mio padre, vivamente. «Io mi ricordo la prima volta che la mia povera madre m'accompagnò alla scuola. Era la prima volta che doveva separarsi da me per due ore, e lasciarmi fuori di casa, in altre mani che quelle di mio padre; nelle mani d'una persona sconosciuta, insomma. Per quella buona creatura la mia entrata nella scuola era come l'entrata nel mondo, la prima di una lunga serie di separazioni necessarie e dolorose: era la società che le strappava per la prima volta il figliuolo, per non renderglielo mai più tutto intero. Era commossa, e io pure. Mi raccomandò a lei con la voce che le tremava, e poi, andandosene, mi salutò ancora per lo spiraglio dell'uscio, con gli occhi pieni di lacrime. E proprio in quel punto lei le fece un atto con la mano, mettendosi l'altra sul petto, come per dirle: "Signora, si fidi di me". Ebbene quel suo atto, quel suo sguardo, da cui mi accorsi che lei aveva capito tutti i sentimenti, tutti i pensieri di mia madre, quello sguardo che voleva dire: "Coraggio!" quell'atto che era un'onesta promessa di protezione, d'affetto, d'indulgenza io non l'ho mai scordato, m'è rimasto scolpito nel cuore per sempre; ed è quel ricordo che m'ha fatto partir da Torino. Ed eccomi qui, dopo quarantaquattro anni, a dirle: "Grazie, caro maestro".»

Il maestro non rispose: mi accarezzava i capelli con la mano, e la sua mano tremava, tremava, mi saltava dai capelli sulla fronte, dalla fronte sulla spalla.

Intanto mio padre guardava quei muri nudi, quel povero letto, un pezzo di pane e un'ampollina d'olio ch'eran sulla finestra, e pareva che volesse dire: «Povero maestro, dopo sessant'anni di lavoro, è questo il tuo premio?»

Ma il buon vecchio era contento e ricominciò a parlare con vivacità della nostra famiglia, di altri maestri di quegli anni, e dei compagni di scuola di mio padre; il quale di alcuni si ricordava e di altri no, e l'uno dava all'altro delle notizie di questo e di quello: quando mio padre ruppe la conversazione per pregare il maestro di scendere in paese a far colazione con noi. Egli rispose con espansione: «La ringrazio, la ringrazio» ma pareva incerto. Mio padre gli prese tutt'e due le mani e lo ripregò. «Ma come farò a mangiare» disse il maestro «con queste povere mani che ballano in questa maniera? È una penitenza anche per gli altri.» «Noi l'aiuteremo, maestro» disse mio padre. E allora accettò, tentennando il capo e sorridendo.

«Una bella giornata questa» disse chiudendo l'uscio di fuori «una bella giornata, caro signor Bottini! Le accerto che me ne ricorderò fin che avrò vita.»

Mio padre diede il braccio al maestro, questi prese per mano me, e discendemmo per la viottola. Incontrammo due ragazzine scalze che conducevan le vacche e un ragazzo che passò correndo, con un gran carico di paglia sulle spalle. Il maestro ci disse che eran due scolare e uno scolaro di seconda, che la mattina menavan le bestie a pasturare e lavoravan nei campi a piedi nudi, e la sera si mettevan le scarpe e andavano a scuola. Era quasi mezzogiorno. Non incontrammo nessun altro. In pochi minuti arrivammo all'albergo, ci sedemmo a una gran tavola, mettendo in mezzo il maestro, e cominciammo subito a far colazione. L'albergo era silenzioso come un convento. Il maestro era molto allegro, e la commozione gli accresceva il tremito; non poteva quasi mangiare. Ma mio padre gli tagliava la carne, gli rompeva il pane, gli metteva il sale nel tondo. Per bere bisognava che tenesse il bicchiere con due mani, e ancora gli batteva nei denti. Ma discorreva fitto, con calore, dei libri di lettura di quando era giovane, degli orari d'allora, degli elogi che gli avevan fatto i superiori, dei regolamenti di questi ultimi anni, sempre con quel viso sereno, un poco più rosso di prima, e con una voce gaia, e il riso quasi d'un giovane. E mio padre lo guardava, lo guardava, con la stessa espressione con cui lo sorprendo qualche volta a guardar me, in casa, quando pensa e sorride da sé, col viso inclinato da una parte. Il maestro si lasciò andar del vino sul petto; mio padre s'alzò e lo ripulì col tovagliolo. «Ma, signore, non permetto!» egli disse, e rideva. Diceva delle parole in latino. E infine alzò il bicchiere, che gli ballava in mano, e disse serio serio: «Alla sua salute, dunque, caro signor ingegnere, ai suoi figliuoli, alla memoria della sua buona madre!» «Alla vostra, mio buon maestro!» rispose mio padre, stringendogli la mano. E in fondo alla stanza c'era l'albergatore ed altri, che guardavano e sorridevano in una maniera, come se fossero contenti di quella festa che si faceva al maestro del loro paese.

Alle due passate uscimmo e il maestro ci volle accompagnare alla stazione. Mio padre gli diede di nuovo il braccio ed egli mi riprese per la mano: io gli portai il bastone. La gente si soffermava a guardare, perché tutti lo conoscevano; alcuni lo salutavano. A un certo punto della strada sentimmo da una finestra molte voci di ragazzi, che leggevano insieme, compitando. Il vecchio si fermò e parve si rattristasse.

«Ecco, caro signor Bottini» disse «quello che mi fa pena. È sentir la voce dei ragazzi nella scuola, e non esserci più, pensare che c'è un altro. L'ho sentita per sessant'anni questa musica, e ci avevo fatto il cuore... Ora son senza famiglia. Non ho più figliuoli.»

«No, maestro» gli disse mio padre, ripigliando il cammino «lei ce n'ha ancora molti di figliuoli, sparsi per il mondo, che si ricordano di lei, come io me ne sono sempre ricordato.»

«No, no» rispose il maestro con tristezza; «non ho più scuola, non ho più figliuoli. E senza figliuoli non vivrò più un pezzo. Ha da suonar presto la mia ora.»

«Non lo dica, maestro, non lo pensi» disse mio padre. «In ogni modo, lei ha fatto tanto bene. Ha impiegato la vita così nobilmente!»

Il vecchio maestro inclinò un momento la testa bianca sopra la spalla di mio padre, e mi diede una stretta alla mano.

Eravamo entrati nella stazione. Il treno stava per partire.

«Addio, maestro!» disse mio padre, baciandolo sulle due guance.

«Addio, grazie, addio» rispose il maestro, prendendo colle sue mani trementi una mano di mio padre e stringendosela sul cuore.

Poi lo baciai io, e gli sentii il viso bagnato. Mio padre mi spinse nel vagone e, al momento di salire, levò rapidamente il rozzo bastone di mano al maestro, e gli mise invece la sua bella canna col pomo d'argento e le sue iniziali, dicendogli: «La conservi per mia memoria».

Il vecchio tentò di renderla e prender la sua: ma mio padre era già dentro.

«Addio, mio buon maestro!»

«Addio, figliuolo» rispose il maestro, mentre il treno si muoveva «Dio la benedica per la consolazione che ha portato a un povero vecchio.»

«A rivederci!» gridò mio padre, con voce commossa.

Ma il maestro crollò il capo come per dire: "Non ci rivedremo più".

«Sì, sì» rispose mio padre «a rivederci.»

E quegli rispose alzando la mano tremola al cielo: «Lassù!»

E disparve al nostro sguardo così, con la mano in alto.

CONVALESCENZA   *20, giovedì*

Chi m'avrebbe detto quando tornavo così allegro da quella bella gita con mio padre che per dieci giorni non avrei più visto né campagna né cielo! Sono stato molto malato, in pericolo di vita. Ho sentito mia madre singhiozzare, ho visto mio padre pallido pallido, che mi guardava fisso, e mia sorella Silvia e mio fratello che discorrevano a bassa voce e il medico con gli occhiali, che era ogni momento lì, e mi diceva delle cose che non capivo. Proprio, son stato a un punto dal dare un addio a tutti. Ah, povera mia madre! Son passati almeno tre o quattro giorni di cui non mi ricordo quasi nulla, come se avessi fatto un sogno imbrogliato e oscuro. Mi sembra di aver visto accanto al mio letto la mia buona maestra di prima superiore che si sforzava di soffocare la tosse col fazzoletto, per non disturbarmi; ricordo così in confuso il mio maestro che si chinò a baciarmi e mi punse un poco il viso con la barba! E ho visto passare come una nebbia la testa rossa di Crossi, i riccioli biondi di Derossi, il calabrese vestito di nero, e Garrone che mi portò un mandarino con le foglie e scappò subito perché sua madre stava male. Poi mi destai come da un sonno lunghissimo, e capii che stavo meglio vedendo mio padre e mia madre che sorridevano, e sentendo Silvia che canterellava. Oh, che triste sogno è stato! Poi ho cominciato a migliorare ogni giorno. È venuto il muratorino che m'ha fatto ridere per la prima volta col suo muso di lepre; e come lo fa bene ora che gli s'è allungato un po' il viso per la malattia, poveretto! È venuto Coretti, è venuto Garoffi a regalarmi due biglietti della sua nuova lotteria per "un temperino cinque sorprese" che comperò da un rigattiere di via Bertola. Ieri poi, mentre dormivo, è venuto Precossi, che ha messo la guancia sopra la mia mano, senza svegliarmi, e come veniva dall'officina di suo padre col viso impolverato di carbone, mi lasciò l'impronta nera sulla manica, che mi ha fatto un gran piacere a vederla quando mi sono svegliato. Come sono diventati verdi gli alberi in questi pochi giorni! E che invidia mi fanno i ragazzi che vedo correre alla scuola coi loro libri, quando mio padre mi porta alla finestra! Ma fra poco ci tornerò io pure. Sono tanto impaziente di rivedere tutti quei ragazzi, il mio banco, il giardino, quelle strade; di sapere tutto quello che mi è accaduto in questo tempo; di rimettermi ai miei libri e ai miei quaderni, che mi pare un anno che non li vedo più! Povera mia madre, com'è dimagrita e impallidita! Povero mio padre, come ha l'aria stanca! E i miei buoni compagni, che son venuti a trovarmi e camminavano in punta di piedi e mi baciavano in fronte! Mi fa tristezza ora a pensare che un giorno ci separeremo. Con Derossi, con qualche altro, continueremo a far gli studi insieme, forse; ma tutti gli altri? Una volta finita la quarta, addio; non ci rivedremo più; non li vedrò più accanto al mio letto quando sarò malato; Garrone, Precossi, Coretti, tanti bravi ragazzi, tanti buoni e cari compagni, mai più!

GLI AMICI OPERAI   20, giovedì

Perché, Enrico mai più? Questo dipenderà da te. Finita la quarta, tu andrai al Ginnasio ed essi faranno gli operai; ma rimarrete nella stessa città, forse per molti anni. E perché, allora, non v'avrete più a rivedere? Quando tu sarai all'Università o al Liceo, li andrai a cercare nelle loro botteghe o nelle loro officine, e ti sarà un grande piacere il ritrovare i tuoi compagni d'infanzia – uomini – al lavoro. Vorrei vedere che tu non andassi a cercare Coretti e Precossi, dovunque fossero! Tu ci andrai e passerai delle ore in loro compagnia e vedrai, studiando la vita e il mondo, quante cose potrai imparare da loro, che nessun altro ti saprà insegnare, e sulle loro arti e sulla loro società e sul tuo paese. E bada che se non conserverai queste amicizie, sarà ben difficile che tu ne acquisti altre simili in avvenire, delle amicizie, voglio dire, fuori della classe a cui appartieni: e così vivrai in una classe sola, e l'uomo che pratica una sola classe sociale, è come uno studioso che non legge che un libro. Proponiti quindi fin d'ora di conservarti quei buoni amici anche dopo che sarete divisi, e coltivali fin d'ora di preferenza, appunto perché son figliuoli d'operai. Vedi: gli uomini delle classi superiori sono gli ufficiali, e gli operai sono i soldati del lavoro; ma così nella società come nell'esercito, non solo il soldato non è men nobile dell'ufficiale, perché la nobiltà sta nel lavoro e non nel guadagno, nel valore e non nel grado; ma se c'è una superiorità di merito è dalla parte del soldato, dell'operaio, i quali ricavan dall'opera propria minor profitto. Ama dunque, rispetta sopra tutti, fra i tuoi compagni, i figliuoli dei soldati del lavoro; onora in essi le fatiche e i sacrifici dei loro parenti; disprezza le differenze di fortuna e di classe, sulle quali i vili soltanto regolano i sentimenti e la cortesia; pensa che uscì quasi tutto dalle vene dei lavoratori delle officine e dei campi il sangue benedetto che ci ha redento la patria; ama Garrone, ama Precossi, ama Coretti, ama il tuo "muratorino" che nei loro petti di piccoli operai chiudono dei cuori di principi, e giura a te medesimo che nessun cangiamento di fortuna potrà mai strappare queste sante amicizie infantili dall'anima tua. Giura che se fra quarant'anni, passando in una stazione di strada ferrata, riconoscerai nei panni d'un macchinista il tuo vecchio amico Garrone col viso nero... ah non m'occorre che tu lo giuri: son sicuro che salirai sulla macchina e che gli getterai le braccia al collo, fossi anche un Senatore del Regno.

Tuo padre

LA MADRE DI GARRONE   *28, venerdì*

Tornato alla scuola, subito una triste notizia. Da vari giorni Garrone non veniva più perché sua madre era malata grave. Sabato sera è morta. Ieri mattina, appena entrato nella scuola, il maestro ci disse: «Al povero Garrone è toccata la più grande disgrazia che possa colpire un fanciullo. Gli è morta la madre. Domani egli ritornerà in classe. Vi prego fin d'ora, ragazzi: rispettate il terribile dolore che gli strazia l'anima. Quando entrerà, salutatelo con affetto e seri; nessuno scherzi, nessuno rida con lui, mi raccomando». E questa mattina, un po' più tardi degli altri, entrò il povero Garrone. Mi sentii un colpo al cuore a vederlo. Era smorto in viso, aveva gli occhi rossi, e si reggeva male sulle gambe: pareva che fosse stato un mese malato: quasi non si riconosceva più: era vestito tutto di nero: faceva compassione. Nessuno fiatò; tutti lo guardarono. Appena entrato, al primo riveder quella scuola, dove sua madre era venuta a prenderlo quasi ogni giorno, quel banco sul quale s'era tante volte chinata i giorni d'esame a fargli l'ultima raccomandazione, e dove egli aveva tante volte pensato a lei impaziente d'uscire per correrle incontro, diede in uno scoppio di pianto disperato. Il maestro lo tirò vicino a sé, se lo strinse al petto e gli disse: «Piangi, piangi pure, povero ragazzo: ma fatti coraggio. Tua madre non è più qua, ma ti vede, t'ama ancora, vive ancora accanto a te... e un giorno tu la rivedrai, perché sei un'anima buona e onesta come lei. Fatti coraggio». Detto questo, l'accompagnò al banco, vicino a me. Io non osavo di guardarlo. Egli tirò fuori i suoi quaderni e i suoi libri che non aveva aperti da molti giorni; e aprendo il libro di lettura dove c'è una vignetta che rappresenta una madre col figliuolo per mano, scoppiò in pianto un'altra volta e chinò la testa sul braccio. Il maestro ci fece cenno di lasciarlo stare così e cominciò la lezione. Io avrei voluto dirgli qualche cosa, ma non sapevo. Gli misi una mano sul braccio e gli dissi all'orecchio: «Non piangere, Garrone». Egli non rispose, e senz'alzar la testa dal banco, mise la sua mano nella mia e ve la tenne un pezzo. All'uscita nessuno parlò, tutti gli girarono intorno, con rispetto e silenzio. Io vidi mia madre che m'aspettava, e corsi ad abbracciarla; ma essa mi respinse; e guardava Garrone. Subito non capii perché; m'accorsi che Garrone, solo in disparte, guardava lei; e mi guardava con uno sguardo d'inesprimibile tristezza, che voleva dire: "Tu abbracci ancora tua madre, e io non l'abbraccerò più! Tu hai ancora tua madre, e la mia è morta!" E allora capii perché mia madre m'aveva respinto e uscii senza darle la mano.

GIUSEPPE MAZZINI   *29, sabato*

Anche questa mattina Garrone venne alla scuola pallido e con gli occhi gonfi di pianto; e diede appena un'occhiata ai piccoli regali che gli avevano messi sul banco per consolarlo. Ma il maestro aveva portato una pagina d'un libro, da leggergli, per fargli animo. Prima ci avvertì che andassimo domani al tocco al Municipio a veder dare la medaglia al valor civile a un ragazzo che ha salvato un bambino dal Po, e che lunedì egli ci avrebbe dettato la descrizione della festa, in luogo del racconto mensile. Poi rivoltosi a Garrone, che stava col capo basso, gli disse: «Garrone, fa' uno sforzo, scrivi anche tu quello che io detto». Tutti pigliammo la penna. Il maestro dettò.

«Giuseppe Mazzini, nato a Genova nel 1805, morto a Pisa nel 1872, grande anima di patriota, grande ingegno di scrittore, ispiratore ed apostolo primo della rivoluzione italiana; il quale per amor della patria visse quarant'anni povero, esule, perseguitato, ramingo, eroicamente immobile nei suoi principii e nei suoi propositi; Giuseppe Mazzini che adorava sua madre, e che aveva attinto da lei quanto nella sua anima fortissima e gentile v'era di più alto e di più puro, così scriveva a un suo fedele amico, per consolarlo della più grande delle sventure. Son presso a poco le sue parole: "Amico, tu non vedrai mai più tua madre su questa terra. Questa è la tremenda verità. Io non mi reco a vederti, perché il tuo è uno di quei dolori solenni e santi che bisogna soffrire e vincere da sé soli. Comprendi ciò che voglio dire con queste parole: *Bisogna vincere il dolore?* Vincere quello che il dolore ha di meno santo, di meno purificatore; quello che, invece di migliorare l'anima, la indebolisce e l'abbassa. Ma l'altra parte del dolore, la parte nobile, quella che ingrandisce e innalza l'anima, quella deve rimanere con te, non lasciarti più mai. Quaggiù nulla si sostituisce a una buona madre. Nei dolori, nelle consolazioni che la vita può darti ancora, tu non la dimenticherai mai più. Ma tu devi ricordarla, amarla, rattristarti della sua morte in un modo degno di lei. O amico, ascoltami. La morte non esiste, non è nulla. Non si può nemmeno comprendere. La vita è vita, e segue la legge della vita, il progresso. Tu avevi ieri una madre in terra: oggi hai un angelo altrove. Tutto ciò che è bene sopravvive, cresciuto di potenza, alla vita terrena. Quindi anche l'amore di tua madre. Essa t'ama ora più che mai. E tu sei responsabile delle tue azioni a lei più di prima. Dipende da te, dalle opere tue d'incontrarla, di rivederla in un'altra esistenza. Tu devi dunque, per amore e riverenza a tua madre, diventar migliore e darle gioia di te. Tu dovrai d'ora innanzi, ad ogni atto tuo, dire a te stesso: 'Lo approverebbe mia madre?' La sua trasformazione ha messo per te nel mondo un angelo custode al quale devi riferire ogni cosa tua. Sii forte e buono; resisti al dolore disperato e volgare, abbi la tranquillità dei grandi patimenti nelle grandi anime: è ciò che essa vuole".»

«Garrone!» soggiunse il maestro: «*sii forte e tranquillo, è ciò che essa vuole.* Intendi?»

Garrone accennò di sì col capo, e intanto gli cadevan delle lacrime, grosse e fitte sulle mani, sul quaderno, sul banco.

Valor civile

Al tocco eravamo col maestro davanti al Palazzo di città per veder dare la medaglia del valor civile al ragazzo che salvò un suo compagno dal Po.

Sul terrazzo della facciata sventolava una grande bandiera tricolore.

Entrammo nel cortile del Palazzo.

Era già pieno di gente. Si vedeva in fondo un tavolo col tappeto rosso, e delle carte sopra, e dietro una fila di seggioloni dorati per il Sindaco e per la Giunta; c'erano gli uscieri del Municipio con la sottoveste azzurra e le calze bianche. A destra del cortile stava schierato un drappello di guardie daziarie; dall'altra parte i pompieri, in divisa festiva, e molti soldati senz'ordine, venuti là per vedere: soldati di cavalleria, bersaglieri, artiglieri. Poi tutt'intorno dei signori, dei popolani, alcuni ufficiali, e donne e ragazzi, che si accalcavano. Noi ci stringemmo in un angolo dov'erano già affollati molti alunni d'altre sezioni coi loro maestri, e c'era vicino a noi un gruppo di ragazzi del popolo, tra i dieci e i diciott'anni, che ridevano e parlavano forte, e si capiva ch'eran tutti di Borgo Po, compagni o conoscenti di quello che doveva aver la medaglia. Su, a tutte le finestre, c'erano affacciati degli impiegati del Municipio; la loggia della biblioteca pure era piena di gente, che si premeva contro la balaustrata; e in quella del lato opposto, che è sopra il portone d'entrata, stavano pigiate un gran numero di ragazze delle scuole pubbliche e molte *Figlie dei militari*, coi loro bei veli celesti. Pareva un teatro. Tutti discorrevano allegri, guardando a ogni tratto dalla parte del tavolo rosso se comparisse nessuno. La banda musicale suonava piano in fondo al portico. Sui muri alti batteva il sole. Era bello.

All'improvviso tutti si misero a battere le mani dal cortile, dalle logge, dalle finestre.

Io m'alzai in punta di piedi per vedere.

La folla che stava dietro al tavolo rosso s'era aperta, ed eran venuti avanti un uomo e una donna. L'uomo teneva per mano un ragazzo.

Era quello che aveva salvato il compagno.

L'uomo era suo padre, un muratore, vestito a festa. La donna – sua madre – piccola e bionda, aveva una veste nera. Il ragazzo biondo e piccolo, aveva una giacchetta grigia.

A veder tutta quella gente e a sentir quello strepito d'applausi, rimasero lì tutti e tre, che non osavano più né guardare né muoversi. Un usciere municipale li spinse accanto al tavolo, a destra.

Tutti stettero zitti un momento, e poi un'altra volta scoppiarono gli applausi da tutte le parti. Il ragazzo guardò su alle finestre e poi alla loggia delle *Figlie dei militari*; teneva il cappello fra le mani, sembrava che non capisse bene dove fosse. Mi parve che somigliasse un poco a Coretti, nel viso; ma più rosso. Suo padre e sua madre tenevan gli occhi fissi sul tavolo.

Intanto i ragazzi di Borgo Po, che eran vicini a noi, si sporgevano in avanti, facevano dei gesti verso il loro compagno per farsi vedere, chiamandolo a voce bassa: «*Pin! Pin! Pinot!*» A furia di chiamarlo si fecero sentire. Il ragazzo li guardò, e nascose il sorriso dietro il cappello.

A un dato punto tutte le guardie si misero sull'attenti.

Entrò il Sindaco, accompagnato da molti signori.

Il Sindaco, tutto bianco, con una gran sciarpa tricolore, si mise al tavolino, in piedi; tutti gli altri dietro e dai lati.

La banda cessò di suonare, il Sindaco fece un cenno, tutti tacquero.

Cominciò a parlare. Le prime parole non le intesi bene; ma capii che raccontava il fatto del ragazzo. Poi la sua voce s'alzò, e si sparse così chiara e sonora per tutto il cortile, che non perdetti una parola.

«...Quando vide sulla sponda il compagno che si dibatteva nel fiume, già preso dal terrore della morte, egli si strappò i panni di dosso e accorse senza titubare un momento. Gli gridarono: "T'anneghi!" non rispose; lo afferrarono, si svincolò: lo chiamaron per nome, era già nell'acqua. Il fiume era gonfio, il rischio terribile, anche per un uomo. Ma egli si slanciò contro la morte con tutta la forza del suo piccolo corpo e del suo grande cuore; raggiunse e afferrò in tempo il disgraziato, che già era sott'acqua, e lo tirò a galla; lottò furiosamente con l'onda che li volea travolgere, col compagno che tentava d'avvinghiarlo; e più volte sparì sotto e rivenne fuori con uno sforzo disperato; ostinato, invitto nel suo santo proposito, non come un ragazzo, ma come un uomo, come un padre che lotti per salvare un figliuolo, che è la sua speranza e la sua vita. Infine, Dio non permise che una così generosa prodezza fosse inutile. Il nuotatore fanciullo strappò la vittima al fiume gigante, e la recò a terra, e le diè ancora, con altri, i primi conforti; dopo di che se ne tornò sano e tranquillo, a raccontare ingenuamente l'atto suo. Signori! Bello, venerabile è l'eroismo nell'uomo. Ma nel fanciullo in cui nessuna mira d'ambizione o d'altro interesse è ancor possibile; nel fanciullo che tanto deve aver più d'ardimento quanto ha meno di forza; nel fanciullo a cui nulla domandiamo, che a nulla è tenuto, che ci pare già tanto nobile e amabile, non quando compia, ma solo quando comprenda e riconosca il sacrificio altrui, l'eroismo nel fanciullo è divino. Non dirò altro, signori. Non voglio onorar di lodi superflue una così semplice grandezza. Eccolo qui davanti a voi il salvatore generoso e gentile. Soldati, salutatelo come un fratello; madri, beneditelo come un figliuolo; fanciulli, ricordatevi il suo nome, stampatevi nella mente il suo viso, ch'egli non si cancelli mai più dalla vostra memoria e dal vostro cuore. Avvicinati, ragazzo. In nome del Re d'Italia, io ti do la medaglia al valor civile.»

Un evviva altissimo, lanciato insieme da molte voci, fece echeggiare il palazzo. Il Sindaco prese sul tavolo la medaglia e l'attaccò al petto del ragazzo. Poi lo abbracciò e lo baciò. La madre si mise una mano sugli occhi, il padre teneva il mento sul petto.

Il Sindaco strinse la mano a tutti e due, e preso il decreto della decorazione, legato con un nastro, lo porse alla donna.

Poi si rivolse al ragazzo e disse: «Che il ricordo di questo giorno così glorioso per te, così felice per tuo padre e per tua madre, ti mantenga per tutta la vita sulla via della virtù e dell'onore. Addio».

Il Sindaco uscì, la banda sonò e tutto pareva finito, quando il drappello dei pompieri si aperse, e un ragazzo di otto o nove anni, spinto innanzi da una donna che subito si nascose, si slanciò verso il decorato e gli cascò fra le braccia.

Un altro scoppio d'evviva e d'applausi fece rintronare il cortile; tutti avevan capito alla prima: quello era il ragazzo stato salvato dal Po, che veniva a ringraziare il suo salvatore. Dopo averlo baciato, gli si attaccò a un braccio per accompagnarlo fuori. Essi due primi, e il padre e la madre dietro, s'avviarono verso l'uscita, passando a stento fra la gente che faceva ala al loro passaggio, guardie, ragazzi, soldati, donne, alla rinfusa. Tutti si spingevano avanti e s'alzarono in punta di piedi per vedere il ragazzo. Quelli che eran sul passaggio gli toccavan la mano. Quando passò davanti ai ragazzi delle scuole, tutti agitarono i berretti per aria. Quelli di Borgo Po fecero un grande schiamazzo, tirandolo per le braccia e per la giacchetta, e gridando: «*Pin! Viva Pin! Bravo Pinot!*» Io lo vidi passar proprio vicino. Era tutto acceso nel viso, contento, la medaglia aveva il nastro bianco, rosso e verde. Sua madre piangeva e rideva; suo padre si torceva un baffo con una mano, che gli tremava forte, come se avesse la febbre. E su dalle finestre e dalle logge seguitavano a sporgersi fuori e ad applaudire. Tutt'a un tratto, quando furono per entrare sotto il portico, venne giù dalla loggia delle *Figlie dei militari* una vera pioggia di pensieri, di mazzettini di viole e di margherite, che caddero sulla testa del ragazzo, del padre, della madre e si sparsero per terra. Molti si misero a raccoglierli in fretta e li porgevano alla madre. E la banda in fondo al cortile sonava piano piano un'aria bellissima, che pareva il canto di tante voci argentine che s'allontanassero lente giù per le rive d'un fiume.

I BAMBINI RACHITICI   *5, venerdì*

Oggi ho fatto vacanza perché non stavo bene, e mia madre m'ha condotto con
sé all'Istituto dei ragazzi rachitici, dov'è andata a raccomandare una bimba del
portinaio; ma non mi ha lasciato entrar nella scuola...

*Non hai capito perché, Enrico, non ti lasciai entrare? Per non mettere davanti
a quei disgraziati, lì nel mezzo della scuola, quasi come in mostra, un ragazzo
sano e robusto: troppe occasioni hanno già di trovarsi a dei paragoni dolorosi.
Che triste cosa! Mi venne su il pianto dal cuore a entrar là dentro. Erano una
sessantina, tra bambini e bambine... Povere ossa torturate! Povere mani, poveri
piedini rattrappiti e scontorti! Poveri corpicini contraffatti! Subito osservai molti
visi graziosi, degli occhi pieni di gentilezza e di affetto: c'era un visetto di bimba,
col naso affilato e il mento aguzzo, che pareva una vecchietta; ma aveva un
sorriso d'una soavità celeste. Alcuni, visti davanti, son belli, e paion senza difetti;
ma si voltano... e vi danno una stretta all'anima. C'era il medico che li visitava.
Li metteva ritti sui banchi, e alzava i vestiti per toccare i ventri enfiati e le
giunture grosse; ma non si vergognavano punto, povere creature; si vedeva che
erano bimbi assuefatti a essere svestiti, esaminati, rivoltati per tutti i versi. E
pensare che ora sono nel periodo migliore della loro malattia, ché quasi non
soffrono più. Ma chi può dire quello che soffrirono durante il primo deformarsi
del corpo, quando col crescere della loro infermità, vedevano diminuire l'affetto
intorno a sé, poveri bambini, lasciati soli per ore ed ore nell'angolo d'una stanza
o d'un cortile, mal nutriti, e a volte anche scherniti, o tormentati per mesi da
bendaggi e da apparecchi ortopedici inutili! Ora però, grazie alle cure, alla buona
alimentazione e alla ginnastica, molti migliorano. La maestra fece fare la ginnastica. Era una pietà, a certi comandi, vederli distender sotto i banchi tutte quelle
gambe fasciate, strette fra le stecche, nocchierute, sformate; delle gambe che si
sarebbero coperte di baci! Parecchi non potevano alzarsi dal banco, e rimanevan
lì, col capo ripiegato sul braccio, accarezzando le stampelle con la mano; altri,
facendo la spinta delle braccia, si sentivan mancare il respiro, e ricascavano a
sedere, pallidi: ma sorridevano per dissimulare l'affanno! Ah! Enrico, voi altri
che non pregiate la salute, e vi sembra così poca cosa lo star bene! Io pensavo ai*

bei ragazzi forti e fiorenti, che le madri portano in giro come in trionfo, superbe della loro bellezza, e mi sarei prese tutte quelle povere teste, me le sarei strette tutte sul cuore, disperatamente; avrei detto, se fossi stata sola: non mi muovo più di qui, voglio consacrare la vita a voi, servirvi, farvi da madre a tutti fino al mio ultimo giorno... E intanto cantavano; cantavano con certe vocine, esili, dolci, tristi, che andavano all'anima, e la maestra, avendoli lodati, si mostraron contenti; e mentre passava tra i banchi, le baciavano le mani e le braccia, perché senton tanta gratitudine per chi li benefica, e sono molto affettuosi. E anche hanno ingegno, quegli angioletti, e studiano, mi disse la maestra. Una maestra giovane e gentile, che ha sul viso pieno di bontà una certa espressione di mestizia, come un riflesso delle sventure che essa accarezza e consola. Cara ragazza! Fra tutte le creature umane che si guadagnan la vita col lavoro, non ce n'è una che se la guadagni più sanamente di te, figliuola mia.

Tua madre

SACRIFICIO   *9, martedì*

Mia madre è buona, e mia sorella è come lei, ha lo stesso cuore grande e gentile. Io stavo copiando ieri sera una parte dal racconto mensile *Dagli Appennini alle Ande*, che il maestro ci ha dato a copiare un poco a tutti, tanto è lungo; quando Silvia entrò in punta di piedi e mi disse in fretta e piano: «Vieni con me dalla mamma. Li ho sentiti stamani che discorrevano: al babbo è andato male un affare, era addolorato, la mamma gli faceva coraggio: siamo nelle strettezze, capisci? Non ci sono più denari. Il babbo diceva che bisognerà fare dei sacrifici per rimettersi. Ora bisogna che ne facciamo anche noi dei sacrifici, non è vero? Sei pronto? Bene, parlo alla mamma, e tu accenna di sì e promettile sul tuo onore che farai tutto quello che dirò io». Detto questo, mi prese per mano, e mi condusse da nostra madre, che stava cucendo, tutta pensierosa; io sedetti da una parte del sofà, Silvia sedette dall'altra, e subito disse: «Senti, mamma, ho da parlarti. Abbiamo da parlarti tutti e due». La mamma ci guardò meravigliata. E Silvia cominciò: «Il babbo è senza denari, è vero?» «Che dici?» rispose la mamma arrossendo. «Non è vero! Che ne sai tu? Chi te l'ha detto?» «Lo so» disse Silvia risoluta. «Ebbene, senti mamma; dobbiamo fare dei sacrifici anche noi. Tu mi avevi promesso un ventaglio per la fin di maggio, ed Enrico aspettava la sua scatola di colori; non vogliamo più nulla; non vogliamo che si sprechino i soldi, saremo contenti lo stesso, hai capito?» La mamma tentò di parlare; ma Silvia, disse: «No, sarà così. Abbiamo deciso. E fin che il babbo non avrà dei denari, non vogliamo più né frutta né altre cose; ci basterà la minestra, e la mattina a colazione mangeremo del pane; così si spenderà meno a tavola, che già spendiamo troppo, e noi ti promettiamo che ci vedrai sempre contenti ad un modo. Non è vero, Enrico?» Io risposi di sì. «Sempre contenti ad un modo» ripeté Silvia, chiudendo la bocca alla mamma con una mano; «e se c'è altri sacrifici da fare, o nel vestire, o in altro, noi li faremo volentieri, e vendiamo anche i nostri regali; io do tutte le mie cose, ti servo io da cameriera, non dare più nulla a fare fuor di casa, lavorerò con te tutto il giorno, farò tutto quello che vorrai, son disposta a tutto! A tutto!» esclamò gettando le braccia al collo a mia madre; «purché il babbo e la mamma non abbian più dispiaceri, pur ch'io torni a vedervi tutti e due tranquilli, di buon umore come prima in mezzo alla vostra Silvia e al vostro Enrico, che vi vogliono tanto bene, che darebbero la loro vita per voi!» Ah! io non vidi mai mia madre così contenta come a sentir quelle parole; non ci baciò mai in fronte a quel modo, piangendo e ridendo, senza poter parlare. E poi assicurò Silvia che aveva capito male, che non eravamo mica ridotti come essa credeva, per fortuna, e cento volte ci disse grazie, e fu allegra tutta la sera, fin che rientrò mio padre, a cui disse tutto. Egli non aperse bocca, povero padre mio! Ma questa mattina sedendo a tavola... provai insieme un gran piacere e una gran tristezza: io trovai sotto il tovagliolo la mia scatola, e Silvia ci trovò il suo ventaglio.

L'INCENDIO *11, giovedì*

Questa mattina io avevo finito di copiare la mia parte del racconto *Dagli Appennini alle Ande*, e stavo cercando un tema per la composizione libera che ci diede da fare il maestro, quando udii un vocìo insolito per le scale, e poco dopo entrarono in casa due pompieri, i quali domandarono a mio padre il permesso di visitar le stufe e i camini, perché bruciava un fumaiolo sui tetti e non si capiva di chi fosse. Mio padre disse: «Facciano pure» e benché non avessimo fuoco acceso da nessuna parte, essi cominciarono a girar per le stanze e a metter l'orecchio alle pareti, per sentire se rumoreggiasse il foco dentro alle gole che vanno su agli altri piani della casa.

E mio padre mi disse, mentre giravan per le stanze: «Enrico, ecco un tema per la tua composizione; i pompieri. Provati un po' a scrivere quello che ti racconto. Io li vidi all'opera due anni fa, una sera che uscivo dal teatro Balbo, a notte avanzata. Entrando in via Roma vidi una luce insolita, e un'onda di gente che accorreva; una casa era in fuoco: lingue di fiamme e nuvoli di fumo rompevan dalle finestre e dal tetto; uomini e donne apparivano ai davanzali e sparivano gettando grida disperate; c'era gran tumulto davanti al portone; la folla gridava: "Brucian vivi! Soccorso! I pompieri!" Arrivò in quel punto una carrozza, ne saltarono fuori quattro pompieri, i primi che s'erano trovati al Municipio, e si slanciarono dentro alla casa. Erano appena entrati, che si vide una cosa orrenda: una donna s'affacciò urlando a una finestra del terzo piano, s'afferrò alla ringhiera, la scavalcò, e rimase afferrata così, quasi sospesa nel vuoto, con la schiena di fuori, curva sotto il fumo e le fiamme, che fuggendo dalla stanza le lambivan quasi la testa. La folla gettò un grido di raccapriccio. I pompieri, arrestati per isbaglio al secondo piano dagli inquilini atterriti, avevan già sfondato un muro e s'eran precipitati in una camera; quando cento grida li avvertirono: "Al terzo piano! Al terzo piano!" Volarono al terzo piano. Qui era un rovinìo d'inferno: travi di tetto che crollavano, corridoi pieni di fiamme, un fumo che soffocava. Per arrivare alle stanze dov'eran gli inquilini rinchiusi non restava altra via che passar pel tetto. Si lanciarono subito su, e un minuto dopo si vide un fantasma nero saltar sui coppi, tra il fumo. Era il caporale arrivato il primo. Ma per andare dalla parte del tetto che corrispondeva al quartierino chiuso dal fuoco, bisognava passare sopra un ristrettissimo spazio compreso tra un abbaino e la grondaia; tutto il resto fiammeggiava, e quel piccolo tratto era coperto di neve e di ghiaccio, e non c'era dove aggrapparsi. "È impossibile che passi!" gridava la folla di sotto. Il caporale s'avanzò sull'orlo del tetto: tutti rabbrividirono, e stettero a guardar col respiro sospeso; passò: un immenso evviva salì al cielo. Il caporale riprese la corsa e, arrivato al punto minacciato, cominciò a spezzare furiosamente a colpi d'accetta coppi, travi, correntini per aprirsi una buca da scendere dentro. Intanto la donna era sempre sospesa fuor dalla finestra, il fuoco le infuriava sul capo: un minuto ancora, e sarebbe precipitata nella via. La buca fu aperta: si vide il caporale levarsi la tracolla e calarsi giù; gli altri pompieri, sopraggiunti, lo seguirono. Nello stesso momento un'altissima scala Porta, arrivata allora, s'appoggiò al cornicione della casa, davanti alle finestre da cui uscivano fiamme e urli da pazzi. Ma si credeva che fosse tardi. "Nessuno si salva più" gridavano. "I pompieri bruciano. È finita. Son morti." All'improvviso si vide apparire alla finestra della ringhiera la figura del caporale, illuminata di sopra in giù dalle fiamme; la donna gli s'avvinghiò al collo; egli l'afferrò alla vita con tutt'e due le braccia, la tirò su, la depose dentro alla stanza. La folla mise un grido di mille voci che coprì il fracasso dell'incendio. Ma e gli altri? E discendere? La scala, appoggiata al tetto davanti a un'altra finestra, distava dal davanzale un buon tratto. Come avrebbero potuto attaccarvisi? Mentre questo si diceva, uno dei pompieri si fece fuori dalla finestra, mise il piede destro sul davanzale e il sinistro sulla scala, e così ritto per aria, abbracciati uno ad uno gli inquilini, che gli altri gli porgevan di dentro, li porse a un compagno, ch'era salito su dalla via, e che, attaccatili bene ai pioli, li fece scendere, l'uno dopo l'altro, aiutati da altri pompieri di sotto. Passò prima la donna della ringhiera, poi una bimba, un'altra donna, un vecchio. Tutti eran salvi. Dopo il vecchio scesero i pompieri rimasti dentro; ultimo a scendere fu il caporale, che era stato il primo ad accorrere. La folla li accolse tutti con uno scoppio d'applausi; ma quando comparve l'ultimo, l'avanguardia dei salvatori, quello che aveva affrontato innanzi agli altri l'abisso, quello che sarebbe morto se uno avesse dovuto morire, la folla lo salutò come un trionfatore, gridando e stendendo le braccia con uno slancio affettuoso d'ammirazione e di gratitudine, e in pochi momenti il suo nome oscuro – Giuseppe Robbino – suonò su mille bocche... Hai capito? Quello è coraggio del cuore, che non ragiona, che non vacilla, che va diritto cieco fulmineo dove sente il grido di chi muore. Io ti condurrò un giorno agli esercizi dei pompieri, e ti farò vedere il caporale Robbino; perché saresti molto contento di conoscerlo, non è vero? »

Risposi di sì.

«Eccolo qua» disse mio padre.

Io mi voltai di scatto. I due pompieri, terminata la visita, attraversavan la stanza per uscire.

Mio padre m'accennò il più piccolo, che aveva i galloni, e mi disse: «Stringi la mano al caporale Robbino».

Il caporale si fermò e mi porse la mano, sorridendo: io gliela strinsi; egli mi fece un saluto ed uscì.

«E ricordatene bene» disse mio padre «perché delle migliaia di mani che stringerai nella vita, non ce ne saranno forse dieci che valgan la sua.»

Dagli Appennini alle Ande

Molti anni fa un ragazzo genovese di tredici anni, figliuolo d'un operaio, andò da Genova in America, solo, per cercare sua madre.

Sua madre era andata due anni prima a Buenos Aires, città capitale della Repubblica Argentina, per mettersi al servizio di qualche casa ricca, e guadagnar così in poco tempo tanto da rialzare la famiglia, la quale, per effetto di varie disgrazie, era caduta nella povertà e nei debiti. Non sono poche le donne coraggiose che fanno un così lungo viaggio con quello scopo, e che grazie alle grandi paghe che trova laggiù la gente di servizio, ritornano in patria a capo di pochi anni con qualche migliaio di lire. La povera madre aveva pianto lacrime di sangue al separarsi dai suoi figliuoli, l'uno di diciott'anni e l'altro di undici; ma era partita con coraggio, e piena di speranza. Il viaggio era stato felice: arrivata appena a Buenos Aires, aveva trovato subito, per mezzo d'un bottegaio genovese, cugino di suo marito, stabilito là da molto tempo, una buona famiglia argentina, che la pagava molto e la trattava bene. E per un po' di tempo aveva mantenuto coi suoi una corrispondenza regolare. Com'era stato convenuto fra loro, il marito dirigeva le lettere al cugino, che le recapitava alla donna, e questa rimetteva le risposte a lui, che le spediva a Genova, aggiungendovi qualche riga di suo. Guadagnando ottanta lire al mese e non spendendo nulla per sé, mandava a casa ogni tre mesi una bella somma, con la quale il marito, che era un galantuomo, andava pagando via via i debiti più urgenti, e riguadagnando così la sua buona reputazione. E intanto lavorava ed era contento dei fatti suoi, anche per la speranza che la moglie sarebbe ritornata fra non molto tempo, perché la casa pareva vuota senza di lei, e il figliuolo minore in special modo, che amava moltissimo sua madre, si rattristava, non si poteva rassegnare alla sua lontananza.

Ma trascorso un anno dalla partenza, dopo una lettera breve nella quale essa diceva di star poco bene di salute, non ne ricevettero più. Scrissero due volte al cugino; il cugino non rispose. Scrissero alla famiglia argentina, dove la donna era a servire; ma non essendo forse arrivata la lettera perché avevan storpiato il nome sull'indirizzo, non ebbero risposta. Temendo d'una disgrazia, scrissero al Consolato italiano di Buenos Aires, che facesse delle ricerche; e dopo tre mesi fu risposto loro dal Console che, nonostante l'avviso fatto pubblicare dai giornali, nessuno s'era presentato, neppure a dare notizie. E non poteva accadere altrimenti, oltre che per altre ragioni, anche per questa: che con l'idea di salvare il decoro dei suoi, ché le pareva di macchiarlo a far la serva, la buona donna non aveva dato alla famiglia argentina il suo vero nome. Altri mesi passarono: nessuna notizia. Padre e figliuoli erano costernati; il più piccolo, oppresso da una tristezza che non poteva vincere. Che fare? A chi ricorrere? La prima idea del padre era stata di partire, d'andare a cercare sua moglie in America. Ma e il lavoro? Chi avrebbe mantenuto i suoi figliuoli? E neppure avrebbe potuto partire il figliuol maggiore, che cominciava appunto allora a guadagnar qualche cosa, ed era necessario alla famiglia. E in questo affanno vivevano, ripetendo ogni giorno gli stessi discorsi dolorosi, o guardandosi l'un l'altro, in silenzio. Quando una sera Marco, il più piccolo, uscì a dire risolutamente: «Ci vado io in America a cercar mia madre». Il padre crollò il capo, con tristezza, e non rispose. Era un pensiero affettuoso, ma una cosa impossibile. A tredici anni, solo, fare un viaggio in America, che ci voleva un mese per andarci! Ma il ragazzo insistette, pazientemente. Insistette quel giorno, il giorno dopo, tutti i giorni, con una grande pacatezza, ragionando col buon senso d'un uomo. «Altri ci sono andati» diceva «e più piccoli di me. Una volta che son sul bastimento, arrivo là come un altro. Arrivato là, non ho che da cercare la bottega del cugino. Ci sono tanti italiani, qualcheduno m'insegnerà la strada. Trovato il cugino, è trovata mia madre, e se non trovo lui vado dal Console, cercherò la famiglia argentina. Qualunque cosa accada, laggiù c'è del lavoro per tutti; troverò del lavoro anch'io, almeno per guadagnar tanto da ritornare a casa.» E così, a poco a poco, riuscì quasi a persuadere suo padre. Suo padre lo stimava, sapeva che aveva giudizio e coraggio, che era assuefatto alle privazioni e ai sacrifizi, e che tutte queste buone qualità avrebbero preso doppia forza nel suo cuore per quel santo scopo di trovar sua madre, ch'egli adorava. Si aggiunse pure che un Comandante di piroscafo, amico d'un suo conoscente, avendo inteso parlar della cosa s'impegnò di fargli aver gratis un biglietto di terza classe per l'Argentina. E allora, dopo un altro po' di esitazione, il padre acconsentì, il viaggio fu deciso. Gli empirono una sacca di panni, gli misero in tasca qualche scudo, gli diedero l'indirizzo del cugino, e una bella sera del mese d'aprile lo imbarcarono. «Figliuolo, Marco mio» gli disse il padre dandogli l'ultimo bacio, con le lacrime agli occhi, sopra la scala del piroscafo che stava per partire: «fatti coraggio. Parti per un santo fine e Dio t'aiuterà.»

Povero Marco! Egli aveva il cuor forte e preparato anche alle più dure prove per quel viaggio; ma quando vide sparire all'orizzonte la sua bella Genova, e si trovò in alto mare, su quel grande piroscafo affollato di contadini emigranti, solo, non conosciuto da alcuno, con quella piccola sacca che racchiudeva tutta la sua fortuna, un improvviso scoraggiamento lo assalì. Per due giorni stette accucciato come un cane a prua, non mangiando quasi, oppresso da un gran bisogno di piangere. Ogni sorta di tristi pensieri gli passavan per la mente, e il più triste, il più terribile era il più ostinato a tornare: il pensiero che sua madre fosse morta. Nei suoi sonni rotti e penosi egli vedeva sempre la faccia d'uno sconosciuto che lo guardava in aria di compassione e poi gli diceva all'orecchio: "Tua madre è morta". E allora si svegliava soffocando un grido. Nondimeno, passato lo stretto di Gibilterra, alla prima vista dell'Oceano Atlantico riprese un poco d'animo e di speranza. Ma fu un breve sollievo. Quell'immenso mare sempre uguale, il calore crescente, la tristezza di tutta quella povera gente che lo circondava, il sentimento della propria solitudine tornarono a buttarlo giù.
I giorni, che si succedevano vuoti e monotoni, gli si confondevano nella memoria, come accade ai malati. Gli pareva d'esser in mare da un anno. E ogni mattina, svegliandosi, provava un nuovo stupore di esser là solo, in mezzo a quell'immensità d'acqua, in viaggio per l'America. I bei pesci volanti che venivano ogni tanto a cascare sul bastimento, quei meravigliosi tramonti dei tropici, con quelle enormi nuvole color di bragia e di sangue, e quelle fosforescenze notturne che fanno parer l'Oceano tutto acceso come un mare di lava, non gli facevan l'effetto di cose reali, ma di prodigi venuti in sogno. Ebbe delle giornate di cattivo tempo, durante le quali restò chiuso continuamente nel dormitorio, dove tutto ballava e rovinava, in mezzo a un coro spaventevole di lamenti e d'imprecazioni; e credette che fosse giunta la sua ultima ora. Ebbe altre giornate di mare quieto e giallastro, di caldura insopportabile, di noia infinita; ore interminabili e sinistre, durante le quali i passeggeri spossati, distesi immobili sulle tavole, parevan tutti morti. E il viaggio non finiva mai; mare e cielo, cielo e mare, oggi come ieri, domani come oggi, – ancora, sempre – eternamente. Ed egli per lunghe ore stava appoggiato al parapetto a guardar quel mare senza fine, sbalordito, pensando vagamente a sua madre fin che gli occhi gli si chiudevano e il capo gli cascava dal sonno; e allora rivedeva quella faccia sconosciuta che lo guardava in aria di pietà, e gli ripeteva all'orecchio: "Tua madre è morta!" e a quella voce si risve-

gliava in sussulto, per ricominciare a sognare a occhi aperti e a guardar l'orizzonte immutato.

Ventisette giorni durò il viaggio! Ma gli ultimi furono i migliori. Il tempo era bello e l'aria fresca. Egli aveva fatto conoscenza con un buon vecchio lombardo, che andava in America a trovare il figliuolo, coltivatore di terra vicino alla città di Rosario; gli aveva detto tutto di casa sua, e il vecchio gli ripeteva ogni tanto, battendogli una mano sulla nuca: «Coraggio, *bagai*, tu ritroverai tua madre sana e contenta». Quella compagnia lo riconfortava, i suoi presentimenti s'erano fatti di tristi lieti. Seduto a prua, accanto al vecchio contadino che fumava la pipa, sotto un bel cielo stellato, in mezzo a gruppi d'emigranti che cantavano, egli si rappresentava cento volte al pensiero il suo arrivo a Buenos Aires, si vedeva in quella certa strada, trovava la bottega, si lanciava incontro al cugino: «Come sta mia madre? Dov'è? Andiamo subito!» Correvano insieme, salivano una scala, s'apriva una porta... E qui il suo soliloquio muto s'arrestava, la sua immaginazione si perdeva in un sentimento d'inesprimibile tenerezza, che gli faceva tirar fuori di nascosto una piccola medaglia che portava al collo, e mormorare, baciandola, le sue orazioni.

Il ventisettesimo giorno dopo quello della partenza, arrivarono. Era una bella aurora rossa di maggio quando il piroscafo gittava l'àncora nell'immenso fiume della Plata, sopra una riva del quale si stende la vasta città di Buenos Aires, capitale della Repubblica Argentina. Quel tempo splendido gli parve di buon augurio. Era fuor di sé dalla gioia e dall'impazienza. Sua madre era a poche miglia di distanza da lui! Tra poche ore l'avrebbe veduta! Ed egli si trovava in America, nel nuovo mondo, e aveva avuto l'ardimento di venirci solo! Tutto quel lunghissimo viaggio gli pareva allora che fosse passato in un nulla. Gli pareva d'aver volato, sognando, e di essersi svegliato in quel punto. Ed era così felice, che quasi non si stupì né si afflisse, quando si frugò nelle tasche e non ci trovò più uno dei due gruzzoli in cui aveva diviso il suo piccolo tesoro, per essere più sicuro di non perdere tutto. Gliel'avevan rubato, non gli restavan più che poche lire; ma che gli importava, ora ch'era vicino a sua madre? Con la sua sacca alla mano, scese insieme a molti italiani in un vaporino che li portò a poca distanza dalla riva; calò dal vaporino in una barca che portava il nome di *Andrea Doria*, fu sbarcato al molo, salutò il suo vecchio amico lombardo, e s'avviò a lunghi passi verso la città.

Arrivato all'imboccatura della prima via fermò un uomo che passava e lo pregò di indicargli da che parte dovesse prendere per andare in via de *los Artes*. Aveva fermato per l'appunto un operaio italiano. Questi lo guardò con curiosità e gli domandò se sapeva leggere. Il ragazzo accennò di sì. «Ebbene» gli disse, indicandogli la via da cui usciva: «va' su sempre diritto, leggendo i nomi delle vie a tutte le cantonate: finirai col trovare la tua.» Il ragazzo lo ringraziò e infilò la via che gli s'apriva davanti.

Era una via diritta e sterminata, ma stretta; fiancheggiata da case basse e bianche, che parevan tanti villini; piena di gente, di carrozze, di grandi carri, che facevano uno strepito assordante; qua e là spenzolavano enormi bandiere di vari colori, con su scritto a grossi caratteri l'annunzio di partenze di piroscafi per città sconosciute. Ad ogni tratto di cammino, voltandosi a destra e a sinistra, egli vedeva due altre vie che fuggivano diritte a perdita d'occhio, fiancheggiate pure da case basse e bianche, e piene di gente e di carri, e tagliate in fondo dalla linea diritta della sconfinata pianura americana, simile all'orizzonte del mare. La città gli pareva infinita; gli pareva che si potesse camminar per giornate e per settimane vedendo sempre di qua e di là altre vie come quelle, e che tutta l'America ne dovesse esser coperta. Guardava attentamente i nomi delle vie: dei nomi strani che stentava a leggere. A ogni nuova via si sentiva battere il cuore, pensando che fosse la sua. Guardava tutte le donne con l'idea di incontrare sua madre. Ne vide una davanti a sé, che gli diede una scossa al sangue: la raggiunse, la guardò: era una negra. E andava, affrettando il passo. Arrivò a un crocicchio, lesse, e restò come inchiodato sul marciapiede. Era la via delle Arti. Svoltò, vide il numero 117: la bottega del cugino era il numero 175. Affrettò ancora il passo, correva quasi; al numero 171 dovette fermarsi per riprender respiro. E disse tra sé: "O madre mia! madre mia! È proprio vero che ti vedrò a momenti!"

Corse innanzi, arrivò a una piccola bottega di merciaio. Era quella. S'affacciò. Vide una donna coi capelli grigi e gli occhiali.

«Che volete, ragazzo?» gli domandò quella, in spagnuolo.

«Non è questa» disse il ragazzo, stentando a metter fuori la voce «la bottega di Francesco Merelli?»

«Francesco Merelli è morto» rispose la donna in italiano.

Il ragazzo ebbe l'impressione d'una percossa nel petto.

«Quando è morto?»

«Eh, da un pezzo» rispose la donna; «da mesi. Fece cattivi affari, scappò. Dicono che sia andato a Bahia Blanca, molto lontano di qui. E morì appena arrivato. La bottega è mia.»

Il ragazzo impallidì.

Poi disse rapidamente: «Merelli conosceva mia madre, mia madre era qua a servire dal signor Mequinez. Egli solo poteva dirmi dov'era. Io son venuto in America a cercar mia madre. Merelli le mandava le lettere. Io ho bisogno di trovar mia madre».

«Povero figliuolo» rispose la donna «io non so. Posso domandare al ragazzo del cortile. Egli conosceva il giovane che faceva commissioni per Merelli. Può darsi che sappia dir qualche cosa.»

Andò in fondo alla bottega e chiamò il ragazzo, che venne subito. «Dimmi un poco» gli domandò la bottegaia «ti ricordi che il giovane di Merelli andasse qualche volta a portar delle lettere a una donna di servizio, in casa di *figli del paese?*»

«Dal signor Mequinez» rispose il ragazzo «sì, signora, qualche volta. In fondo a via delle Arti.»

«Ah! signora, grazie!» gridò Marco. «Mi dica il numero... non lo sa? Mi faccia accompagnare, accompagnami tu subito, ragazzo, io ho ancora dei soldi.»

E disse questo con tanto calore, che senza aspettar la preghiera della donna, il ragazzo rispose: «Andiamo» e uscì per primo a passi lesti.

Quasi correndo, senza dire una parola, andarono fino in fondo alla via lunghissima, infilarono l'andito d'entrata d'una piccola casa bianca, e si fermarono davanti a un bel cancello di ferro, da cui si vedeva un cortiletto, pieno di vasi di fiori. Marco diede una strappata al campanello.

Comparve una signorina.

«Qui sta la famiglia Mequinez, non è vero?» domandò ansiosamente il ragazzo.

«Ci stava» rispose la signorina, pronunziando l'italiano alla spagnuola. «Ora ci siamo noi, Zeballos.»

«E dove son andati i Mequinez?» domandò Marco, col batticuore.

«Son andati a Cordova.»

«Cordova!» esclamò Marco. «Dov'è Cordova? E la persona di servizio che avevano? La donna, mia madre! La donna di servizio era mia madre! Hanno condotto via anche mia madre?»

La signorina lo guardò e disse:

«Non so. Lo saprà forse mio padre, che li ha conosciuti quando partirono. Aspettate un momento.»

Scappò, e tornò poco dopo con suo padre, un signore alto, con la barba grigia. Questi guardò fisso un momento quel tipo simpatico di piccolo marinaio genovese, coi capelli biondi e il naso aquilino, e gli domandò in cattivo italiano: «Tua madre è genovese?»

Marco rispose di sì.

«Ebbene, la donna di servizio genovese è andata con loro, lo so di certo.»

«Dove sono andati?»

«A Cordova, una città.»

Il ragazzo mise un sospiro poi disse con rassegnazione: «Allora... andrò a Cordova».

«*Ah pobre niño!*» esclamò il signore, guardandolo con aria di pietà. «Povero ragazzo. È a centinaia di miglia di qua, Cordova.»

Marco diventò pallido come un morto, e s'appoggiò con una mano alla cancellata.

«Vediamo, vediamo» disse allora il signore, mosso a compassione, aprendo la porta «vieni dentro un momento, vediamo un po' se si può far qualche cosa.» Sedette, gli diè da sedere, gli fece raccontar la sua storia, lo stette a sentire molto attento, rimase un pezzo pensieroso; poi disse risolutamente: «Tu non hai denari, non è vero?»

«Ho ancora... poco» rispose Marco.

Il signore pensò altri cinque minuti, poi si mise a un tavolino, scrisse una lettera, la chiuse e porgendola al ragazzo, gli disse: «Senti, *italianito*. Va' con questa lettera alla Boca. È una piccola città mezza genovese, a due ore di strada di qua. Tutti ti sapranno indicare il cammino. Va' là e cerca di questo signore, a cui è diretta la lettera, e che è conosciuto da tutti. Portagli questa lettera. Egli ti farà partire domani per la città di Rosario, e ti raccomanderà a qualcuno lassù, che penserà a farti proseguire il viaggio fino a Cordova, dove troverai la famiglia Mequinez e tua madre. Intanto, piglia questo». E gli mise in mano qualche lira. «Va', e fatti coraggio; qui hai da per tutto dei compaesani, non rimarrai abbandonato. *Adios*».

Il ragazzo disse: «Grazie» senza trovar altre parole, uscì con la sua sacca e, congedandosi dalla sua piccola guida, si mise lentamente in cammino verso la Boca, pieno di tristezza e di stupore, a traverso alla grande città rumorosa.

Tutto quello che gli accadde da quel momento fino alla sera del giorno appresso gli rimase poi nella memoria confuso ed incerto come una fantasticheria di febbricitante, tanto egli era stanco, sconturbato, avvilito. E il giorno appresso, all'imbrunire, dopo aver dormito la notte in una stanzuccia d'una casa della Boca, accanto a un facchino del porto; dopo aver passata quasi tutta la giornata, seduto sopra un mucchio di travi, e come trasognato, in faccia a migliaia di bastimenti, di barconi e di vaporini, si trovava a poppa di una grossa barca a vela, carica di frutta, che partiva per la città di Rosario, condotta da tre robusti genovesi abbronzati dal sole; la voce dei quali, e il dialetto amato che parlavano gli rimise un po' di conforto nel cuore.

Partirono, e il viaggio durò tre giorni e quattro notti, e fu uno stupore continuo per il piccolo viaggiatore. Tre giorni e quattro notti su quel meraviglioso fiume Paranà, rispetto al quale il nostro grande Po non è che un rigagnolo, e la lunghezza dell'Italia quadruplicata non raggiunge quella del suo corso. Il barcone andava lentamente a ritroso di quella massa di acqua smisurata. Passava in mezzo a lunghe isole, già nidi di serpenti e di tigri, coperte d'aranci e di salici, simili a boschi galleggianti; e ora infilava stretti canali, da cui pareva che non si potesse più uscire; ora sboccava in vaste distese d'acque dall'aspetto di grandi laghi tranquilli; poi daccapo fra le isole, per i canali intricati d'un arcipelago, in mezzo a mucchi enormi di vegetazione. Regnava un silenzio profondo. Per lunghi tratti le rive e le acque solitarie e vastissime davan l'immagine d'un fiume sconosciuto, in cui quella povera vela fosse la prima al mondo ad avventurarsi. Quanto più s'avanzavano, e tanto più quel mostruoso fiume lo sgomentava. Egli immaginava che sua madre si trovasse alle sorgenti, e che la navigazione dovesse durare degli anni. Due volte al giorno mangiava un po' di pane e di carne salata coi barcaiuoli, i quali, vedendolo triste, non gli rivolgevan mai la parola. La notte dormiva sopra coperta, e si svegliava ogni tanto, bruscamente, stupito della luce della luna che imbiancava le acque immense e le rive lontane; e allora il cuore gli si serrava. "Cordova!" egli ripeteva quel nome: "Cordova!" come il nome di una di quelle città misteriose, delle quali aveva inteso parlare nelle favole. Ma poi pensava: "Mia madre è passata di qui, ha visto queste isole, quelle rive" e allora non gli parevan più tanto strani e solitari quei luoghi in cui lo sguardo di sua madre s'era posato... La notte, uno dei barcaiuoli cantava. Quella voce gli rammentava le canzoni di sua madre, quando l'addormentava bambino. L'ultima notte, all'udir quel canto singhiozzò. Il barcaiuolo s'interruppe. Poi gli gridò: «Animo, animo, *figioeu*! Che diavolo! Un genovese che piange perché è lontano da casa! I genovesi girano il mondo gloriosi e trionfanti!» E a quelle parole egli si riscosse, sentì la voce del sangue genovese, e rialzò la fronte con alterezza, battendo il pugno sul timone. "Ebbene, sì" disse tra sé "dovessi anch'io girare tutto il mondo, viaggiare ancora per anni e anni, e fare delle centinaia di miglia a piedi, io andrò avanti, fin che troverò mia madre. Dovessi arrivare moribondo, e cascar morto ai suoi piedi! Pur che io la riveda una volta! Coraggio!" E con quest'animo arrivò allo spuntar d'un mattino rosato e freddo di fronte alla città di Rosario, posta sulla riva alta del Paranà, dove si specchiavan nelle acque le antenne imbandierate di cento bastimenti d'ogni paese.

Poco dopo sbarcato, salì alla città, con la sua sacca alla mano, a cercare un signore argentino per cui il suo protettore della Boca gli aveva rimesso un biglietto di visita con qualche parola di raccomandazione.

Entrando in Rosario gli parve d'entrare in una città già conosciuta. Erano quelle vie interminabili, diritte, fiancheggiate di case bianche, attraversate in tutte le direzioni, al di sopra dei tetti, da grandi fasci di fili telegrafici e telefonici, che parevano enormi ragnatele; e un gran trepestìo di gente, di cavalli, di carri. La testa gli si confondeva: credette quasi di rientrare a Buenos Aires, e di dover cercare un'altra volta il cugino. Andò attorno per quasi un'ora, svoltando e risvoltando, e sembrandogli sempre di tornar nella medesima via; e a furia di domandare trovò la casa del suo protettore. Tirò il campanello. S'affacciò alla porta un grosso uomo biondo, arcigno, che aveva l'aria d'un fattore, e che gli domandò sgarbatamente, con pronunzia straniera:

«Chi vuoi?»

Il ragazzo disse il nome del padrone.

«Il padrone» rispose il fattore «è partito ieri sera per Buenos Aires con tutta la famiglia.»

Il ragazzo restò senza parole.

Poi balbettò: «Ma io... non ho nessuno qui! Sono solo!» E porse il biglietto.

Il fattore lo prese, lo lesse e disse bruscamente: «Non so che farci. Glielo darò fra un mese, quando ritornerà».

«Ma io, io son solo! io ho bisogno!» esclamò il ragazzo con voce di preghiera.

«Eh! andiamo» disse l'altro; «non ce n'è ancora abbastanza della gramigna del tuo paese a Rosario! Vattene un po' a mendicare in Italia.» E gli chiuse il cancello sulla faccia.

Il ragazzo restò là come impietrito.

Poi riprese lentamente la sua sacca, ed uscì, col cuore angosciato, con la mente in tumulto, assalito a un tratto da mille pensieri affannosi. Che fare? Dove andare? Da Rosario a Cordova c'era una giornata di strada ferrata. Egli non aveva più che poche lire. Levato quello che gli occorreva spendere quel giorno, non gli sarebbe rimasto quasi nulla. Dove trovare i denari per pagarsi il viaggio? Poteva lavorare. Ma come, a chi domandar lavoro? Chieder l'elemosina! Ah, no, essere respinto, insultato, umiliato, come poc'anzi, no, mai, mai più, piuttosto morire! E a quell'idea, e al riveder davanti a sé la lunghissima via che si perdeva lontano nella pianura sconfinata, si sentì fuggire un'altra volta il coraggio, gettò la sacca sul marciapiede, vi sedette con le spalle al muro, e chinò il viso tra le mani, senza pianto, in un atteggiamento desolato.

La gente l'urtava col piede passando; i carri empivan la via di rumore; alcuni ragazzi si fermarono a guardarlo. Egli rimase un pezzo così.

Quando fu scosso da una voce che gli disse tra in italiano e in lombardo: «Che cos'hai ragazzetto?»

Alzò il viso a quelle parole, e subito balzò in piedi gettando un'esclamazione di meraviglia: «Voi qui!»

Era il vecchio contadino lombardo, col quale aveva fatto amicizia nel viaggio.

La meraviglia del contadino non fu minore della sua. Ma il ragazzo non gli lasciò il tempo d'interrogarlo, e gli raccontò rapidamente i casi suoi. «Ora son senza soldi, ecco; bisogna che lavori; trovatemi voi del lavoro da poter mettere insieme qualche lira; io faccio qualunque cosa: porto roba, spazzo le strade, posso far commissioni, anche lavorare in campagna; mi accontento di campare di pan nero; ma che possa partir presto; che possa trovare una volta mia madre, fatemi questa carità, del lavoro, trovatemi del lavoro, per amor di Dio, che non ne posso più!»

«Diamine, diamine» disse il contadino, guardandosi attorno e grattandosi il mento. «Che storia è questa!... Lavorare... è presto detto. Vediamo un po'. Che non ci sia mezzo di trovar trenta lire fra tanti *patriotti*?»

Il ragazzo lo guardava, confortato da un raggio di speranza.

«Vieni con me» gli disse il contadino.

«Dove?» domandò il ragazzo, ripigliando la sacca.

«Vieni con me.»

Il contadino si mosse, Marco lo seguì; fecero un lungo tratto di strada insieme, senza parlare. Il contadino si fermò alla porta di un'osteria che aveva per insegna una stella e scritto sotto: *La estrella de Italia*, mise il viso dentro e voltandosi verso il ragazzo disse allegramente: «Arriviamo in un buon punto». Entrarono in uno stanzone dov'eran varie tavole, e molti uomini seduti, che bevevano, parlando forte. Il vecchio lombardo s'avvicinò alla prima tavola e, dal modo come salutò i sei avventori che ci stavan intorno, si capiva che era stato in loro compagnia fino a poco innanzi. Erano rossi in viso e facevan sonare i bicchieri, vociando e ridendo.

«Camerati» disse senz'altro il lombardo, restando in piedi e presentando Marco; «c'è qui un povero ragazzo nostro *patriotta* che è venuto solo da Genova a Buenos Aires a cercare sua madre. A Buenos Aires gli dissero: "Qui non c'è; è a Cordova". Viene in barca a Rosario, tre dì e tre notti, con due righe di raccomandazione: presenta la carta, gli fanno una figuraccia. Non ha croce d'un centesimo. È qui solo come un disperato. È un *bagai* pieno di cuore. Vediamo un poco. Non ha da trovar tanto da pagare il biglietto per andare a Cordova a trovar sua madre? L'abbiamo da lasciar qui come un cane?»

«Mai al mondo, perdio! Mai non sarà detto questo!» gridarono tutti insieme, battendo il pugno sul tavolo. «Un *patriotta* nostro! Vieni qua, piccolino. Ci siamo noi, gli emigranti! Guarda che bel monello.» «Fuori i quattrini, camerati.» «Bravo! Venuto solo! Hai del fegato!» «Bevi un sorso, *patriotta*. Ti manderemo da tua madre non pensare.» E uno dava un pizzicotto alla guancia, un altro gli batteva la mano sulla spalla, un terzo lo liberava dalla sacca; altri emigranti s'alzarono dalle tavole vicine e s'avvicinarono; la storia del ragazzo fece il giro dell'osteria; accorsero dalla stanza accanto tre avventori argentini; e in meno di dieci minuti il contadino lombardo che porgeva il cappello, ci ebbe dentro quaranta-due lire. «Hai visto» disse allora voltandosi verso il ragazzo «come si fa presto in America?» «Bevi!» gli gridò un altro, porgendogli un bicchie-re di vino. «Alla salute di mia...» Ma un singhiozzo di gioia gli chiuse la gola e, rimesso il bicchiere sulla tavola, si gettò al collo del suo vecchio.

La mattina seguente, allo spuntar del giorno, egli era già partito per Cordova, ardito e ridente, pieno di presentimenti felici. Ma non c'è alle-grezza che regga a lungo davanti a certi aspetti sinistri della natura. Il tempo era chiuso e grigio; il treno, presso che vuoto, correva a traverso a un'immensa pianura priva d'ogni segno d'abitazione. Egli si trovava solo in un vagone lunghissimo, che somigliava a quelli dei treni per i feriti. Guardava a destra, guardava a sinistra, e non vedeva che una solitudine senza fine, sparsa di piccoli alberi deformi, dai tronchi e dai rami scon-torti, in atteggiamenti non mai veduti, quasi d'ira e d'angoscia; una vege-tazione scura, rada e triste, che dava alla pianura l'apparenza d'uno ster-minato cimitero. Sonnecchiava mezz'ora, tornava a guardare: era sempre lo stesso spettacolo. Le stazioni della strada ferrata eran solitarie, come case di eremiti; e quando il treno si fermava, non si sentiva una voce; gli pareva di trovarsi solo in un treno sperduto, abbandonato in mezzo a un deserto. Gli sembrava che ogni stazione dovesse esser l'ultima, e che s'entrasse dopo quella nelle terre misteriose e spaurevoli dei selvaggi. Una brezza gelata gli mordeva il viso. Imbarcando a Genova sul finir d'aprile, i suoi non avevan pensato che in America egli avrebbe trovato l'inverno, e l'avevan vestito da estate. Dopo alcune ore, incominciò a soffrire il freddo e, col freddo, la stanchezza dei giorni passati, pieni di commozioni violente, e delle notti insonni e travagliate. Si addormentò, dormì lungo tempo, si svegliò intirizzito; si sentiva male. E allora gli prese un vago terrore di cader malato e di morir per viaggio, e d'esser buttato là in mezzo a quella pianura desolata, dove il suo cadavere sareb-be stato dilaniato dai cani e dagli uccelli di rapina, come certi corpi di vacche che vedeva tratto tratto accanto alla strada, e da cui torceva lo sguardo con ribrezzo. In quel malessere inquieto, in mezzo a quel silen-zio tetro della natura, la sua immaginazione s'eccitava e volgeva al nero. Era poi ben sicuro di trovarla, a Cordova, sua madre? E se non ci fosse stata? Se quel signore di via delle Arti avesse sbagliato? E se fosse morta?

In questi pensieri si riaddormentò, sognò d'essere a Cordova di notte, e di sentirsi gridare da tutte le porte e da tutte le finestre: "Non c'è! Non c'è! Non c'è!" Si svegliò di sobbalzo, atterrito, e vide in fondo al vagone tre uomini barbuti, ravvolti in scialli di vari colori, che lo guardavano, parlando basso tra di loro: e gli balenò il sospetto che fossero assassini e lo volessero uccidere, per rubargli la sacca. Al freddo, al malessere gli s'aggiunse la paura; la fantasia già turbata gli si stravolse; i tre uomini lo fissavano sempre, uno di essi si mosse verso di lui; allora egli smarrì la ragione, e correndogli incontro con le braccia aperte, gridò: «Non ho nulla. Sono un povero ragazzo. Vengo dall'Italia, vo a cercar mia madre, son solo; non mi fate del male! » Quelli capirono subito, n'ebbero pietà, lo carezzarono e lo racquetarono, dicendogli molte parole che non intendeva; e vedendo che batteva i denti dal freddo, gli misero addosso uno dei loro scialli, e lo fecero risedere perché dormisse. E si riaddormentò che imbruniva. Quando lo svegliarono, era a Cordova.

Ah! che buon respiro tirò, e con che impeto si cacciò fuori dal vagone! Domandò a un impiegato della stazione dove stesse di casa l'ingegner Mequinez: quegli disse il nome d'una chiesa: la casa era accanto alla chiesa; il ragazzo scappò via. Era notte. Entrò in città. E gli parve d'entrare in Rosario un'altra volta al veder quelle strade diritte, fiancheggiate di piccole case bianche, e tagliate da altre strade diritte lunghissime. Ma c'era poca gente, e al chiarore dei rari lampioni incontrava delle facce strane, d'un colore sconosciuto, tra nerastro e verdognolo, e alzando il viso a quando a quando, vedeva delle chiese d'architettura bizzarra che si disegnavano enormi e nere sul firmamento. La città era oscura e silenziosa; ma, dopo aver attraversato quell'immenso deserto, gli pareva allegra. Interrogò un prete, trovò presto la chiesa e la casa, tirò il campanello con una mano tremante, e si premette l'altra sul petto per comprimere i battiti del cuore, che gli saltava alla gola.

Una vecchia venne ad aprire, con un lume in mano. Il ragazzo non poté parlar subito.

«Chi cerchi?» domandò quella, in ispagnuolo.

«L'ingegner Mequinez» disse Marco.

La vecchia fece l'atto d'incrociar le braccia sul seno, e rispose dondolando il capo: «Anche tu, dunque, l'hai con l'ingegner Mequinez! E mi pare che sarebbe tempo di finirla. Sono tre mesi ormai che ci seccano. Non basta che l'abbiano detto i giornali. Bisognerà farlo stampare sulle cantonate che il signor Mequinez è andato a stare a Tucuman! »

Il ragazzo fece un gesto di disperazione. Poi diede in uno scoppio di rabbia. «È una maledizione dunque! Io dovrò morire per la strada senza trovar mia madre! Io divento matto, m'ammazzo! Dio mio! Come si chiama quel paese? Dov'è? A che distanza è?»

«Eh, povero ragazzo» rispose la vecchia, impietosita «una bagatella! Saranno quattrocento o cinquecento miglia, a metter poco.»

«E ora... come faccio?»

«Che vuoi che ti dica, povero figliuolo» rispose la donna «io non so.»

Ma subito le balenò un'idea e soggiunse in fretta: «Senti, ora che ci penso. Fa' una cosa. Svolta a destra per la via, troverai alla terza porta un cortile; c'è un *capataz*, un commerciante che parte domani per Tucuman con le sue *carretas* e i suoi bovi; va' a vedere se ti vuol prendere, offrendogli i tuoi servizi; ti darà forse un posto su un carro; va' subito».

Il ragazzo afferrò la sacca, ringraziò scappando, e dopo due minuti si trovò in un vasto cortile rischiarato da lanterne, dove vari uomini lavoravano a caricar sacchi di frumento sopra certi carri enormi, simili a case mobili di saltimbanchi, col tetto rotondo e le ruote altissime; ed un uomo alto e baffuto, ravvolto in una specie di mantello a quadretti bianchi e neri, con due grandi stivali, dirigeva il lavoro. Il ragazzo s'avvicinò a questo, e gli fece timidamente la sua domanda, dicendo che veniva dall'Italia e che andava a cercar sua madre.

Il *capataz*, che vuol dire capo (capo conduttore di quel convoglio di carri), gli diede una occhiata da capo a piedi, e rispose seccamente: «Non ci ho posto».

«Io ho quindici lire» rispose il ragazzo, supplichevole; «do le mie quindici lire. Per viaggio lavorerò. Andrò a pigliar l'acqua e la biada per le bestie, farò tutti i servizi. Un poco di pane mi basta. Mi faccia un po' di posto, signore!»

Il *capataz* tornò a guardarlo, e rispose con miglior garbo: «Non c'è posto... e poi... noi non andiamo a Tucuman, andiamo a un'altra città, Santiago dell'Estero. A un certo punto ti dovremmo lasciare, e ancora avresti un gran tratto da far a piedi».

«Ah, io ne farei il doppio!» esclamò Marco; «io camminerò, non ci pensi, arriverò in ogni maniera; mi faccia un po' di posto, signore, per carità non mi lasci qui solo!»

«Bada che è un viaggio di venti giorni!»

«Non importa.»

«È un viaggio duro!»

«Sopporterò tutto.»

«Dovrai viaggiar solo!»

«Non ho paura di nulla. Purché ritrovi mia madre. Abbia compassione!»

Il *capataz* gli accostò al viso una lanterna e disse: «Sta bene».

Il ragazzo gli baciò la mano.

«Stanotte dormirai in un carro» soggiunse il *capataz*, lasciandolo; «domattina alle quattro ti sveglierò. *Buenas noches*.»

La mattina alle quattro, al lume delle stelle, la lunga fila dei carri si mise in movimento con grande strepito: ciascun carro tirato da sei bovi, seguiti tutti da un gran numero di animali di ricambio. Il ragazzo, svegliato e messo dentro a uno dei carri, sui sacchi, si addormentò subito, profondamente.

Quando si svegliò il convoglio era fermo in un luogo solitario, sotto il sole, e tutti gli uomini – i *peones* – stavan seduti in cerchio intorno a un quarto di vitello, che arrostiva all'aria aperta, infilato in una specie di spadone piantato in terra, accanto a un gran fuoco agitato dal vento. Mangiarono tutti insieme, dormirono e poi ripartirono: e così il viaggio continuò, regolato come una marcia di soldati. Ogni mattina si mettevano in cammino alle cinque, si fermavano alle nove, ripartivano alle cinque della sera, tornavano a fermarsi alle dieci. I *peones* andavano a cavallo e stimolavano i buoi con lunghe canne. Il ragazzo accendeva il fuoco per l'arrosto, dava da mangiare alle bestie, ripuliva le lanterne, portava l'acqua da bere. Il paese gli passava davanti come una visione indistinta: vasti boschi di piccoli alberi bruni; villaggi di poche case sparse, con le facciate rosse e merlate; vastissimi spazi, forse antichi letti di grandi laghi salati, biancheggianti di sale fin dove arrivava la vista; e da ogni parte e sempre, pianura, solitudine, silenzio.

Rarissimamente incontravano due o tre viaggiatori a cavallo, seguiti da un branco di cavalli sciolti, che passavano di galoppo, come un turbine. I giorni erano tutti eguali, come sul mare; uggiosi e interminabili. Ma il tempo era bello. Senonché i *peones*, come se il ragazzo fosse stato il loro servitore obbligato, diventavano di giorno in giorno più esigenti: alcuni lo trattavano brutalmente, con minacce: tutti si facevan portare carichi enormi di foraggi; lo mandavano a pigliar acqua a grandi distanze; ed egli, rotto dalla fatica, non poteva nemmen dormire la notte, scosso continuamente dai sobbalzi violenti del carro e dallo scricchiolio assordante delle ruote e delle sale di legno. E per giunta, essendosi levato il vento, una terra fina, rossiccia e grassa, che avvolgeva ogni cosa, penetrava nel carro, gli entrava sotto i panni, gli empiva gli occhi e la bocca, gli toglieva la vista e il respiro, continua, opprimente, insopportabile.

Sfinito dalle fatiche e dall'insonnia, ridotto lacero e sudicio, rimbrottato e malmenato dalla mattina alla sera, il povero ragazzo s'avviliva ogni giorno di più, e si sarebbe perduto d'animo affatto se il *capataz* non gli avesse rivolto di tratto in tratto qualche buona parola. Spesso in un cantuccio del carro, non veduto, piangeva col viso dentro la sacca, la quale non conteneva più che dei cenci. Ogni mattina si levava più debole e più scoraggiato, e guardando la campagna, vedendo sempre quella pianura sconfinata e implacabile, come un oceano di terra, diceva tra sé: "Oh, fino a questa sera non arrivo, fino a questa sera non arrivo! Quest'oggi muoio per strada!" E le fatiche crescevano, i mali trattamenti raddoppiavano. Una mattina, perché aveva tardato a portar l'acqua, in assenza del *capataz*, uno degli uomini lo percosse. E allora cominciarono a farlo per vezzo, quando gli davano un ordine, a misurargli uno scapaccione, dicendo: «Insacca questo, vagabondo! » «Porta questo a tua madre! » Il cuore gli scoppiava; ammalò; stette tre giorni nel carro, con una coperta addosso, battendo la febbre, e non vedendo nessuno, fuori che il *capataz*, che veniva a dargli da bere e a toccargli il polso. E allora si credette perduto, e invocava disperatamente sua madre, chiamandola cento volte per nome: "Oh madre mia! madre mia! Aiutami! Vienmi incontro che muoio! Oh, povera madre mia, non ti vedrò mai più! Povera madre mia, che mi troverai morto per la strada!" giungeva le mani sul petto e pregava. Poi migliorò, grazie alle cure del *capataz*, e guarì; ma con la guarigione sopraggiunse il giorno più terribile del suo viaggio, il giorno in cui doveva rimaner solo. Da più di due settimane erano in cammino. Quando arrivarono al punto dove dalla strada di Tucuman si stacca quella che va a Santiago dell'Estero, il *capataz* gli annunciò che dovevano separarsi. Gli diede qualche indicazione intorno al cammino, gli legò la sacca sulle spalle in modo che non gli desse noia a camminare e, tagliando corto, come se temesse di commuoversi, lo salutò. Il ragazzo fece appena in tempo a baciargli un braccio. Anche gli altri uomini, che lo avevano maltrattato così duramente, parve che provassero un po' di pietà a vederlo rimaner così solo, e gli fecero un cenno d'addio, allontanandosi. Ed egli restituì il saluto con la mano, stette a guardar il convoglio fin che si perdette nel polverìo rosso della campagna, e poi si rimise in cammino, tristemente.

Una cosa, per altro, lo riconfortò un poco, fin da principio. Dopo tanti giorni di viaggio a traverso a quella pianura sterminata e sempre eguale, egli vedeva davanti a sé una catena di montagne altissime, azzurre, con le cime bianche, che gli rammentavano le Alpi, e gli davan come un senso di ravvicinamento al suo paese. Erano le Ande, la spina dorsale del continente americano, la catena immensa che si stende dalla Terra del Fuoco fino al Mare glaciale del Polo artico per cento e dieci gradi di latitudine. Ed anche lo confortava il sentire che l'aria si veniva facendo sempre più calda; e questo perché, risalendo verso settentrione, egli si andava avvicinando alle regioni tropicali. A grandi distanze trovava dei piccoli gruppi di case, con una botteguccia; e comprava qualche cosa da mangiare. Incontrava degli uomini a cavallo; vedeva ogni tanto delle donne e dei ragazzi seduti in terra, immobili e gravi, delle facce nuove affatto per lui, color di terra, con gli occhi obliqui, con l'ossa delle guance sporgenti; i quali lo guardavano fisso e lo accompagnavano con lo sguardo, girando il capo lentamente, come automi. Erano indiani. Il primo giorno camminò fin che gli ressero le forze, e dormì sotto un albero. Il secondo giorno camminò assai meno, e con minor animo. Aveva le scarpe rotte, i piedi spellati, lo stomaco indebolito dalla cattiva nutrizione. Verso sera s'incominciava a impaurire. Aveva inteso dire in Italia che in quei paesi c'eran dei serpenti: credeva di sentirli strisciare, s'arrestava, pigliava la corsa, gli correvan dei brividi nelle ossa. A volte lo prendeva una grande compassione di sé, e piangeva in silenzio, camminando. Poi pensava: "Oh quanto soffrirebbe mia madre se sapesse che ho tanta paura!" E questo pensiero gli ridava coraggio. Poi, per distrarsi dalla paura, pensava a tante cose di lei, si richiamava alla mente le sue parole di quand'era partita da Genova, e l'atto con cui soleva accomodargli le coperte sotto il mento, quando era a letto, e quando era bambino, che alle volte se lo pigliava fra le braccia, dicendogli: "Sta' un po' qui con me", e stava così molto tempo, col capo appoggiato sul suo, pensando. E le diceva tra sé: "Ti rivedrò un giorno, cara madre? Arriverò alla fine del mio viaggio, madre mia?" E camminava, camminava, in mezzo ad alberi sconosciuti, a vaste piantagioni di canne da zucchero, e praterie senza fine, sempre con quelle grandi montagne azzurre davanti, che tagliavano il cielo sereno coi loro altissimi coni.

Quattro giorni – cinque – una settimana passò. Le forze gli andavan rapidamente scemando, i piedi gli sanguinavano. Finalmente, una sera al cader del sole gli dissero: "Tucuman è a cinque miglia da qui". Egli gittò un grido di gioia, e affrettò il passo, come se avesse riacquistato in un punto tutto il vigore perduto. Ma fu una breve illusione. Le forze lo abbandonarono a un tratto, e cadde sull'orlo di un fosso, sfinito. Ma il cuore gli batteva dalla contentezza. Il cielo, fitto di stelle splendentissime, non gli era mai parso così bello. Egli le contemplava, adagiato sull'erba per dormire. E diceva: "O madre mia, dove sei? Che cosa fai in questo momento? Pensi al tuo figliuolo? Pensi al tuo Marco, che ti è tanto vicino?"

Povero Marco, s'egli avesse potuto vedere in quale stato si trovava sua madre in quel punto, avrebbe fatto uno sforzo sovrumano per camminare ancora, e arrivar da lei qualche ora prima. Era malata, a letto, in una camera a terreno d'una casetta signorile, dove abitava la famiglia Mequinez; la quale le aveva posto molto affetto e le faceva grande assistenza. La povera donna era già malaticcia quando l'ingegner Mequinez aveva dovuto partire improvvisamente da Buenos Aires, e non si era punto rimessa colla buon'aria di Cordova. Ma poi, il non aver più ricevuto risposta alle sue lettere né dal marito né dal cugino, il presentimento sempre vivo di qualche disgrazia, l'ansietà continua in cui era vissuta, incerta tra il partire e il restare, aspettando ogni giorno una notizia funesta, l'avevano fatta peggiorare fuor di modo. Da ultimo, le s'era manifestata una malattia gravissima: un'ernia intestinale strozzata. Da quindici giorni non si alzava dal letto. Era necessaria un'operazione per salvarle la vita. E in quel momento appunto, mentre il suo Marco la invocava, stavano accanto al suo letto il padrone e la padrona di casa a ragionarla con molta dolcezza perché si lasciasse operare, ed essa persisteva nel rifiuto, piangendo. Un bravo medico di Tucuman era già venuto la settimana prima inutilmente. «No, cari signori» essa diceva «non mette conto; non ho più forza di resistere; morirei sotto i ferri del chirurgo. È meglio che mi lascino morir così. Non ci tengo più alla vita oramai. Tutto è finito per me. È meglio che muoia prima di sapere cos'è accaduto della mia famiglia.» E i padroni a dirle di no, che si facesse coraggio, che alle ultime lettere mandate a Genova direttamente avrebbe ricevuto risposta, che si lasciasse operare, che lo facesse per i suoi figliuoli. Ma il pensiero dei suoi figliuoli non faceva che aggravare di maggior angoscia lo scoraggiamento profondo che la prostrava da lungo tempo. A quelle parole scoppiava in pianto. «Oh i miei figliuoli! i miei figliuoli!» esclamava, giungendo le mani; «forse non ci sono più! È meglio che muoia anch'io. Li ringrazio, buoni signori, li ringrazio di cuore. Ma è meglio che muoia. Tanto non guarirei neanche con l'operazione, ne sono sicura. Grazie di tante cure, buoni signori. È inutile che dopodomani torni il medico. Voglio morire qui. È destino ch'io muoia qui. Ho deciso.» E quelli ancora a consolarla, a ripeterle: «No, non dite questo» e a pigliarla per le mani e pregarla. Ma essa allora chiudeva gli occhi, sfinita, e cadeva in un assopimento, che pareva morta. E i padroni restavano lì per un po' di tempo, alla luce fioca d'un lumicino, a guardare con grande pietà quella madre ammirabile, che per salvare la sua famiglia era venuta a morire a seimila miglia dalla sua patria, a morire dopo aver tanto penato, povera donna, così onesta, così buona, così sventurata.

Il giorno dopo, di buon mattino, con la sua sacca sulle spalle, curvo e zoppicante, ma pieno d'animo, Marco entrava nella città di Tucuman, una delle più giovani e delle più floride città della Repubblica Argentina. Gli parve di rivedere Cordova, Rosario, Buenos Aires: erano quelle stesse vie diritte e lunghissime, e quelle case basse e bianche; ma da ogni parte una vegetazione nuova magnifica, un'aria profumata, una luce meravigliosa, un cielo limpido e profondo, come egli non l'aveva mai

*Il caporale s'avanzò sull'orlo del tetto: tutti rabbrividirono, e stettero
a guardar col respiro sospeso; passò: un immenso evviva salì al cielo.
Il caporale riprese la corsa e, arrivato al punto minacciato, cominciò
a spezzare furiosamente a colpi d'accetta coppi, travi, correntini
per aprirsi una buca da scendere dentro.*

p. 134

visto, neppure in Italia. Andando innanzi per le vie, riprovò l'agitazione febbrile che lo aveva preso a Buenos Aires: guardava le finestre e le porte di tutte le case; guardava tutte le donne che passavano, con una speranza affannosa di incontrar sua madre; avrebbe voluto interrogar tutti e non osava fermar nessuno. Tutti, di sugli usci, si voltavano a guardar quel povero ragazzo stracciato e polveroso, che mostrava di venir da tanto lontano. Ed egli cercava fra la gente un viso che gl'ispirasse fiducia, per rivolgergli quella tremenda domanda, quando gli occhi gli caddero sopra un'insegna di bottega, su cui era scritto un nome italiano. C'era dentro un uomo con gli occhiali e due donne. Egli s'avvicinò lentamente alla porta, e fatto un animo risoluto, domandò: «Mi saprebbe dire, signore, dove sta la famiglia Mequinez?»

«Dell'*ingeniero* Mequinez?» domandò il bottegaio a sua volta.

«Dell'ingegnere Mequinez» rispose il ragazzo, con un fil di voce.

«La famiglia Mequinez» disse il bottegaio «non è a Tucuman.»

Un grido di disperato dolore, come d'una persona pugnalata, fece eco a quelle parole.

Il bottegaio e le donne s'alzarono, alcuni vicini accorsero. «Che c'è? che hai, ragazzo?» disse il bottegaio, tirandolo nella bottega e facendolo sedere; «non c'è da disperarsi, che diavolo! I Mequinez non son qui, ma poco lontano, a poche ore da Tucuman!»

«Dove? dove?» gridò Marco, saltando su come un resuscitato.

«A una quindicina di miglia di qua» continuò l'uomo «in riva al Saladillo; in un luogo dove stanno costruendo una grande fabbrica da zucchero, un gruppo di case, c'è la casa del signor Mequinez: tutti lo sanno, ci arriverai in poche ore.»

«Ci sono stato io un mese fa» disse un giovane che era accorso al grido.

Marco lo guardò con gli occhi grandi e gli domandò precipitosamente impallidendo: «Avete visto la donna di servizio del signor Mequinez, l'italiana?»

«La *jenovesa*? l'ho vista».

Marco ruppe in un singhiozzo convulso, tra di riso e di pianto. Poi con un impeto di risoluzione violenta: «Dove si passa, presto, la strada, parto subito, insegnatemi la strada!»

«Ma c'è una giornata di marcia» gli dissero tutti insieme «sei stanco, devi riposare, partirai domattina.»

«Impossibile! Impossibile!» rispose il ragazzo. «Ditemi dove si passa, non aspetto più un momento, parto subito, dovessi morire per via!»

Vistolo irremovibile, non s'opposero più. «Dio t'accompagni» gli dissero. «Bada alla via per la foresta. Buon viaggio, *italianito*.» Un uomo l'accompagnò fuori di città, gli indicò il cammino, gli diede qualche consiglio e stette a vederlo partire. In capo a pochi minuti il ragazzo scomparve, zoppicando, con la sua sacca sulle spalle, dietro gli alberi folti che fiancheggiavan la strada.

Quella notte fu tremenda per la povera inferma. Essa aveva dei dolori atroci, che le strappavan degli urli da rompersi le vene, e le davan dei momenti di delirio. Le donne che l'assistevano perdevan la testa. La padrona accorreva di tratto in tratto, sgomentata. Tutti cominciarono a temere che, se anche si fosse decisa a lasciarsi operare, il medico che doveva venire la mattina dopo sarebbe arrivato troppo tardi. Nei momenti che non delirava, però, si capiva che il suo più terribile strazio non erano i dolori del corpo, ma il pensiero della famiglia lontana. Smorta, disfatta, col viso mutato, si cacciava le mani nei capelli con un atto di disperazione che passava l'anima e gridava: «Dio mio! Dio mio! Morire tanto lontana, morire senza rivederli! I miei poveri figliuoli, che rimangono senza madre, le mie povere creature, il povero sangue mio! Il mio Marco, che è ancora tanto piccolo, alto così, tanto buono e affettuoso! Voi non sapete che ragazzo era! Signora, se sapesse! Non me lo potevo staccare dal collo quando son partita, singhiozzava da far compassione, singhiozzava; pareva che lo sapesse che non avrebbe mai più rivisto sua madre, povero bambino mio! Credevo che mi scoppiasse il cuore! Ah se fossi morta allora, morta mentre mi diceva addio, morta fulminata fossi! Senza madre, povero bambino, lui che m'amava tanto, che aveva bisogno di me, senza madre, nella miseria, dovrà andare accattando, lui, Marco mio, che tenderà la mano, affamato! Oh! Dio eterno! No! Non voglio morire! Il medico! Chiamatelo subito! Venga, mi tagli, mi squarci il seno, mi faccia impazzire, ma mi salvi la vita! Voglio guarire, voglio partire, fuggire, domani, subito! Il medico! Aiuto! Aiuto! » E le donne le afferravan le mani, la calmavano, pregando, la facevano tornare in sé a poco a poco, e le parlavano di Dio e di speranza. E allora essa ricadeva in un abbattimento mortale, piangeva con le mani nei capelli grigi, gemeva come una bambina, mettendo un lamento prolungato, e mormorando di tratto in tratto: «Oh la mia Genova! La mia casa! Tutto quel mare!... Oh Marco mio, il mio povero Marco! Dove sarà ora, la povera creatura mia! »

Era mezzanotte; e il suo povero Marco, dopo aver passato molte ore sulla sponda d'un fosso, stremato di forze, camminava allora attraverso a una foresta vastissima di alberi giganteschi, mostri della vegetazione, dai fusti smisurati, simili a pilastri di cattedrali, che intrecciavano a un'altezza meravigliosa le loro enormi chiome inargentate dalla luna. Vagamente, in quella mezza oscurità, egli vedeva miriadi di tronchi di tutte le forme, ritti, inclinati, scontorti, incrociati in atteggiamenti strani di minaccia e di lotta; alcuni rovesciati a terra come torri cadute tutte d'un pezzo, e coperti d'una vegetazione fitta e confusa, che pareva una folla furente che se li disputasse a palmo a palmo; altri raccolti in grandi gruppi, verticali e serrati come fasci di lance titaniche, di cui la punta toccasse le nubi; una grandezza superba, un disordine prodigioso di forme colossali, lo spettacolo più maestosamente terribile che gli avesse mai offerto la natura vegetale. A momenti lo prendeva un grande stupore. Ma subito l'anima sua si rilanciava verso sua madre. Ed era sfinito, coi piedi che facevan sangue, solo in quella formidabile foresta, dove non vedeva che a lunghi intervalli delle piccole abitazioni umane, che ai piedi di quegli alberi parevan nidi di formiche, e qualche bufalo addormentato lungo la via; era sfinito, ma non sentiva la stanchezza; era solo e non aveva paura. La grandezza della foresta ingrandiva l'anima sua; la vicinanza di sua madre gli dava la forza e la baldanza d'un uomo; la ricordanza dell'oceano, degli sgomenti, dei dolori sofferti e vinti, delle fatiche durate, della ferrea costanza spiegata gli facean alzare la fronte; tutto il suo forte e nobile sangue genovese gli rifluiva al cuore in un'onda ardente d'alterezza e d'audacia. E una cosa nuova rifluiva in lui: che mentre fino allora aveva portata nella mente un'immagine della madre oscurata e sbiadita un poco da quei due anni di lontananza, in quei momenti quell'immagine gli si schiariva; egli rivedeva il suo viso intero e netto come da lungo tempo non l'aveva visto più; lo rivedeva vicino, illuminato, parlante; rivedeva i movimenti più sfuggevoli dei suoi occhi e delle sue labbra, tutti i suoi atteggiamenti, tutti i suoi gesti, tutte le ombre de' suoi pensieri; e, sospinto da quei ricordi incalzanti, affrettava il passo; e un nuovo affetto, una tenerezza indicibile gli cresceva, gli cresceva nel cuore, facendogli correre giù dal viso delle lacrime dolci e quiete; e andando avanti nelle tenebre, le parlava, le diceva le parole che le avrebbe mormorate all'orecchio tra poco: "Son qui, madre mia, eccomi qui, non ti lascerò mai più; torneremo a casa insieme, e io ti starò sempre accanto sul bastimento, stretto a te, e nessuno mi staccherà mai più da te, nessuno, mai più, fin che avrai vita!" E non s'accorgeva intanto che sulle cime degli alberi giganteschi andava morendo la luce argentina della luna nella bianchezza delicata dell'alba.

Alle otto di quella mattina il medico di Tucuman – un giovane argentino – era già al letto della malata, in compagnia d'un assistente, a tentare per l'ultima volta di persuaderla a lasciarsi operare; e con lui ripetevano le più calde istanze l'ingegnere Mequinez e la sua signora. Ma tutto era inutile. La donna, sentendosi esausta di forze, non aveva più fede nell'operazione; essa era certissima di morire sull'atto o di non sopravvivere che per poche ore, dopo aver sofferto invano dei dolori più atroci di quelli che la dovevano uccidere naturalmente. Il medico badava a ridirle: «Ma l'operazione è sicura, la vostra salvezza è certa, purché ci mettiate un po' di coraggio! Ed è ugualmente certa la vostra morte se rifiutate!» Eran parole buttate via.

«No» essa rispondeva con la voce fioca «ho ancora il coraggio per morire; ma non ne ho più per soffrire inutilmente. Grazie, signor dottore. È destinato così. Mi lasci morir tranquilla.» E il medico, scoraggiato, desistette. Nessuno parlò più. Allora la donna voltò il viso verso la padrona, e le fece con voce moribonda le sue ultime preghiere: «Cara, buona signora» disse a gran fatica, singhiozzando «lei manderà quei pochi denari e le mie povere robe alla mia famiglia... per mezzo del signor Console. Io spero che sian tutti vivi. Il cuore mi predice bene in questi ultimi momenti. Mi farà la grazia di scrivere... che ho sempre pensato a loro, che ho sempre lavorato per loro... per i miei figliuoli... e che il mio solo dolore fu di non rivederli più... ma che son morta con coraggio... rassegnata... benedicendoli; e che raccomando a mio marito... e al mio figliuolo maggiore... il più piccolo, il mio povero Marco... che ho avuto in cuore fino all'ultimo momento...» Ed esaltandosi tutt'a un tratto, gridò giungendo le mani: «Il mio Marco! Il mio bambino! La mia vita!...» Ma girando gli occhi pieni di pianto vide che la padrona non c'era più: eran venuti a chiamarla furtivamente. Cercò il padrone: era sparito. Non restavan più che le due infermiere e l'assistente. Si sentiva nella stanza vicina un rumore affrettato di passi, un mormorio di voci rapide e sommesse, e d'esclamazioni rattenute. La malata fissò sull'uscio gli occhi velati, aspettando. Dopo alcuni minuti vide comparire il medico, con un viso insolito; poi la padrona e il padrone, anch'essi col viso alterato. Tutti e tre la guardarono con un'espressione singolare, e si scambiarono alcune parole a bassa voce.

Le parve che il medico dicesse alla signora: «Meglio subito». La malata non capiva.

«Josefa» disse la padrona con voce tremante. «Ho una buona notizia da darvi. Preparate il cuore a una buona notizia.»

La donna la guardò attentamente.

«Una notizia» continuò la signora, sempre più agitata «che vi darà una grande gioia.»

La malata dilatò gli occhi.

«Preparatevi» proseguì la padrona «a vedere una persona... a cui volete molto bene.»

La donna alzò il capo con uno scatto vigoroso, e cominciò a guardare rapidamente ora la signora, ora l'uscio, con gli occhi sfolgoranti.

«Una persona» soggiunse la signora, impallidendo «arrivata or ora... inaspettatamente.»

«Chi è?» gridò la donna con una voce strozzata e strana, come di persona spaventata.

Un istante dopo gittò un grido altissimo, balzando a sedere sul letto, e rimase immobile, con gli occhi spalancati e con le mani alle tempie, come davanti a un'apparizione sovrumana.

Marco, lacero e polveroso, era là ritto sulla soglia, trattenuto per un braccio dal dottore.

La donna urlò tre volte: «Dio! Dio! Dio mio!»

Marco si slanciò avanti, essa protese le braccia scarne, e serrandolo al seno con la forza di una tigre, scoppiò in un riso violento, rotto da profondi singhiozzi senza lacrime, che la fecero ricader soffocata sul cuscino.

Ma si riprese subito e gridò pazza di gioia, tempestandogli il capo di baci:

«Come sei qui? Perché? Sei tu? Come sei cresciuto! Chi t'ha condotto? Sei solo? Non sei malato? Sei tu Marco? Non è un sogno! Dio mio! Parlami!» Poi cambiando tono improvvisamente: «No! Taci! Aspetta!» E voltandosi verso il medico, a precipizio: «Presto, subito, dottore. Voglio guarire. Son pronta. Non perda un momento. Conducete via Marco che non senta. Marco mio, non è nulla. Mi racconterai. Ancora un bacio. Va'. Eccomi qui, dottore».

Marco fu portato via. I padroni e le donne uscirono in fretta, rimasero il chirurgo e l'assistente, che chiusero la porta.

Il signor Mequinez tentò di tirar Marco in una stanza lontana; ma fu impossibile, egli parea inchiodato al pavimento.

«Cosa c'è?» domandò. «Cos'ha mia madre? Cosa le fanno?»

E allora il signor Mequinez, piano, tentando sempre di condurlo via: «Ecco. Senti. Ora ti dirò. Tua madre è malata, bisogna farle una piccola operazione, ti spiegherò tutto, vieni con me».

«No» rispose il ragazzo impuntandosi «voglio star qui. Mi spieghi qui.»

L'ingegnere ammontava parole su parole, tirandolo; il ragazzo cominciava a spaventarsi e a tremare.

A un tratto un grido acutissimo, come il grido d'un ferito a morte, risonò in tutta la casa.

Il ragazzo rispose con un altro grido disperato: «Mia madre è morta!»

Il medico comparve sull'uscio e disse: «Tua madre è salva».

Il ragazzo lo guardò un momento e poi si gettò ai suoi piedi singhiozzando: «Grazie, dottore!»

Ma il dottore lo rialzò con un gesto, dicendo: «Levati!... Sei tu, eroico fanciullo, che hai salvato tua madre».

Marco il genovese è il penultimo piccolo eroe di cui facciamo la conoscenza quest'anno: non ne resta che uno per il mese di giugno. Non ci sono più che due esami mensili, ventisei giorni di lezioni, sei giovedì e cinque domeniche. Si sente già l'aria della fine dell'anno. Gli alberi del giardino, fronzuti e fioriti, fanno una bell'ombra sugli attrezzi della ginnastica. Gli scolari sono già vestiti da estate. È bello ora veder l'uscita delle classi, com'è tutto diverso dai mesi scorsi. Le capigliature che toccavan le spalle sono andate giù: tutte le teste sono rapate; si vedono gambe nude e colli nudi; cappellini di paglia d'ogni forma, con dei nastri che scendon fin sulle schiene; camicie e cravattine di tutti i colori; tutti i più piccoli con qualche cosa addosso di rosso o d'azzurro, una mostra, un orlo, una nappina, un cencino di color vivo appiccicato pur che sia dalla mamma, perché faccia figura, anche i più poveri; e molti vengono alla scuola senza cappello, come scappati di casa. Alcuni portano il vestito bianco della ginnastica. C'è un ragazzo della maestra Delcati che è tutto rosso da capo a piedi, come un gambero cotto. Parecchi sono vestiti da marinai. Ma il più bello è il muratorino che ha messo su un cappellone di paglia, che gli dà l'aria d'una mezza candela col paralume, ed è un ridere e vedergli fare il muso di lepre là sotto. Coretti anche ha smesso il suo berretto di pelo di gatto e porta un vecchio berretto di seta grigia da viaggiatore. Votini ha una specie di vestimento alla scozzese, tutto attillato; Crossi mostra il petto nudo; Precossi sguazza dentro a un camiciotto turchino da fabbro ferraio. E Garoffi? Ora che ha dovuto lasciare il mantellone, che nascondeva il suo commercio, gli rimangono scoperte bene tutte le tasche gonfie d'ogni sorta di carabattole da rigattiere, e gli spuntan fuori le liste delle lotterie. Ora tutti lascian vedere quello che portano: dei ventagli fatti con mezza gazzetta, dei bocciuoli di canna, delle frecce da tirare agli uccelli, dell'erba, dei maggiolini che sbucan fuor delle tasche e vanno su pian piano per le giacchette. Molti di quei piccoli portano dei mazzetti di fiori alle maestre. Anche le maestre son tutte vestite da estate, di colori allegri; fuorché la "monachina" che è sempre nera; e la maestrina della penna rossa ha sempre la sua penna rossa, e un nodo di nastri rosa al collo, tutti sgualciti dalle zampette dei suoi scolari, che la fanno sempre ridere e correre. È la stagione delle ciliegie, delle farfalle, delle musiche sui viali e delle passeggiate in campagna; molti di quarta scappano già a bagnarsi nel Po; tutti hanno già il cuore alle vacanze; ogni giorno si esce dalla scuola più impazienti e contenti del giorno innanzi. Soltanto mi fa pena di veder Garrone col lutto, e la mia povera maestra di prima che è sempre più smunta e più bianca e tosse sempre più forte. Cammina curva ora, e mi fa un saluto così triste!

POESIA *26, venerdì*

Tu cominci a comprendere la poesia della scuola, Enrico; ma la scuola, per ora, non la vedi che di dentro: ti parrà molto più bella e più poetica fra trent'anni, quando ci verrai ad accompagnare i tuoi figliuoli, e la vedrai di fuori, come io la vedo. Aspettando l'uscita io giro per le strade silenziose, intorno all'edifizio, e porgo l'orecchio alle finestre del pian terreno chiuse dalle persiane. Da una finestra sento la voce d'una maestra che dice: "Ah! quel taglio di t! Non va, figliuol mio! Che ne direbbe tuo padre?..." Alla finestra vicina è la grossa voce d'un maestro che detta lentamente: "Comperò cinquanta metri di stoffa... a lire quattro e cinquanta il metro... li rivendette..." Più in là è la maestrina della penna rossa che legge ad alta voce: "Allora Pietro Micca con la miccia accesa..." Dalla classe vicina esce come un cinguettìo di cento uccelli, che vuol dire che il maestro è andato fuori un momento. Vo innanzi, e alla svoltata del canto sento uno scolaro che piange, e la voce della maestra che lo rimprovera e lo consola. Da altre finestre vengon fuori dei versi, dei nomi d'uomini grandi e buoni, dei frammenti di sentenze che consiglian la virtù, l'amor di patria, il coraggio. Poi seguono dei momenti di silenzio, in cui si direbbe che l'edifizio è vuoto, e non par possibile che ci sian dentro settecento ragazzi, poi si senton degli scoppi rumorosi d'ilarità, provocati dallo scherzo d'un maestro di buon umore... E la gente che passa si sofferma ad ascoltare, e tutti rivolgono uno sguardo di simpatia a quell'edifizio gentile, che racchiude tanta giovinezza e tante speranze. Poi si ode un improvviso strepito sordo, un batter di libri e di cartelle, uno stropiccìo di piedi, un ronzìo che si propaga di classe in classe e dal basso all'alto, come al diffondersi improvviso d'una buona notizia: è il bidello che gira ad annunziare il finis. E a quel rumore una folla di donne, d'uomini, di ragazze e di giovanetti, si stringono di qua e di là dalla porta, ad aspettare i figliuoli, i fratelli, i nipotini; mentre dagli usci delle classi schizzan fuori come zampillando nel camerone i ragazzi piccoli, a pigliar cappottini e cappelli, facendone un arruffìo sul pavimento, e balbettando tutt'in giro, fin che il bidello li ricaccia dentro a uno a uno. E finalmente escono, in lunghe file, battendo i piedi. E allora da tutti i parenti comincia la pioggia delle domande: "Hai saputo la lezione? Quanto t'ha dato del lavoro? Che cos'avete per domani? Quand'è l'esame mensile?" E anche le povere madri che non sanno leggere, aprono i quaderni, guardano i problemi, domandano i punti: "Solamente otto? Dieci con lode? Nove di lezione?" E s'inquietano e si rallegrano e interrogano i maestri e parlan di programmi e d'esami. Com'è bello tutto questo, com'è grande, e che immensa promessa è pel mondo!

Tuo padre

LA SORDOMUTA   *28, domenica*

Non potevo finirlo meglio che con la visita di questa mattina il mese di maggio. Udiamo una scampanellata, corriamo tutti. Sento mio padre che dice con tono di meraviglia: «Voi qui, Giorgio?» Era Giorgio, il nostro giardiniere di Chieri, che ora ha la famiglia a Condove, arrivato allora allora da Genova, dov'era sbarcato il giorno avanti, di ritorno dalla Grecia, dopo tre anni che lavorava alle strade ferrate. Aveva un grosso fagotto fra le braccia. È un po' invecchiato ma sempre rosso in viso e gioviale.

Mio padre voleva che entrasse; ma egli disse di no, e domandò subito, facendo il viso serio: «Come va la mia famiglia? Come sta Gigia?»

«Bene fino a pochi giorni fa» rispose mia madre.

Giorgio tirò un gran sospiro: «Oh! Sia lodato Iddio! Non avevo il coraggio di presentarmi ai Sordomuti senz'aver notizie di lei. Io lascio qui il fagotto e scappo a pigliarla. Tre anni che non la vedo la mia povera figliuola! Tre anni che non vedo nessuno dei miei!»

Mio padre mi disse: «Accompagnalo».

«Ancora una parola, mi scusi» disse il giardiniere sul pianerottolo.

Ma mio padre l'interruppe: «E gli affari?»

«Bene» rispose «grazie a Dio. Qualche soldo l'ho portato. Ma volevo domandare: come va l'istruzione della mutina, dica un po'. Io l'ho lasciata che era un povero animaletto, povera creaturina. Io ci credo poco, già, a questi collegi. Ha imparato a fare i segni? Mia moglie mi scriveva bene: "Impara a parlare, fa progressi". Ma, dicevo io, che cosa vale che impari a parlar lei se io i segni non li so fare? Quello è buono per capirsi fra loro, un disgraziato con l'altro. Come va, dunque? Come va?»

Mio padre sorrise, e rispose: «Non vi dico nulla: vedrete voi; andate, andate; non le rubate un minuto di più».

Uscimmo; l'istituto è vicino. Strada facendo, a grandi passi, il giardiniere mi parlava, rattristandosi. «Ah! la mia povera Gigia! Nascer con quella disgrazia! Dire che non mi son mai sentito chiamar *padre* da lei, che lei non s'è mai sentita chiamar *figliuola* da me, che mai non ha detto né inteso una parola al mondo! E grazia che s'è trovato un signore caritatevole che ha fatto le spese dell'istituto. Ma tanto... prima degli otto anni non c'è potuta andare. Son tre anni che non è in casa. Va per gli undici, adesso. È cresciuta, mi dica un po', è cresciuta? È di buon umore?»

«Ora vedrete, ora vedrete» gli risposi, affrettando il passo.

«Ma dov'è quest'istituto?» domandò. «Mia moglie ce l'accompagnò ch'ero già partito. Mi pare che debba essere da queste parti.»

Eravamo appunto arrivati. Entrammo nel parlatorio. Ci venne incontro un custode. «Sono il padre di Gigia Voggi» disse il giardiniere; «la mia figliuola subito subito.» «Sono in ricreazione» rispose il custode «vado ad avvertir la maestra.» E scappò.

Il giardiniere non poteva più né parlare, né star fermo; guardava i quadri alle pareti senza veder nulla. La porta s'aperse; entrò una maestra, vestita di nero, con una ragazza per mano.

Padre e figliuola si guardarono un momento e poi si slanciarono l'una nelle braccia dell'altro, mettendo un grido.

La ragazzina era vestita di rigatino bianco e rossiccio, con un grembiale grigio. È più alta di me. Piangeva e teneva suo padre stretto al collo con tutt'e due le braccia.

Suo padre si svincolò, e si mise a guardarla da capo a piedi, coi lucciconi agli occhi, ansando come se avesse fatto una gran corsa; esclamò: «Ah! com'è cresciuta! Come s'è fatta bella! Oh, mia cara, la mia povera Gigia! La mia povera mutina! È lei, signora, la maestra? Le dica un po' che mi faccia pure i suoi segni che qualche cosa capirò, e poi imparerò a poco a poco. Le dica che mi faccia capire qualche cosa coi gesti.»

La maestra sorrise e disse a bassa voce alla ragazza: «Chi è quest'uomo che t'è venuto a trovare?»

E la ragazza, con una voce grossa, strana, stonata come quella d'un selvaggio che parlasse per la prima volta la nostra lingua, ma pronunciando chiaro, e sorridendo rispose: «È mi-o pa-dre».

Il giardiniere diede un passo indietro e gridò come un matto: «Parla! Ma è possibile! Ma è possibile! Parla? Ma tu parli bambina mia, parli? Dimmi un poco: parli?» E di nuovo l'abbracciò e la baciò sulla fronte tre volte. «Ma non è coi gesti che parlano, signora maestra, non è con le dita, così? Ma cosa è questo?»

«No, signor Voggi» rispose la maestra «non è coi gesti. Quello era il metodo antico. Qui s'insegna col metodo nuovo, col metodo orale. Come, non sapevate?»

«Ma io non sapevo niente!» rispose il giardiniere, trasecolato. «Tre anni che son fuori! O me l'avranno scritto e non l'ho capito. Sono una testa di legno io. Oh figliuola mia, mi capisci, dunque? Senti quello che ti dico?»

«Ma no, buon uomo» disse la maestra; «la voce non la sente, perché è sorda. Essa capisce dai movimenti dalla vostra bocca quali sono le parole che voi dite; ecco la cosa; ma non sente le vostre parole e neppure quelle che essa dice a voi; le pronuncia perché le abbiamo insegnato, lettera per lettera, come deve atteggiare le labbra e muovere la lingua, e che sforzo deve fare col petto e con la gola, per metter fuori la voce.»

Il giardiniere non capì, e stette a bocca aperta. Non ci credeva ancora.

«Dimmi, Gigia» domandò alla figliuola parlandole all'orecchio; «sei contenta che tuo padre sia tornato?» E rialzato il viso, stette ad aspettar la risposta.

La ragazza lo guardò, pensierosa, e non disse nulla. Il padre rimase turbato.

La maestra rise. Poi disse: «Buon uomo, non vi risponde perché non ha visto i movimenti delle vostre labbra: le avete parlato all'orecchio! Ripetete la domanda tenendo bene il vostro viso davanti al suo».

Il padre, guardandola bene in faccia, ripeté: «Sei contenta che tuo padre sia ritornato? Che non se ne vada più via?»

La ragazza che gli aveva guardato attenta le labbra, cercando anche di vedergli dentro la bocca, rispose francamente:

«Sì, so-no contenta che sei tor-na-to, che non vai via... mai più.»

Il padre l'abbracciò impetuosamente, e poi in fretta e in furia, per accertarsi meglio, la affollò di domande.

«Come si chiama la mamma?»

«An-tonia.»

«Come si chiama la tua sorella piccola?»

«A-de-laide.»

«Come si chiama questo collegio?»

«Dei sor-do-muti.»

«Quanto fa due volte dieci?»

«Venti.»

Mentre credevano che ridesse di gioia, tutt'a un tratto si mise a piangere. Ma era gioia anche quella.

«Animo» gli disse la maestra «avete motivo di rallegrarvi, non di piangere. Vedete che fate piangere la vostra figliuola. Siete contento, dunque?»

Il giardiniere afferrò la mano alla maestra e gliela baciò due o tre volte dicendo: «Grazie, grazie, cento volte grazie, mille volte grazie, cara signora maestra! E mi perdoni che non le so dir altro».

«Ma non solo parla» gli disse la maestra; «la vostra figliuola sa scrivere. Sa far di conto. Conosce il nome di tutti gli oggetti usuali. Sa un poco di storia e di geografia. Ora è nella classe normale. Quando avrà fatto le altre due classi saprà molto, molto di più. Uscirà di qui che sarà in grado di prendere una professione. Ci abbiamo già dei sordomuti che stanno nelle botteghe a servir gli avventori, e fanno i loro affari come gli altri.»

Il giardiniere rimase stupito daccapo. Pareva che gli si confondessero le idee un'altra volta. Guardò la figliuola e si grattò la fronte. Il suo viso domandava ancora una spiegazione.

Allora la maestra si voltò al custode e gli disse: «Chiamatemi una bimba della classe preparatoria».

Il custode tornò poco dopo con una sordomuta di otto o nove anni, entrata da pochi giorni nell'istituto.

«Questa» disse la maestra «è una di quelle a cui insegnamo i primi elementi. Ecco come si fa. Voglio farle dire e. State attento.» La maestra aperse la bocca, come si apre per pronunciare la vocale e, accennò alla bimba che aprisse la bocca alla stessa maniera. La bimba obbedì. Allora la maestra le fece cenno che mettesse fuori la voce. Quella mise fuori la voce, ma invece di e, pronunziò o. «No» disse la maestra «non è questo.» E pigliate le due mani della bimba, se ne mise una aperta sulla gola e l'altra sul petto, e ripeté: «e». La bimba, sentito con le mani il movimento della gola e del petto della maestra, riaperse la bocca come prima, e pronunciò benissimo: «e». Nello stesso modo la maestra le fece dire c e d, sempre tenendosi le due piccole mani sul petto e sulla gola. «Avete capito ora?» domandò.

Il padre aveva capito; ma pareva più meravigliato di quando non capiva. «E insegnano a parlare in quella maniera?» domandò dopo un attimo di riflessione, guardando la maestra. «Hanno la pazienza d'insegnare a parlare a quella maniera, a poco a poco, a tutti quanti? A uno per uno? per anni ed anni?... Ma loro sono dei santi, sono! Ma loro sono angeli del paradiso! Ma non c'è nel mondo una ricompensa, per loro! Che cosa ho da dire?... Ah! mi lascino un poco con la mia figliuola, ora. Me la lascino cinque minuti per me solo.»

E tiratala a sedere in disparte cominciò a interrogarla, e quella a rispondere, ed egli rideva con gli occhi lustri, battendosi i pugni sulle ginocchia, e pigliava la figliuola per le mani, guardandola; fuor di sé dalla contentezza a sentirla, come se fosse una voce che venisse dal cielo; poi domandò alla maestra: «Il signor direttore, sarebbe permesso di ringraziarlo?»

«Il direttore non c'è» rispose la maestra. «Ma c'è un'altra persona che dovrete ringraziare. Qui ogni ragazza piccola è data in cura a una compagna più grande, che le fa da sorella, da madre. La vostra è affidata a una sordomuta di diciassette anni, figlia d'un fornaio, che è buona e le vuol bene molto: da due anni va ad aiutarla a vestirsi ogni mattina, la pettina, le insegna a cucire, le accomoda la roba, le tien buona compagnia.» «Luigia, come si chiama la tua mamma dell'istituto?»

La ragazza sorrise e rispose: «Cate-rina Gior-dano». Poi disse a suo padre: «Mol-to, mol-to buona».

Il custode, uscito a un cenno della maestra, ritornò quasi subito con una sordomuta bionda, robusta, di viso allegro, vestita anch'essa di rigatino rossiccio col grembiale grigio; la quale si arrestò sull'uscio e arrossì, poi chinò la testa, ridendo. Aveva il corpo di una donna e pareva una bambina.

La figliuola di Giorgio le corse subito incontro, la prese per un braccio come una bimba e la tirò davanti a suo padre, dicendo con la sua grossa voce: «Ca-te-rina Gior-dano».

«Ah! la brava ragazza!» esclamò il padre, e allungò la mano per carezzarla, ma la tirò indietro, e ripeté: «Ah! la buona ragazza, che Dio la benedica, che le dia tutte le fortune, tutte le consolazioni, che la faccia sempre felice lei e tutti i suoi, una buona ragazza così, povera la mia Gigia, è un onesto operaio, un povero padre di famiglia che glielo augura di tutto cuore!»

La ragazza grande accarezzava la piccola, sempre tenendo il viso basso e sorridendo; e il giardiniere continuava a guardarla come una madonna.

«Oggi vi potete pigliar con voi la vostra figliuola» disse la maestra.

«Se me la piglio!» rispose il giardiniere. «Me la conduco a Condove e la riporto domani mattina. Si figuri un po' se non me la piglio!» La figliuola scappò a vestirsi. «Dopo tre anni che non la vedo!» riprese il giardiniere. «Ora che parla! A Condove subito me la porto. Ma prima voglio fare un giro per Torino con la mia mutina a braccetto, che tutti la vedano, e condurla dalle mie quattro conoscenze, che la sentano! Ah! la bella giornata! Questa si chiama una consolazione! Qua il braccio a tuo padre, Gigia mia!» La ragazza, ch'era tornata con una mantellina e una cuffietta, gli diede il braccio.

«E grazie a tutti!» disse il padre di sull'uscio. «Grazie a tutti con tutta l'anima mia! Tornerò ancora una volta a ringraziar tutti!»

Rimase un momento sopra pensiero, poi si staccò bruscamente dalla ragazza, tornò indietro frugandosi con una mano nella sottoveste, e gridò come un furioso: «Ebbene, sono un povero diavolo, ma ecco qui, lascio venti lire per l'istituto, un marengo d'oro bell'e nuovo!»

E dando un gran colpo sul tavolino, vi lasciò il marengo.

«No, no, brav'uomo» disse la maestra commossa. «Ripigliatevi il vostro denaro. Io non posso accettare. Ripigliatevelo. Non tocca a me. Verrete quando ci sarà il direttore. Ma non accetterà nemmeno lui, statene sicuro. Avete faticato troppo per guadagnarveli, pover'uomo. Vi saremo tutti grati lo stesso.»

«No, io lo lascio» rispose il giardiniere, intestato; «e poi... si vedrà.»

Ma la maestra gli rimise la moneta in tasca senza lasciargli il tempo di respingerla.

E allora egli si rassegnò, crollando il capo; e poi, rapidamente, mandato un bacio con la mano alla maestra e alla ragazza grande, e ripreso il braccio della sua figliuola, si slanciò con lei fuor della porta dicendo: «Vieni, vieni, figliuola mia, povera mutina mia, mio tesoro!»

E la figliuola esclamò con la sua voce grossa: «Oh-che-bel-sole!»

GARIBALDI   *3, sabato*
Domani è la festa nazionale

Oggi è lutto nazionale. Ieri è morto Garibaldi. Sai chi era? È quello che affrancò dieci milioni d'Italiani dalla tirannia dei Borboni. È morto a settantacinque anni. Era nato a Nizza, figliuolo d'un capitano di bastimento. A otto anni salvò la vita a una donna; a tredici, tirò a salvamento una barca piena di compagni che naufragavano; a ventisette, trasse dalle acque di Marsiglia un giovanetto che s'annegava; a quarantuno scampò un bastimento dall'incendio sull'Oceano. Egli combatté dieci anni in America per la libertà d'un popolo straniero, combatté in tre guerre contro gli Austriaci per la liberazione della Lombardia e del Trentino, difese Roma dai Francesi nel 1849, liberò Palermo e Napoli nel 1860, ricombatté per Roma nel '67, lottò nel 1870 contro i Tedeschi in difesa della Francia. Egli aveva la fiamma dell'eroismo e il genio della guerra. Combatté in quaranta combattimenti e ne vinse trentasette. Quando non combatté, lavorò per vivere e si chiuse in un'isola solitaria a coltivare la terra. Egli fu maestro, marinaio, operaio, negoziante, soldato, generale, dittatore. Era grande, semplice e buono. Odiava tutti gli oppressori, amava tutti i popoli, proteggeva tutti i deboli; non aveva altra aspirazione che il bene, rifiutava gli onori, disprezzava la morte, adorava l'Italia. Quando gettava un grido di guerra, legioni di valorosi accorrevano a lui da ogni parte: signori lasciavano i palazzi, operai le officine, giovanetti le scuole per andare a combattere al sole della sua gloria. In guerra portava una camicia rossa. Era forte, biondo, bello. Sui campi di battaglia era un fulmine, negli affetti un fanciullo, nei dolori un santo. Mille Italiani son morti per la patria, felici, morendo, di vederlo passar di lontano vittorioso; migliaia si sarebbero fatti uccidere per lui; milioni lo benedissero e lo benediranno. È morto. Il mondo intero lo piange. Tu non comprendi per ora. Ma leggerai le sue gesta, udrai parlar di lui continuamente nella vita; e, via via che crescerai, la sua immagine crescerà pure davanti a te; quando sarai uomo, lo vedrai gigante; e quando non sarai più al mondo tu, quando non vivranno più i figli dei tuoi figli, e quelli che saran nati da loro, ancora le generazioni vedranno in alto la sua testa luminosa di redentore di popoli coronata dai nomi delle sue vittorie come da un cerchio di stelle, e ad ogni italiano risplenderà la fronte e l'anima pronunziando il suo nome.

Tuo padre

Festa nazionale. Ritardata di sette giorni per la morte di Garibaldi

Siamo andati in piazza Castello a veder la rassegna dei soldati, che sfilarono davanti al Comandante del Corpo d'esercito, in mezzo a due grandi ali di popolo. Via via che sfilavano, al suono delle fanfare e delle bande, mio padre mi accennava i Corpi e le glorie delle bandiere. Primi gli allievi ufficiali dell'Accademia, quelli che saranno ufficiali del Genio e dell'Artiglieria, circa trecento vestiti di nero, passarono con una eleganza ardita e sciolta di soldati e di studenti. Dopo di loro sfilò la fanteria: la brigata Aosta che combatté a Goito e a San Martino, e la brigata Bergamo che combatté a Castelfidardo, quattro reggimenti, compagnie dietro compagnie, migliaia di nappine rosse, che parevan tante doppie ghirlande lunghissime di fiori color di sangue, tese e scosse pei due capi, e portate a traverso alla folla. Dopo la fanteria s'avanzarono i soldati del Genio, gli operai della guerra, coi pennacchi di crini neri e galloni cremisini; e mentre questi sfilavano, si vedevan venire innanzi dietro di loro centinaia di lunghe penne diritte, che sorpassavan le teste degli spettatori: erano gli alpini, i difensori delle porte d'Italia, tutti alti, rosei, e forti, coi cappelli alla calabrese e le mostre di un bel verde vivo, color dell'erba delle loro montagne. Sfilavano ancora gli alpini, che corse un fremito nella folla, e i bersaglieri, l'antico dodicesimo battaglione, i primi che entrarono in Roma per la breccia di Porta Pia, bruni, lesti, vivi, coi pennacchi sventolanti, passarono come un'ondata d'un torrente nero, facendo echeggiare la piazza di squilli acuti di tromba che sembravan grida d'allegrezza. Ma la loro fanfara fu coperta da uno strepito rotto e cupo che annunziò l'artiglieria di campagna; e allora passarono, superbamente, seduti su gli alti cassoni, tirati da trecento coppie di cavalli impetuosi, i bei soldati dai cordoni gialli e i lunghi cannoni di bronzo e d'acciaio, scintillanti sugli affusti leggieri, che saltavano e risuonavano, e ne tremava la terra. E poi venne su lenta, grave, bella nella sua apparenza faticosa e rude, coi suoi grandi soldati, coi suoi muli potenti, l'artiglieria di montagna, che porta lo sgomento e la morte fin dove sale il piede dell'uomo. E infine passò di galoppo, con gli elmi al sole, con le lance erette, con le bandiere al vento, sfavillavando d'argento e d'oro, empiendo l'aria di tintinnii e di nitriti, il bel reggimento *Genova cavalleria* che turbinò su dieci campi di battaglia, da Santa Lucia a Villafranca. «Come è bello!» io esclamai. Ma mio padre mi fece quasi un rimprovero di quella parola, e mi disse: «Non considerare l'esercito come un bello spettacolo. Tutti questi giovani pieni di forza e di speranze possono da un giorno all'altro essere chiamati a difendere il nostro Paese, e in poche ore essere sfracellati tutti dalle palle e dalla mitraglia. Ogni volta che senti gridare in una festa: "Viva l'esercito, viva l'Italia", raffigurati, di là dai reggimenti che passano, una campagna coperta di cadaveri e allagata di sangue, e allora l'evviva all'esercito t'escirà dal profondo del cuore, e l'immagine dell'Italia t'apparirà più severa e più grande».

Salutala così la patria, nei giorni delle sue feste: "Italia, patria mia, nobile e cara terra, dove mio padre e mia madre nacquero e saranno sepolti, dove io spero di vivere e di morire, dove i miei figli cresceranno e morranno; bella Italia, grande e gloriosa da molti secoli, unita e libera da pochi anni; che spargesti tanta luce d'intelletti divini sul mondo, e per cui tanti valorosi morirono sui campi e tanti eroi sui patiboli; madre augusta di trecento città e trenta milioni di figli; io, fanciullo, che ancora non ti comprendo e non ti conosco intera, io ti venero e t'amo con tutta l'anima mia, e sono altero d'esser nato da te, e di chiamarmi figliuol tuo. Amo i tuoi mari splendidi e le tue Alpi sublimi, amo i tuoi monumenti solenni e le tue memorie immortali, amo la tua gloria e la tua bellezza, t'amo e ti venero come quella parte diletta di te, dove per la prima volta vidi il sole e intesi il tuo nome. V'amo tutte di un solo affetto e con pari gratitudine, Torino valorosa, Genova superba, dotta Bologna, Venezia incantevole, Milano possente, v'amo con egual reverenza di figlio, Firenze gentile e Palermo terribile, Napoli immensa e bella, Roma meravigliosa ed eterna. Ti amo, patria sacra! E ti giuro che amerò tutti i figli tuoi come fratelli; che onorerò sempre in cuor mio i tuoi grandi vivi e i tuoi grandi morti; che sarò un cittadino operoso ed onesto, inteso costantemente a nobilitarmi per rendermi degno di te, per giovare con le mie minime forze a far sì che spariscano un giorno dalla tua faccia la miseria, l'ignoranza, l'ingiustizia, il delitto, e che tu possa vivere ed espanderti tranquilla nella maestà del tuo diritto e della tua forza, Giuro che ti servirò, come mi sarà concesso, con l'ingegno, col braccio, col cuore, umilmente e arditamente; e che se verrà un giorno in cui dovrò dare per te il mio sangue e la mia vita, darò il mio sangue e morrò, gridando al cielo il tuo santo nome e mandando l'ultimo bacio alla tua bandiera benedetta".

Tuo padre

32 GRADI   *16, venerdì*

In cinque giorni che passarono dalla festa nazionale il caldo è cresciuto di tre gradi. Ora siamo in piena estate, tutti cominciano ad essere stanchi, hanno tutti perduto i bei colori rosati della primavera; i colli e le gambe s'assottigliano, le teste ciondolano e gli occhi si chiudono. Il povero Nelli, che patisce molto il caldo e ha fatto un viso di cera, s'addormenta qualche volta profondamente, col capo sul quaderno; ma Garrone sta sempre attento a mettergli davanti un libro aperto e ritto perché il maestro non lo veda. Crossi appoggia la sua zucca rossa sul banco in un certo modo, che par distaccata dal busto e messa lì. Nobis si lamenta che siamo troppi e che gli guastiamo l'aria. Ah! che forza bisogna farsi ora per studiare! Io guardo dalle finestre di casa mia quei begli alberi che fanno una ombra così scura, dove andrei a correre tanto volentieri e mi vien tristezza e rabbia di dovermi andar a chiudere tra i banchi. Ma poi mi fo animo a veder la mia buona madre che mi guarda sempre, quando esco dalla scuola, per veder se son pallido; e mi dice a ogni pagina di lavoro: «Ti senti ancora?» E ogni mattina alle sei, svegliandomi, per la lezione: «Coraggio! Non ci sono più che tanti giorni; poi sarai libero e riposerai, andrai all'ombra dei viali». Sì, essa ha ben ragione a rammentarmi i ragazzi che lavoran nei campi sotto la sferza del sole, o tra le ghiaie bianche dei fiumi, che accecano e scottano, e quelli delle fabbriche di vetro, che stanno tutto il giorno immobili, col viso chinato sopra una fiamma di gas; e si levan tutti più presto di noi e non hanno vacanze. Coraggio, dunque! E anche in questo è il primo di tutti Derossi, che non soffre né caldo né sonno, vivo sempre, allegro coi suoi riccioli biondi, com'era d'inverno, e studia senza fatica e tien desti tutti intorno a sé, come se rinfrescasse l'aria con la sua voce. E ci sono due altri pure, sempre svegli e attenti: quel cocciuto di Stardi che si punge il muso per non addormentarsi e quanto più è stanco e fa caldo, tanto più stringe i denti e spalanca gli occhi, che par che si voglia mangiare il maestro; e quel trafficone di Garoffi tutto affacendato a fabbricare ventagli di carta rossa ornati con figurine di scatole di fiammiferi, che vende a due centesimi l'uno. Ma il più bravo è Coretti; povero Coretti che si leva alle cinque per aiutare suo padre a portar la legna! Alle undici, nella scuola, non può più tener gli occhi aperti, e gli casca il capo sul petto. E nondimeno si riscuote, si dà delle manate nella nuca, domanda il permesso di uscire per lavarsi il viso, si fa scrollare e pizzicottare dai vicini. Ma tanto questa mattina non poté reggere e s'addormentò d'un sonno di piombo. Il maestro lo chiamò forte: «Coretti!» Egli non sentì. Il maestro, irritato, ripeté: «Coretti!» Allora il figliuolo del carbonaio, che gli sta accanto di casa, s'alzò e disse: «Ha lavorato dalle cinque alle sette a portar fascine». Il maestro lo lasciò dormire, e continuò a far lezione per una mezz'ora. Poi andò al banco di Coretti e pian piano, soffiandogli nel viso, lo svegliò. A vedersi davanti il maestro, si fece indietro impaurito. Ma il maestro gli prese il capo fra le mani e gli disse baciandolo sui capelli: «Non ti rimprovero, figliuol mio. Non è mica il sonno della pigrizia il tuo; è il sonno della fatica».

MIO PADRE   17, sabato

Non certo il tuo compagno Coretti, né Garrone, risponderebbero mai al loro padre come tu hai risposto al tuo questa sera. Enrico! Come è possibile? Tu mi devi giurare che questo non accadrà mai più, fin ch'io viva. Ogni volta che a un rimprovero di tuo padre ti correrà una cattiva risposta alle labbra, pensa a quel giorno, che verrà immancabilmente, quando egli ti chiamerà al suo letto per dirti: "Enrico, io ti lascio". O figliuol mio, quando sentirai la sua voce per l'ultima volta, e anche molto tempo dopo, quando piangerai solo nella sua stanza abbandonata, in mezzo a quei libri ch'egli non aprirà mai più, allora ricordandoti d'avergli mancato qualche volta di rispetto, ti domanderai tu pure: "Com'è possibile?" Allora capirai che egli è sempre stato il tuo migliore amico, che quando era costretto a punirti ne soffriva più di te, e che non t'ha mai fatto piangere che per

Il ventisettesimo giorno dopo quello della partenza, arrivarono. Era una bella aurora rossa di maggio quando il piroscafo gittava l'àncora nell'immenso fiume della Plata, sopra una riva del quale si stende la vasta città di Buenos Aires, capitale della Repubblica Argentina. Quel tempo splendido gli parve di buon augurio.

p. 139

farti del bene; e allora ti pentirai, e bacerai piangendo quel tavolino su cui ha tanto lavorato, su cui s'è logorata la vita per i suoi figliuoli. Ora non capisci: egli ti nasconde tutto di sé fuorché la sua bontà e il suo amore. Tu non lo sai che qualche volta egli è così affranto dalla fatica che crede di non aver più che pochi giorni da vivere, e che in quei momenti non parla che di te, non ha altro affanno in cuore che quello di lasciarti povero e senza protezione! E quante volte, pensando a questo, entra nella tua camera mentre dormi, e sta là col lume in mano a guardarti, e poi fa uno sforzo, e stanco e triste com'è, torna al lavoro! E neppure sai che spesso egli ti cerca e sta con te, perché ha un'amarezza nel cuore, dei dispiaceri che a tutti gli uomini toccano nel mondo, e cerca te come un amico, per confortarsi e dimenticare, e ha bisogno di rifugiarsi nel tuo affetto, per ritrovare la serenità e il coraggio. Pensa che se anche fossi buono come un santo, non potresti mai compensarlo abbastanza di quello che ha fatto e fa continuamente per te. E pensa anche: sulla vita non si può contare: una disgrazia ti potrebbe toglier tuo padre mentre sei ancora ragazzo, fra due anni, fra tre mesi, domani. Ah! povero Enrico mio, come vedresti cambiar tutto intorno a te, allora; come ti parrebbe vuota, desolata la casa, con la tua povera mamma vestita di nero! Va', figliuolo; va' da tuo padre: egli è nella sua stanza che lavora: va' in punta di piedi che non ti senta entrare, va' a mettere la fronte sulle sue ginocchia e a dirgli che ti perdoni e ti benedica.

Tua madre

IN CAMPAGNA   *19, lunedì*

Il mio buon padre mi perdonò, anche questa volta, e mi lasciò andare alla scampagnata che si era combinata mercoledì col padre di Coretti, il rivenditore di legna. Ne avevamo tutti bisogno di una boccata d'aria di collina. Fu una festa. Ci trovammo ieri alle due in piazza dello Statuto: Derossi, Garrone, Garoffi, Precossi, padre e figlio Coretti ed io con le nostre provviste di frutta, di salsicciotti e d'ova sode; avevamo anche delle barchette di cuoio e dei bicchieri di latta: Garrone portava una zucca con dentro del vino bianco; Coretti la fiaschetta da soldato di suo padre piena di vino nero; e il piccolo Precossi, col suo camiciotto di fabbro ferraio, teneva sotto il braccio una pagnotta di due chilogrammi. S'andò in omnibus fino alla Gran Madre di Dio, e poi, su alla lesta, per i colli. C'era un verde, un'ombra, un fresco! Andavamo rivoltoni nell'erba, mettevamo il viso nei rigagnoli, saltavamo a traverso alle siepi. Coretti padre ci seguiva di lontano, con la giacchetta sulle spalle, fumando con la sua pipa di gesso, e di tanto in tanto ci minacciava con la mano che non facessimo delle buche nei calzoni. Precossi zufolava; non l'avevo mai sentito zufolare. Coretti figlio faceva di tutto, strada facendo; sa far di tutto, quell'ometto lì, col suo collettuccio a cricco, lungo un dito: delle rotine da molino, delle forchette, degli schizzatoi; e voleva portar la roba degli altri; era carico che grondava sudore; ma sempre svelto come un capriolo. Derossi si fermava ogni momento per dirci i nomi delle piante e degli insetti: io non so come faccia a sapere tante cose. E Garrone mangiava del pane, in silenzio; ma non ci attacca mica più quei morsi allegri di una volta, povero Garrone, dopo che ha perduto sua madre. È sempre lui, però, buono come il pane: quando uno di noi pigliava la rincorsa per saltare un fosso, egli correva dall'altra parte a tendergli le mani; e perché Precossi aveva paura delle vacche, ché da piccolo è stato cozzato, ogni volta che ne passava una, Garrone gli si parava davanti. Andammo su fino a Santa Margherita, e poi giù per le chine a salti, a rotoloni, a scortica... mele. Precossi, inciampando in un cespuglio, si fece uno strappo al camiciotto e restò lì vergognoso col suo brindello ciondoloni; ma Garoffi, che ha sempre degli spilli nella giacchetta, glielo appuntò che non si vedeva, mentre quegli badava a dirgli: «Scusami, scusami» e poi ricominciò a correre. Garoffi non perdeva il suo tempo, per via: coglieva delle erbe da insalata, delle lumache, e ogni pietra che luccicasse un po' se la metteva in tasca, pensando che ci fosse dentro dell'oro o dell'argento. E avanti a correre, a ruzzolare, a rampicarsi, all'ombra e al sole, su e giù per tutti i rialzi e le scorciatoie, fin che arrivammo scalmanati e sfiatati sulla cima di una collina, dove ci sedemmo a far merenda, sull'erba. Si vedeva una pianura immensa, e tutte le Alpi azzurre con le cime bianche. Morivamo tutti di fame, il pane pareva che fondesse. Coretti padre ci porgeva le porzioni di salsicciotto su delle foglie di zucca. E allora cominciammo a parlare tutti insieme, dei maestri, dei compagni che non avevan potuto venire, e degli esami. Precossi si vergognava un poco a mangiare, e Garrone gli ficcava in bocca il meglio della sua parte, di viva forza. Coretti era seduto accanto a suo padre, con le gambe incrociate; parevan piuttosto due fratelli, che padre e figlio, a vederli così vicini, tutti e due rossi e sorridenti, con quei denti bianchi. Il padre trincava con gusto, vuotava anche le barchette e i bicchieri che noi lasciavamo ammezzati, e diceva: «A voi altri che studiate il vino fa male; sono i rivenditori di legna che n'han bisogno!» Poi pigliava e scoteva per il naso il figliuolo, dicendoci: «Ragazzi, vogliate bene a questo qui, che è un fior di galantuomo; son io che ve lo dico!» E tutti ridevano, fuorché Garrone. Ed egli seguitava trincando: «Peccato, eh! Ora siete tutti insieme, da bravi camerati; e fra qualche anno, chi sa, Enrico e Derossi saranno avvocati o professori, o che so io, e voi altri quattro in bottega o a un mestiere, o chi sa diavolo dove. E allora buona notte, camerati». «Che!» rispose Derossi «per me, Garrone sarà sempre Garrone, Precossi sarà sempre Precossi, e gli altri lo stesso, diventassi imperatore delle Russie; dove saranno loro, andrò io.» «Benedetto!» esclamò Coretti padre, alzando la fiaschetta; «così si parla, sagrestia! Toccate qua! Viva i bravi compagni, e viva anche la scuola, che vi fa una sola famiglia, quelli che ne hanno e quelli che non ne hanno!» Noi toccammo tutti la sua fiaschetta, con le barchette e i bicchieri, e bevemmo l'ultima volta. E lui: «Viva il quadrato del '49!» gridò levandosi in piedi e cacciando giù l'ultimo sorso; «e se avrete da far dei quadrati anche voi, badate di tener duro come noi altri, ragazzi!» Era già tardi; scendemmo correndo e cantando, e camminando per lunghi tratti a braccetto, e arrivammo sul Po che imbruniva, e volavano migliaia di lucciole. E non ci separammo che in piazza dello

Statuto, dopo aver combinato di trovarci tutti insieme domenica per andare al Vittorio Emanuele a vedere la distribuzione dei premi agli alunni delle scuole serali. Che bella giornata! Come sarei rientrato in casa contento se non avessi incontrato la mia povera maestra! La incontrai che scendeva le scale di casa nostra, quasi al buio, e appena mi riconobbe mi prese per tutt'e due le mani, e mi disse all'orecchio: «Addio, Enrico, ricordati di me!» M'accorsi che piangeva. Salii, e lo dissi a mia madre: «Ho incontrato la mia maestra». «Andava a mettersi a letto» rispose mia madre che aveva gli occhi rossi. E poi soggiunse con grande tristezza, guardandomi fisso: «La tua povera maestra... sta molto male».

La distribuzione dei premi agli operai   *25, domenica*

Come avevamo convenuto, andammo tutti insieme al Teatro Vittorio Emanuele, a veder la distribuzione dei premi agli operai. Il teatro era addobbato come il 14 marzo, e affollato; ma quasi tutto di famiglie di operai, e la platea occupata dagli allievi e dalle allieve della scuola di canto corale; i quali cantarono un inno ai soldati morti in Crimea, così bello che, quando fu finito, tutti s'alzarono battendo le mani e gridando, e lo dovettero cantare da capo. E subito dopo cominciarono a sfilare i premiati davanti al Sindaco, al Prefetto e a molti altri, che davano libri, libretti della Cassa di risparmio, diplomi e medaglie. In una canto della platea vidi il muratorino, seduto accanto a sua madre, e da un'altra parte c'era il Direttore, e dietro di lui la testa rossa del mio maestro di seconda. Sfilarono pei primi gli alunni delle scuole serali di disegno, orefici, scalpellini, litografi e anche dei falegnami e dei muratori; poi quelli della scuola di commercio: poi quelli del Liceo musicale, fra cui parecchie ragazze, delle operaie, tutte vestite in gala che furono salutate con un grande applauso, e ridevano. Infine vennero gli alunni delle scuole serali elementari, e allora cominciò a esser bello a vedere. Di tutte le età ne passavano, di tutti i mestieri, e vestiti in tutti i modi; uomini coi capelli grigi, ragazzi degli opifici, operai con grandi barbe nere. I piccoli eran disinvolti, gli uomini un po' imbarazzati: la gente batteva le mani ai più vecchi e ai più giovani. Ma nessuno rideva tra gli spettatori come facevano alla nostra festa: si vedevano tutti visi attenti e seri. Molti dei premiati avevan la moglie e i figliuoli in platea, e c'eran dei bambini che quando vedevano passare il padre sul palcoscenico, lo chiamavan per nome a voce alta e lo segnavan con la mano, ridendo forte, Passarono dei contadini, dei facchini: questi erano della scuola Boncompagni. Della scuola della Cittadella passò un lustrascarpe, che mio padre conosce, e il Prefetto gli diede un diploma. Dopo di lui vedo venire un uomo grande come un gigante che mi pareva d'aver già veduto altre volte... Era il padre del muratorino che prendeva il secondo premio. Mi ricordai di quando l'avevo visto nella soffitta, al letto del figliuolo malato, e cercai subito il figliuolo in platea; povero muratorino! Egli guardava suo padre cogli occhi luccicanti, e per nascondere la commozione, faceva il muso di lepre. In quel momento sentii uno scoppio di applausi, guardai sul palco: c'era un piccolo spazzacamino, col viso lavato, coi suoi panni da lavoro, e il Sindaco gli parlava tenendolo per una mano. Dopo lo spazzacamino venne un cuoco. Poi passò a prender la medaglia uno spazzino municipale, della scuola Raineri. Io mi sentivo non so che cosa nel cuore, come un grande affetto e un grande rispetto, a pensare quanto eran costati quei premi a tutti quei lavoratori, padri di famiglia, pieni di pensieri, quante fatiche aggiunte alle loro fatiche, quante ore tolte al sonno, di cui hanno tanto bisogno, e anche quanti sforzi dell'intelligenza non abituata allo studio e delle mani grosse, intozzite dal lavoro! Passò un ragazzo d'officina, a cui si vedeva che suo padre aveva imprestata la giacchetta per quell'occasione, e gli penzolavano le maniche, tanto che se le dovette rimboccare lì sul palco per poter prendere il suo premio; e molti risero; ma il riso fu subito soffocato dai battimani. Dopo venne un vecchio con la testa calva e la barba bianca. Passarono dei soldati d'artiglieria, di quelli che venivano alla scuola serale nella nostra Sezione: poi delle guardie daziarie, delle guardie municipali, di quelle che fan la guardia alle nostre scuole. Infine gli allievi della scuola serale cantarono ancora l'inno ai morti in Crimea; ma con tanto slancio, questa volta, con una forza d'affetto che veniva così schietta dal cuore, che la gente non applaudì quasi più, e usciron tutti commossi, lentamente, e senza far chiasso. In pochi momenti tutta la via fu affollata. Davanti alla porta del Teatro c'era lo spazzacamino, col suo libro di premio legato in rosso, e tutt'intorno dei signori che gli parlavano. Molti si salutavano da una parte all'altra della strada, operai, ragazzi, guardie, maestri. Il mio maestro di seconda uscì in mezzo a due soldati d'artiglieria. E si vedevano delle mogli d'operai coi bambini in braccio i quali tenevano nelle manine il diploma del padre e lo mostravano alla gente, superbi.

LA MIA MAESTRA È MORTA   *27, martedì*

Mentre noi eravamo al Teatro Vittorio Emanuele, la mia povera maestra moriva. È morta alle due, sette giorni dopo ch'era stata a trovar mia madre. Il Direttore venne ieri mattina a darcene l'annunzio nella scuola. E disse: « Quelli di voi che furono suoi alunni, sanno quanto era buona, come voleva bene ai ragazzi: era una madre, per loro. Ora non c'è più. Una malattia terribile la consumava da molto tempo. Se non avesse avuto da lavorare per guadagnarsi il pane, avrebbe potuto curarsi e forse guarire: si sarebbe almeno prolungata la vita di qualche mese, se avesse preso un congedo. Ma essa volle stare coi suoi ragazzi fino all'ultimo giorno. La sera di sabato, 17, s'accomiatò da loro, con la certezza di non rivederli più, diede ancora dei buoni consigli, li baciò tutti e se n'andò singhiozzando. Ora nessuno la rivedrà mai più. Ricordatevi di lei figliuoli ». Il piccolo Precossi, che era stato suo scolaro nella prima superiore, chinò la testa sul banco e si mise a piangere.

Ieri sera, dopo la scuola, andammo tutti insieme alla casa della morta, per accompagnarla alla chiesa. C'era già nella strada un carro mortuario con due cavalli e molta gente che aspettava, parlando a bassa voce. C'era il Direttore, tutti i maestri e le maestre della nostra scuola, e anche d'altre sezioni, dove essa aveva insegnato anni addietro; c'erano quasi tutti i bambini della sua classe, condotti per mano dalle madri, che portavan le torce; e moltissimi d'altre classi, e una cinquantina d'alunne della Sezione Baretti, chi con corone in mano, chi con mazzetti di rose. Molti mazzi di fiori li avevan già messi sul carro, al quale era appesa una corona grande di gaggìe con su scritto in caratteri neri: *Alla loro maestra le antiche alunne di quarta.* E sotto la corona grande, ce n'era appesa una piccola, che avevan portata i suoi bambini. Si vedevano tra la folla molte donne di servizio, mandate dalle padrone, con le candele, e anche due servitori in livrea, con una torcia accesa; e un signore ricco, padre d'uno scolaro della maestra, aveva fatto venire la sua carrozza, foderata di seta azzurra. Tutti s'accalcavano davanti alla porta. C'erano parecchie ragazze che s'asciugavan le lagrime. Aspettammo per un pezzo in silenzio. Finalmente portaron giù la cassa. Quando videro infilar la cassa dentro al carro, alcuni bambini si misero a pianger forte, e uno cominciò a gridare come se capisse soltanto allora che la sua maestra era morta, e gli prese un singhiozzo così convulso che dovettero portarlo via. La processione si mise in ordine lentamente, e si mosse. Andavan prima le figlie del Ritiro della Concezione, vestite di verde; poi le figlie di Maria, tutte bianche, con un nastro azzurro; poi i preti; e dietro al carro i maestri e le maestre, gli scolaretti della prima superiore, e tutti gli altri, e in fine la folla. La gente s'affacciava alle finestre e sugli usci e, a vedere tutti quei ragazzi e la corona, dicevano: «È una maestra». Anche delle signore che accompagnavano i più piccoli, ce n'erano alcune che piangevano. Arrivati che furono alla chiesa, levaron la cassa dal carro e la portarono in mezzo alla navata, davanti all'altar maggiore: le maestre ci misero su le corone, i bimbi la copersero di fiori, e la gente tutt'intorno, con le candele accese, cominciò a cantare le preghiere, nella chiesa grande e oscura. Poi, tutt'a un tratto, quando il prete disse l'ultimo *Amen*, le candele si spensero e tutti uscirono in fretta e la maestra rimase sola. Povera maestra, tanto buona con me, che aveva tanta pazienza, che aveva faticato per tanti anni! Essa ha lasciato i suoi pochi libri ai suoi scolari, a uno un calamaio, a un altro un quadretto, tutto quello che possedeva, e due giorni prima che morisse disse al Direttore che non lasciasse andare i più piccoli al suo accompagnamento, perché non voleva che piangessero. Ha fatto del bene, ha sofferto, è morta! Povera maestra, rimasta sola nella chiesa oscura! Addio! Addio per sempre, mia buona amica, dolce e triste ricordo della mia infanzia!

GRAZIE   *28, mercoledì*

Ha voluto finire il suo anno di scuola la mia povera maestra; se n'è andata tre soli giorni prima che terminassero le lezioni. Dopo domani andremo ancora una volta in classe a sentir leggere l'ultimo racconto mensile: *Naufragio*: e poi... finito. Sabato, primo luglio, gli esami. Un altro anno dunque, il quarto, è passato! E se non fosse morta la mia maestra, sarebbe passato bene. Io ripenso a quello che sapevo l'ottobre scorso, e mi par di sapere assai di più: ci ho tante cose nuove nella mente; riesco a dire e a scrivere meglio d'allora quello che penso; potrei anche fare di conto per molti grandi che non sanno, e aiutarli nei loro affari; e capisco molto di più, capisco quasi tutto quello che leggo. Sono contento... Ma quanti m'hanno spinto e aiutato a imparare: chi in un modo chi in un altro, a casa, alla scuola, per la strada, da per tutto dove sono andato e dove ho visto qualche cosa! Ed io ringrazio tutti ora. Ringrazio te per il primo, mio buon maestro, che sei stato così indulgente e affettuoso con me, e per cui fu una fatica ogni cognizione nuova di cui ora mi rallegro e mi vanto. Ringrazio te, Derossi, mio ammirabile compagno, che con le tue spiegazioni pronte e gentili m'hai fatto capire tante volte delle cose difficili e superare degli intoppi agli esami; e te pure, Stardi, bravo e forte, che m'hai mostrato come una volontà di ferro riesca a tutto; e te, Garrone, buono e generoso, che fai generosi e buoni tutti quelli che ti conoscono: e anche voi, Precossi e Coretti, che m'avete sempre dato l'esempio del coraggio nei patimenti e della serenità nel lavoro; dico grazie a voi, dico grazie a tutti gli altri. Ma soprattutto ringrazio te, padre mio, te, mio primo maestro, mio primo amico, che m'hai dato tanti buoni consigli e insegnato tante cose, mentre lavoravi per me nascondendomi sempre le tue tristezze, e cercando in tutte le maniere di rendermi lo studio facile e la vita bella; a te, dolce madre mia, mio angelo custode amato e benedetto, che hai goduto di tutte le mie gioie e sofferto di tutte le mie amarezze, che hai studiato, faticato, pianto con me, carezzandomi con una mano la fronte e coll'altra indicandomi il cielo. Io mi inginocchio davanti a voi, come quando ero bambino, e vi ringrazio con tutta la tenerezza che mi avete messo nell'anima in dodici anni di sacrificio e d'amore.

Naufragio

Parecchi anni or sono, una mattina del mese di dicembre, salpava dal porto di Liverpool un grande bastimento a vapore, che portava a bordo più di duecento persone, fra le quali settanta uomini d'equipaggio. Il capitano e quasi tutti i marinai erano inglesi. Fra i passeggieri si trovavano vari italiani: tre signore, un prete, una compagnia di suonatori. Il bastimento doveva andare all'isola di Malta. Il tempo era oscuro.

In mezzo ai viaggiatori della terza classe, a prua, c'era un ragazzo italiano d'una dozzina d'anni, piccolo per l'età sua, ma robusto; un bel viso ardimentoso e severo di siciliano. Se ne stava solo vicino all'albero di trinchetto, seduto sopra un mucchio di corde, accanto a una valigia logora, che conteneva la sua roba, e su cui teneva una mano. Aveva il viso bruno e i capelli neri ondulati che gli scendevan quasi sulle spalle. Era vestito meschinamente, con una coperta lacera sopra le spalle e una vecchia borsa di cuoio a tracolla. Guardava intorno a sé, pensieroso, i passeggieri, il bastimento, i marinai che passavan correndo, e il mare inquieto. Aveva l'aspetto di un ragazzo uscito di fresco da una grande disgrazia di famiglia: il viso d'un fanciullo, l'espressione di un uomo.

Poco dopo la partenza, uno dei marinai del bastimento, un italiano, coi capelli grigi, comparve a prua conducendo per mano una ragazzina, e fermandosi davanti al piccolo siciliano, gli disse: «Eccoti una compagna di viaggio, Mario».

Poi se n'andò.

La ragazza sedette sul mucchio di corde, accanto al ragazzo.

Si guardarono.

«Dove vai?» le domandò il siciliano.

La ragazza rispose: «A Malta, per Napoli».

Poi soggiunse: «Vado a ritrovar mio padre e mia madre che m'aspettano. Io mi chiamo Giulietta Faggiani».

Il ragazzo non disse nulla.

Dopo alcuni minuti tirò fuori dalla borsa del pane e delle frutta secche; la ragazza aveva dei biscotti; mangiarono.

«Allegri!» gridò il marinaio italiano passando rapidamente. «Ora si comincia un balletto!»

Il vento andava crescendo, il bastimento rullava fortemente. Ma i due ragazzi, che non pativano il mal di mare, non ci badavano. La ragazzina sorrideva.

Aveva presso a poco l'età del suo compagno, ma era assai più alta: bruna di viso, sottile, un po' patita, e vestita più che modestamente. Aveva i capelli tagliati corti e ricciuti, un fazzoletto rosso intorno al capo e due cerchioni d'argento alle orecchie.

Mangiando, si raccontarono i fatti loro. Il ragazzo non aveva più né madre né padre. Il padre, operaio, gli era morto a Liverpool pochi dì prima, lasciandolo solo, e il Console italiano aveva rimandato lui al suo paese, a Palermo, dove gli restavan dei parenti lontani. La ragazzina era stata condotta a Londra, l'anno avanti, da una zia vedova, che l'amava molto e a cui i suoi parenti – poveri – l'avevano concessa per qualche tempo, fidando nella promessa d'un'eredità; ma pochi mesi dopo la zia era morta schiacciata da un omnibus, senza lasciare un centesimo; e allora anch'essa era ricorsa al Console che l'aveva imbarcata per l'Italia. Tutti e due erano stati raccomandati al marinaio italiano. «Così» concluse la bambina «mio padre e mia madre credevano che ritornassi ricca, e invece torno povera. Ma tanto mi voglion bene lo stesso. E i miei fratelli pure. Quattro ne ho, tutti piccoli. Io sono la prima di casa. Li vesto. Faranno molta festa a vedermi. Entrerò in punta di piedi... Il mare è brutto.»

Poi domandò al ragazzo: «E tu vai a stare coi tuoi parenti?»

«Sì... se mi vorranno» rispose.

«Non ti vogliono bene?»

«Non lo so.»

«Io compisco tredici anni a Natale» disse la ragazza.

Dopo cominciarono a discorrere del mare e della gente che avevano intorno.

Per tutta la giornata stettero vicini, barattando tratto tratto qualche parola. I passeggieri li credevano fratello e sorella. La bambina faceva la calza, il ragazzo pensava, il mare andava sempre ingrossando. La sera, al momento di separarsi per andare a dormire, la bambina disse a Mario: «Dormi bene». «Nessuno dormirà bene, poveri figliuoli!» esclamò il marinaio italiano, passando di corsa, chiamato dal capitano. Il ragazzo stava per rispondere alla sua amica: «Buona notte» quando uno spruzzo d'acqua inaspettato lo investì con violenza e lo sbatté contro un sedile. «Mamma mia, che fa sangue!» gridò la ragazza gettandosi sopra di lui. I passeggieri che scappavano sotto, non ci badarono. La bimba s'inginocchiò accanto a Mario, ch'era rimasto sbalordito dal colpo, gli pulì la fronte che sanguinava, e levatosi il fazzoletto rosso dai capelli glielo girò intorno al capo, poi si strinse il capo sul petto per annodare le cocche, e così si fece una macchia di sangue sul vestito giallo, sopra la cintura. Mario si riscosse, si rialzò. «Ti senti meglio?» domandò la ragazza. «Non ho più nulla» rispose. «Dormi bene» disse Giulietta. «Buona notte» rispose Mario. E discesero per due scalette vicine nei loro dormitori.

Il marinaio aveva predetto giusto. Non erano ancora addormentati, che si scatenò una tempesta spaventosa. Fu come un assalto improvviso di cavalloni furiosi che in pochi momenti spezzarono un albero, e portaron via come foglie tre delle barche sospese alle gru e quattro bovi ch'erano a prua. Nell'interno del bastimento nacque una confusione e uno spavento, un rovinìo, un frastuono di grida, di pianti e di preghiere, da far rizzare i capelli. La tempesta andò crescendo di furia tutta la notte. Allo spuntar del giorno crebbe ancora. Le onde formidabili, flagellando il piroscafo per traverso, irrompevano sopra coperta, e sfracellavano, spazzavano, travolgevano nel mare ogni cosa. La piattaforma che copriva la macchina fu sfondata e l'acqua precipitò dentro con un fracasso terribile, i fuochi si spensero, i macchinisti fuggirono; grossi rigagnoli impetuosi penetrarono da ogni parte. Una voce tonante gridò: «Alle pompe!» Era la voce del capitano. I marinai si slanciarono alle pompe. Ma un colpo di mare subitaneo, percotendo il bastimento per di dietro, sfasciò parapetti e portelli, e cacciò dentro un torrente.

Tutti i passeggieri, più morti che vivi, s'erano rifugiati nella sala grande.

A un certo punto comparve il capitano.

«Capitano! Capitano!» gridarono tutti insieme. «Che si fa? Come stiamo? C'è speranza? Ci salvi!»

Il capitano aspettò che tutti tacessero, e disse freddamente: «Rassegnamoci».

Una sola donna gettò un grido: «Pietà!» Nessuno altro poté metter fuori la voce. Il terrore li aveva agghiacciati tutti. Molto tempo passò, così, in un silenzio di sepolcro. Tutti si guardavano, coi visi bianchi. Il mare infuriava sempre, orrendo. Il bastimento rullava pesantemente. A un dato momento il capitano tentò di lanciare in mare una barca di salvamento: cinque marinai v'entrarono, la barca calò; ma l'onda la travolse, e due dei marinai s'annegarono, fra i quali l'italiano; gli altri a stento riuscirono a riafferrarsi alle corde e a risalire.

Dopo questo i marinai medesimi perdettero ogni coraggio. Due ore dopo, il bastimento era immerso nell'acqua fino all'altezza dei parasartie.

Uno spettacolo tremendo si presentava intanto sopra coperta. Le madri si stringevano disperatamente al seno i figliuoli, gli amici si abbracciavano e si dicevano addio: alcuni scendevan sotto nelle cabine, per morire senza vedere il mare. Un viaggiatore si tirò un colpo di pistola al capo, e stramazzò bocconi sulla scala del dormitorio, dove spirò. Molti s'avvinghiarono freneticamente gli uni agli altri, delle donne si contorcevano in convulsioni orrende. Parecchi stavano inginocchiati intorno al prete. S'udiva un coro di singhiozzi, di lamenti infantili, di voci acute e strane, e si vedevan qua e là delle persone immobili come statue, istupidite, con gli occhi dilatati e senza sguardo, delle facce di cadaveri pazzi. I due ragazzi, Mario e Giulietta, avviticchiati a un albero del bastimento, guardavano il mare con gli occhi fissi, come insensati.

Il mare s'era quetato un poco; ma il bastimento continuava ad affondare, lentamente. Non rimanevan più che pochi minuti.

«La scialuppa a mare!» gridò il capitano.

Una scialuppa, l'ultima che restava, fu gettata all'acqua, e quattordici marinai, con tre passeggieri vi scesero. Il capitano rimase a bordo.

«Discenda con noi!» gridarono di sotto.

«Io debbo morire al mio posto» rispose il capitano.

«Incontreremo un bastimento» gli gridarono i marinai «ci salveremo. Discenda. Lei è perduto.»

«Io rimango.»

«C'è ancora posto!» gridarono allora i marinai, rivolgendosi agli altri passeggieri. «Una donna!»

Una donna s'avanzò sorretta dal capitano; ma vista la distanza a cui si trovava la scialuppa, non si sentì di spiccare il salto, e ricadde sopra coperta. Le altre donne eran quasi tutte svenute e come moribonde.

«Un ragazzo!» gridarono i marinai.

A quel grido, il ragazzo siciliano e la sua compagna, ch'eran rimasti fino allora pietrificati d'uno stupore sovrumano, ridestati improvvisamente dal violento istinto della vita, si staccarono a un punto solo dall'albero e si slanciarono all'orlo del bastimento, urlando a una voce: «A me!» e cercando di cacciarsi indietro a vicenda, come due belve furiose.

«Il più piccolo!» gridarono i marinai. «La barca è sopraccarica! Il più piccolo!»

All'udir quella parola la ragazza, come fulminata, lasciò cader le braccia e rimase immobile, guardando Mario con gli occhi morti.

Mario guardò lei un momento, le vide la macchia di sangue sul petto, si ricordò: il lampo d'un idea divina gli passò sul viso.

«Il più piccolo!» gridarono in coro i marinai, con imperiosa impazienza. «Noi partiamo!»

E allora Mario, con una voce che non parea più la sua, gridò: «Lei è più leggiera. A te, Giulietta! Tu hai padre e madre! Io sono solo! Ti do il mio posto! Va' giù!»

«Gettala in mare!» gridarono i marinai.

Mario afferrò Giulietta alla vita e la gettò in mare.

La ragazza mise un grido e fece un tonfo; un marinaio l'afferrò per un braccio e la tirò su nella barca.

Il ragazzo rimase ritto sull'orlo del bastimento, con la fronte alta, coi capelli al vento, immobile, tranquillo, sublime.

La barca si mosse, e fece appena in tempo a scampare dal movimento vorticoso delle acque prodotto dal bastimento che andava sotto, e che minacciò di travolgerla.

Allora la ragazza, rimasta fino a quel momento quasi fuor di senso, alzò gli occhi verso il fanciullo e diede in uno scroscio di pianto.

«Addio, Mario!» gli gridò fra i singhiozzi, con le braccia tese verso di lui. «Addio! Addio! Addio!»

«Addio!» rispose il ragazzo, levando la mano in alto.

La barca s'allontanava velocemente sopra il mare agitato, sotto il cielo tetro. Nessuno gridava più sul bastimento. L'acqua lambiva già gli orli della coperta.

A un tratto il ragazzo cadde in ginocchio con le mani giunte e cogli occhi al cielo.

La ragazza si coperse il viso.

Quando rialzò il capo, girò uno sguardo sul mare: il bastimento non c'era più.

L'ULTIMA PAGINA DI MIA MADRE

L'anno è finito, dunque, Enrico; ed è bello che ti rimanga come ricordo dell'ultimo giorno l'immagine del fanciullo sublime, che diede la vita per la sua amica. Ora tu stai per separarti dai tuoi maestri e dai tuoi compagni, e io debbo darti una notizia triste. La separazione non durerà soltanto tre mesi; ma per sempre. Tuo padre, per ragioni della sua professione, deve andar via da Torino, e noi tutti con lui. Ce n'andremo il prossimo autunno. Dovrai entrare in una scuola nuova. Questo ti rincresce, non è vero? Perché son certa che tu l'ami la tua vecchia scuola, dove per quattro anni, due volte al giorno, hai provato la gioia d'aver lavorato; dove hai visto per tanto tempo, a quelle date ore, gli stessi ragazzi, gli stessi maestri, gli stessi parenti, tuo padre o tua madre che t'aspettavano sorridendo; la tua vecchia scuola, dove ti s'è aperto l'ingegno, dove hai trovato tanti buoni compagni, dove ogni parola che hai inteso dire aveva per iscopo il tuo bene, e non hai provato un dispiacere che non ti sia stato utile! Porta dunque quest'affetto con te, e dà un addio dal cuore a tutti quei ragazzi. Alcuni avranno delle disgrazie, perderanno presto il padre e la madre; altri moriranno giovani; altri forse verseranno nobilmente il loro sangue nelle battaglie; molti saranno bravi e onesti operai, padri di famiglie operose e oneste come loro; e chi sa mai che non ce ne sia qualcuno, pure, che renderà dei servigi al suo paese e farà il suo nome glorioso. Separati dunque da loro affettuosamente: lasciaci un poco dell'anima tua in quella grande famiglia, nella quale sei entrato bambino, e da cui esci giovinetto, e che tuo padre e tua madre amano perché tu ci fosti tanto amato. La scuola è una madre, Enrico mio: essa ti levò dalle mie braccia che parlavi appena, e ora mi ti rende grande, forte, buono, studioso: sia benedetta, e tu non dimenticarla mai più, figliuolo. Oh! è impossibile che tu la dimentichi. Ti farai uomo, girerai il mondo, vedrai delle città immense e dei monumenti meravigliosi, e ti scorderai anche di molti fra questi; ma quel modesto edifizio bianco, con quelle persiane chiuse, e quel piccolo giardino, dove sbocciò il primo fiore della tua intelligenza, tu lo vedrai fino all'ultimo giorno della tua vita come io vedrò la casa in cui sentii la tua voce per la prima volta.

Tua madre

Eccoci finalmente agli esami. Per le vie, intorno alla scuola, non si sente parlar d'altro, da ragazzi, da padri, da madri, perfino dalle governanti: esami, punti, tema, media, rimandato, promosso; tutti dicono le stesse parole. Ieri mattina ci fu la composizione, questa mattina l'aritmetica. Era commovente veder tutti i parenti che conducevano i ragazzi alla scuola dando gli ultimi consigli per strada, e molte madri che accompagnavano i figliuoli fin nei banchi, per guardar se c'era l'inchiostro nel calamaio e per provare la penna, e si voltavano ancora di sull'uscio a dire: «Coraggio! Attenzione! Mi raccomando!» Il nostro maestro assistente era Coatti, quello con la barbaccia nera, che fa la voce del leone e non castiga mai nessuno. C'erano dei ragazzi bianchi dalla paura. Quando il maestro dissuggellò la lettera del Municipio, e tirò fuori il problema, non si sentiva un respiro. Dettò il problema forte, guardandoci ora l'uno ora l'altro con certi occhi terribili; ma si capiva che se avesse potuto dettarci la soluzione, per farci promuovere tutti, ci avrebbe avuto un grande piacere. Dopo un'ora di lavoro, molti cominciavano ad affannarsi perché il problema era difficile! Uno piangeva. Crossi si dava dei pugni nel capo. E non ci hanno mica colpa molti di non sapere, poveri ragazzi, che non hanno avuto molto tempo da studiare, e sono stati trascurati dai parenti. Ma c'era la provvidenza. Bisognava vedere Derossi che moto si dava per aiutarli, come s'ingegnava per far passare una cifra e per suggerire un'operazione, senza farsi scorgere, premuroso per tutti, che pareva lui il nostro maestro. Anche Garrone, che è forte in aritmetica, aiutava chi poteva, e aiutò perfin Nobis che, trovandosi negli imbrogli, era tutto gentile. Stardi stette più d'un'ora immobile, con gli occhi sul problema e coi pugni alle tempie, e poi fece tutto in cinque minuti. Il maestro girava tra i banchi dicendo: «Calma! Calma! Vi raccomando la calma!» E quando vedeva qualcuno scoraggiato, per farlo ridere, e mettergli animo, spalancava la bocca come per divorarlo, imitando il leone. Verso le undici, guardando giù a traverso alle persiane, vidi molti parenti che andavano e venivano per la strada, impazienti; c'era il padre di Precossi, col suo camiciotto turchino, scappato allora dall'officina, ancora tutto nero nel viso. C'era la madre di Crossi, l'erbaiola; la madre di Nelli, vestita di nero, che non poteva star ferma. Poco prima di mezzogiorno arrivò mio padre e alzò gli occhi alla mia finestra: caro padre mio! A mezzogiorno tutti avevamo finito. E fu uno spettacolo, all'uscita. Tutti incontro ai ragazzi a domandare, a sfogliare i quaderni, a confrontare coi lavori dei compagni. «Quante operazioni? Cos'è il totale? E la sottrazione? E la risposta? E la virgola dei decimali?» Tutti i maestri andavano qua e là chiamati da cento parti. Mio padre mi levò di mano subito la brutta copia, guardò e disse: «Va bene». Accanto a noi c'era il fabbro Precossi che guardava pure il lavoro del suo figliuolo, un po' inquieto, e non si raccapezzava. Si rivolse a mio padre: «Mi vorrebbe favorire il totale?» Mio padre lesse la cifra. Quegli guardò: combinava. «Bravo piccino!» esclamò tutto contento; e mio padre e lui si guardarono un momento, con un buon sorriso, come due amici; mio padre gli tese la mano, egli la strinse. E si separarono dicing: «Al verbale». «Al verbale.» Fatti pochi passi, udimmo una voce in falsetto che ci fece voltare il capo: era il fabbro ferraio che cantava.

L'ULTIMO ESAME

Questa mattina ci diedero gli esami verbali. Alle otto eravamo tutti in classe, e alle otto e un quarto cominciarono a chiamarci quattro alla volta nel camerone dove c'era un gran tavolo coperto d'un tappeto verde, e intorno il Direttore e quattro maestri, fra i quali il nostro. Io fui uno dei primi chiamati. Povero maestro! Come m'accorsi che ci vuol bene davvero, questa mattina. Mentre c'interrogavano gli altri, egli non aveva occhi che per noi; si turbava quando eravamo incerti a rispondere, si rasserenava quando davamo una bella risposta, sentiva tutto, e ci faceva mille cenni con le mani e col capo per dire: "Bene, no, sta' attento, più adagio, coraggio". Ci avrebbe suggerito tutto se avesse potuto parlare. Gli avrei gridato: "Grazie!" dieci volte, in faccia a tutti. E quando gli altri maestri mi dissero: «Sta bene; va' pure» gli scintillarono gli occhi dalla contentezza. Io tornai subito in classe ad aspettare mio padre. C'erano ancora quasi tutti. Mi sedetti accanto a Garrone. Non ero allegro, punto. Pensavo che era l'ultima volta che stavamo un'ora vicini! Non glielo avevo ancor detto a Garrone che non avrei più fatto la quarta con lui, che dovevo andar via da Torino con mio padre; egli non sapeva nulla. E se ne stava lì piegato in due, con la sua grossa testa china sul banco, a fare degli ornati intorno a una fotografia di suo padre, vestito da macchinista, che è un uomo grande e grosso, con un collo di toro, e ha un'aria seria e onesta come lui. E mentre stava così curvo, con la camicia un poco aperta davanti, io gli vedevo sul petto nudo e robusto la crocina d'oro che gli regalò la madre di Nelli, quando seppe che proteggeva il suo figliuolo. Ma bisognava pure che glielo dicessi una volta che dovevo andar via. Glielo dissi: «Garrone, quest'autunno mio padre andrà via da Torino, per sempre». Egli mi domandò se andavo via anch'io! Gli risposi di sì. «Non farai più la quarta con noi?» mi disse. Risposi di no. E allora egli stette un po' senza parlare, continuando il suo disegno. Poi domandò senza alzare il capo: «Ti ricorderai poi dei tuoi compagni di terza?» «Sì» gli dissi «di tutti: ma di te... più di tutti. Chi si può scordare di te?» Egli mi guardò fisso e serio con uno sguardo che diceva mille cose; e non disse nulla; solo mi porse la mano sinistra, fingendo di continuare a disegnare con l'altra, ed io la strinsi tra le mie, quella mano forte e leale. In quel momento entrò in fretta il maestro col viso rosso, e disse a bassa voce e presto, con la voce allegra: «Bravi, finora va tutto bene, tirino avanti così quelli che restano; bravi ragazzi! Coraggio! Sono molto contento». E per mostrarci la sua contentezza ed esilararci, uscendo in fretta fece mostra d'inciampare, e di trattenersi al muro per non cadere: lui, che non l'avevamo mai visto ridere! La cosa parve così strana, che invece di ridere, tutti rimasero stupiti; tutti sorrisero, nessuno rise. Ebbene, io non so, mi fece pena e tristezza insieme quell'atto di allegrezza da fanciullo. Era tutto il suo premio quel momento di allegrezza, era il compenso di nove mesi di bontà, di pazienza ed anche di dispiaceri! Per quello aveva faticato tanto tempo, ed era venuto tante volte a far lezione malato, povero maestro! Quello, e non altro, egli domandava a noi in ricambio di tanto affetto e di tante cure! E ora mi pare che lo rivedrò sempre così in quell'atto, quando mi ricorderò di lui, per molti anni; e se quando sarò un uomo, egli vivrà ancora, e c'incontreremo, glielo dirò, di quell'atto che mi toccò il cuore e gli darò una bacio sulla testa bianca.

ADDIO   *10, lunedì*

Al tocco ci trovammo tutti per l'ultima volta alla scuola a sentire i risultati degli esami e a pigliare i libretti di promozione. La strada era affollata di parenti, che avevano invaso anche il camerone, e molti erano entrati nelle classi, pigiandosi fino accanto al tavolino del maestro: nella nostra riempivano tutto lo spazio fra il muro e i primi banchi. C'era il padre di Garrone, la madre di Derossi, il fabbro Precossi, Coretti, la signora Nelli, l'erbaiola, il padre del muratorino, il padre di Stardi, molti altri che non avevo mai visti; e si sentiva da tutte le parti un bisbiglio, un brulichìo, che pareva d'essere in una piazza. Entrò il maestro: si fece un gran silenzio. Aveva in mano l'elenco e cominciò a leggere subito: «Abatucci, promosso, sessanta settantesimi; Archinti, promosso, cinquantacinque settantesimi». Il muratorino promosso. Crossi promosso. Poi lesse forte: «Derossi Ernesto promosso, settanta settantesimi, e il primo premio». Tutti i parenti ch'eran lì, che lo conoscevan tutti, dissero: «Bravo, bravo, Derossi!» ed egli diede una scrollata ai suoi riccioli biondi, col suo sorriso disinvolto e bello, guardando sua madre, che gli fece un saluto con la mano. Garoffi, Garrone, il calabrese, promossi. Poi tre o quattro di seguito rimandati, e uno si mise a piangere perché suo padre, ch'era all'uscio, gli fece un gesto di minaccia. Ma il maestro disse al padre: «No, signore, mi scusi; non è sempre colpa, è sfortuna molte volte. E questo è il caso». Poi lesse: «Nelli, promosso, sessantadue settantesimi». Sua madre gli mandò un bacio col ventaglio. Stardi promosso con sessantasette settantesimi; ma a sentire quel bel voto, egli non sorrise neppure, e non staccò i pugni dalle tempie. L'ultimo fu Votini, che era venuto tutto ben vestito e pettinato: promosso. Letto l'ultimo, il maestro si alzò e disse: «Ragazzi, questa è l'ultima volta che ci troviamo riuniti. Siamo stati insieme un anno, e ora ci lasciamo da buoni amici, non è vero? Mi rincresce di separarmi da voi, cari figliuoli». S'interruppe; poi ripigliò: «Se qualche volta m'è scappata la pazienza, se qualche volta, senza volerlo, sono stato ingiusto, troppo severo, scusatemi». «No, no» dissero i parenti e molti scolari «no, signor maestro mai». «Scusatemi» ripeté il maestro «e vogliatemi bene. L'anno venturo non sarete più con me, ma vi rivedrò, e rimarrete sempre nel mio cuore. A rivederci ragazzi!» Detto questo venne avanti in mezzo a noi, e tutti gli tesero le mani, rizzandosi sui banchi, lo presero per le braccia e per le falde del vestito; molti lo baciarono; cinquanta voci insieme dissero: «A rivederla, maestro!» «Grazie, signor maestro! Stia bene! Si ricordi di noi!» Quando uscì, pareva oppresso dalla commozione. Uscimmo tutti, alla rinfusa. Da tutte le altre classi uscivan pure. Era un rimescolamento, un gran chiasso di ragazzi e di parenti che dicevano addio ai maestri e alle maestre e si salutavan fra loro. La maestra della penna rossa aveva quattro o cinque bambini addosso e una ventina attorno, che le levavano il fiato; e alla "monachina" avevan mezzo strappato il cappello, e ficcato una dozzina di mazzetti fra i bottoni del vestito nero e nelle tasche. Molti facevano festa a Robetti che proprio quel giorno aveva smesso per la prima volta le stampelle. Si sentiva dire da tutte le parti: «Al nuovo anno! Al venti d'ottobre! A rivederci ai Santi!» Noi pure ci salutammo. Ah! come si dimenticavano tutti i dissapori in quel momento! Votini, che era stato sempre così geloso di Derossi, fu il primo a gettarglisi incontro con le braccia aperte. Io salutai il muratorino e lo baciai proprio nel momento che mi faceva il suo ultimo muso di lepre, caro ragazzo! Salutai Precossi, salutai Garoffi, che mi annunziò la vincita alla sua ultima lotteria e mi diede un piccolo calcafogli di maiolica, rotto da un canto; dissi addio a tutti gli altri. Fu bello vedere il povero Nelli, come s'avviticchiò a Garrone, che non lo potevano più staccare. Tutti s'affollarono intorno a Garrone, e addio Garrone, addio, a rivederci, e lì a toccarlo, a stringerlo, a fargli festa, a quel bravo, santo ragazzo; e c'era suo padre tutto meravigliato, che guardava e sorrideva. Garrone fu l'ultimo che abbracciai, nella strada, e soffocai un singhiozzo contro il suo petto; egli mi baciò sulla fronte. Poi corsi da mio padre e da mia madre. Mio padre mi domandò: «Hai salutati tutti i tuoi compagni?» Dissi di sì. «Se c'è qualcuno a cui tu abbia fatto un torto, vagli a dire che ti perdoni e che lo dimentichi. C'è nessuno?» «Nessuno» risposi. «E allora addio!» disse mio padre, con la voce commossa, dando un ultimo sguardo alla scuola. E mia madre ripeté: «Addio!» E io non potei dir nulla.

Edmondo De Amicis

Edmondo De Amicis nacque a Oneglia il 21 ottobre 1846. A soli quattordici anni, nel 1860, tentò di imbarcarsi con i Mille di Garibaldi a Quarto, ma non fu accettato per la sua giovane età. Dal 1863 al 1865 frequentò la Scuola militare di Modena; uscitone con il grado di sottotenente di fanteria, partecipò alla terza guerra d'Indipendenza, combattendo a Custoza (1866). Nel 1867 si trasferì a Firenze, allora capitale del Regno d'Italia, per dirigervi la rivista dell'esercito, «L'Italia militare», su cui pubblicò alcuni *bozzetti* e racconti di vita militare. Nel 1871 lasciò la divisa e intraprese a pieno tempo l'attività letteraria. Esordì con due libri di viaggio che gli valsero subito un grande successo: *Spagna* e *Ricordi di Londra* (1873), continuò poi con *Olanda* (1874), *Marocco* (1876), *Costantinopoli* (1878-79) e *Ricordi di Parigi* (1879). Intanto, nel 1874, si era trasferito in pianta stabile a Torino, ove risiederà fino alla morte.

Dotato di una facile vena giornalistica, De Amicis si era proposto, fin dai tempi fiorentini, di alimentare la fiducia del popolo nelle istituzioni del giovane Regno d'Italia. Questo suo disegno lo indurrà ad accostarsi sempre di più ai problemi delle classi popolari, descivendone le condizioni, le abitudini, le speranze, le lotte: nascono così, nel decennio 1880-1890, opere come *Cuore* (1886), il suo libro più famoso, *Sull'Oceano* (1889), in cui è descritto il viaggio dei nostri emigranti verso le Americhe, e *Il romanzo di un maestro* (1890). L'impegno sociale dello scrittore ligure si traduce anche in attività politica: nel 1891 professa pubblicamente la propria adesione al Partito socialista, nelle cui liste sarà anche eletto deputato. De Amicis, però, rinuncia alla carica, ritenendola inconciliabile con la professione delle lettere. L'ultima sua opera, i *Nuovi bozzetti e racconti*, risale allo stesso anno della sua morte, avvenuta improvvisamente l'11 marzo 1908 a Bordighera.

«Come, leggi quella roba lì e non hai letto *Cuore?*» «Lascia perdere quel romanzo e leggi *Cuore!*» «Ti farebbe bene leggere *Cuore...*»

Quando mio padre o mia madre entravano nella mia stanza e mi trovavano seduto (scompostamente) alla scrivania, con la testa china su qualche capolavoro dell'avventura, erompevano, novanta volte su cento e forse qualcuna di più, in una frase di questo genere. Io alzavo le spalle, mi limitavo a mugugnare: «Sì, va bene, quando avrò finito questo...», e mi reimmergevo nell'*Isola del Tesoro* o in *Ventimila leghe sotto i mari*. Ci volle del bello e del buono per farmi prendere in mano quel libro troppo raccomandato – e dunque sospetto – ma alla fine cedetti, e lo lessi.

Prima di leggerlo, però, un libro bisogna possederlo. In casa non c'era: la copia di mio padre era andata perduta in un trasloco. Fu mia nonna a portarmelo, una domenica d'inverno; anche lei aggiungendo, nel porgermelo, una delle solite frasi: «Un ragazzo *deve* leggerlo».

Bene, perché ti ho raccontato queste cose di me? Perché la mia storia è molto simile, se non identica, a quella di quasi tutti i ragazzi italiani nati, grosso modo, dal 1875 in poi. E quindi anche alla tua: confessa che questa copia di *Cuore* ti è stata regalata dai genitori, dai nonni o dagli zii, e che il donatore, nel momento di metterti fra le mani il prezioso pacchetto, ti ha sollecitato a non lasciarlo ammuffire su uno scaffale. E che tu, subito o dopo qualche resistenza, ci hai "dato dentro". E che ora, scorsa l'ultima pagina, non sapresti dire se ti è piaciuto o no. Però l'hai finito, e dunque siamo in grado di parlarne un po' insieme.

Cuore fu pubblicato per la prima volta più di un secolo fa, nel 1886. Il suo autore, Edmondo De Amicis, lo aveva scritto con un proposito dichiarato: quello di educare la gioventù italiana ai "buoni sentimenti". Sincerità, onestà, amore della famiglia e della patria, rispetto per i genitori, per gli anziani, per i maestri; carità verso il prossimo, e in particolare per le persone umili, per i poveri e i diseredati: ecco gli insegnamenti che lo scrittore di Oneglia intendeva impartire ai ragazzi d'Italia. I maligni dissero subito che i mezzi usati da De Amicis per ottenere il suo scopo non erano corretti: troppe lacrime, troppa commozione, troppe storie tristi. Secondo questi critici malevoli, i ragazzi erano quasi "costretti al pianto", forzati nella loro tenera sensibilità. E aggiungevano:

« Non è forse vero che l'autore ha scritto all'editore Treves, che ha pubblicato il libro, una lettera in cui gli dichiarava: "vi farò vedere io come si spremono le lagrime dagli occhi dei fanciulli?" Vi pare onesto tutto ciò? »

Questo giudizio su *Cuore* e su De Amicis non è del tutto falso; ma esagerato sì, senza dubbio. Lo scrittore si espresse davvero con Treves in quei termini, ma era tutt'altro che in malafede: molto semplicemente, voleva fare un po' di pubblicità alla propria merce, convincere l'editore a pubblicarlo. Era però un uomo di grande onestà, e il suo obiettivo autentico era quello di "prendere per mano" le nuove generazioni di un Paese appena unificato e di impartire loro una profonda lezione morale.

Ebbene, l'obiettivo fu raggiunto in pieno: il libro conobbe una enorme diffusione in tutti gli ambienti, in tutte le classi sociali. Quei "buoni sentimenti" si fecero strada di prepotenza, e *Cuore* divenne ben presto una specie di "catechismo non religioso", di "breviario educativo" per i giovani. Ai giorni nostri il suo stile risente del tempo, ma a quell'epoca il linguaggio di *Cuore* era quanto di più scorrevole si possa immaginare.

E oggi? Oggi la sua lettura è diventata un po' più difficile: la lingua è molto cambiata, e soprattutto sono cambiate le situazioni. I rapporti fra insegnante e allievo si svolgono all'insegna della familiarità e della semplicità; in nessuna famiglia il padre si sognerebbe mai di scrivere al figlio che dorme nella stanza accanto, e viceversa; tutti noi sappiamo che per beneficare davvero il nostro prossimo dobbiamo aiutarlo ad ottenere quanto gli spetta, e non a "passargli" abiti smessi o cestini della colazione. E non esiste più, fortunatamente, quel tragico squilibrio di condizioni economiche e sociali che a ogni momento compare nel libro.

Perché, allora, *Cuore* resiste sempre? Resiste innanzitutto come *libro di storia*. Ciò che prima passava inosservato, in quanto faceva parte dell'esperienza quotidiana, è diventato oggi uno stimolo alla ricerca delle nostre radici, del modo di vivere di un'epoca. E, come si sa, la conoscenza del passato è lo strumento più efficace per capire il presente.

Ma *Cuore* resiste anche come lezione morale, continuando, in fondo, a dar ragione al proprio autore. Basta separare – e non è difficile – la sostanza dalla forma, le verità universali dalla loro applicazione particolare.

Questa piccola difesa dell'attualità di *Cuore* ti sembra fredda? Leggendolo, hai provato qua e là un'emozione, o meglio una commozione, molto vicina al pianto? È normale. Quei milioni di ragazzi di cui ti parlavo prima l'hanno provata. Anche per questo il libro di De Amicis è ancora destinato a una lunga vita, stiamone certi.

Indice

Cuore

I BIRILLI • I BIRILLI